普通高校“十三五”规划教材

全国高等学校
法学系列教材
基|础|与|应|用

U0881264

Laws and Regulations on Electronic Commerce

电子商务法律法规

（第三版）

罗佩华　魏彦珩◎主　编
张冠男　邵莉莉◎副主编

清华大学出版社
北　京

内容简介

本书根据我国最新修订颁布的电子商务法律法规及实施细则，结合司法实务编写。本书系统介绍了：电子商务主体、电子合同、电子签名与电子认证、电子支付、电子商务税收、电子商务安全、电子商务中的知识产权、电子商务市场秩序、电子商务争议解决机制等电子商务相关法律知识，同时注重案例教学，以培养并提高学生的实际应用能力。

图书在版编目(CIP)数据

电子商务法律法规 / 罗佩华，魏彦珩主编. —3 版. —北京：清华大学出版社，2019.9 (2021.12重印)
(普通高校"十三五"规划教材 全国高等学校法学系列教材. 基础与应用)
ISBN 978-7-302-53752-6

Ⅰ. ①电… Ⅱ. ①罗… ②魏… Ⅲ. ①电子商务－法规－中国－高等学校－教材 Ⅳ. ①D922.294

中国版本图书馆 CIP 数据核字(2019)第 195804 号

责任编辑：刘 晶
封面设计：汉风唐韵
责任校对：王荣静
责任印制：宋 林

出版发行：清华大学出版社

网 址：http://www.tup.com.cn，http://www.wqbook.com
地 址：北京清华大学学研大厦 A 座 **邮 编**：100084
社 总 机：010-62770175 **邮 购**：010-62786544
投稿与读者服务：010-62776969，c-service@tup.tsinghua.edu.cn
质量反馈：010-62772015，zhiliang@tup.tsinghua.edu.cn

印 装 者：三河市少明印务有限公司
经 销：全国新华书店
开 本：170mm×240mm **印 张**：19 **字 数**：349 千字
版 次：2016 年 7 月第 1 版 2019 年 10 月第 3 版 **印 次**：2021 年 12 月第 7 次印刷
定 价：52.00 元

产品编号：082481-01

教材编审委员会

序　言 PREFACE

随着我国改革开放进程的加快和我国社会主义市场经济的快速推进，我国经济建设一直保持着持续高速增长的态势，已成为全球第二大经济体。经济发展越快，市场竞争越激烈，越是需要法律法规作保障，法律法规既是规则也是企业的行为道德准则；法律法规在开拓国际市场、国际商务活动交往、防止金融诈骗、打击违法犯罪、推动民族品牌创建、支持大学生创业、促进生产、拉动内需、解决就业、推动经济发展、保证国家税改、改善民生、构建和谐社会等方面发挥着越来越大的作用。

目前我国正处于经济稳步发展与社会变革的重要时期，随着经济转型、产业结构调整、传统企业改造，涌现了大批旅游、物流、电子商务、生物医药、动漫、演艺、文化创意、绿色生态、循环经济等新型产业。为支持“中小微”型企业和自主创业发展，为与国际经济接轨、适应我国经济国际化发展趋势，近年来国家不断加大税制改革、调整财政与会计政策，并及时颁布实施了一系列新出台和修订的法律法规，包括劳动法、旅游法、商标法、税法、保险法等法律法规，以及企业会计准则、税收征管制度等政策规定，为的是更好地搞活经营、活跃市场，确保我国经济的可持续发展。

市场经济是法治经济，经济活动必须遵纪守法，法律法规执行与监管是市场经济永恒的主题。随着我国法律体系的逐步建立，全民都必须尊重严守法律法规；随着世界逐步纳入法制化轨道，所有企业也都必须依法办事、规范经营。当前，面对经济的快速发展、激烈的国际市场竞争、就业上岗的压力，更新观念、学习新法律法规，调整业务知识结构、掌握各项新的管理制度，加强在职从业人员的法律法规应用技能培训、强化法规道德素质培养，已成为目前亟待解决的问题。

社会需求，市场也呼唤有知识、会操作、能顶岗的实务型法律法规专业人才，本套书的出版不仅可以有力地配合高等教育法律教学的创新和教材更新，而且也满足社会需求，起到为国家经济建设服务的作用；对依法治国、依法办事、依法经营，对加强法制观念、树立企业形象、提升核心竞争力、有效进行自我保护具有积极的现实意义。

本套教材作为普通高等教育本科院校法律法规课程的特色教材,以读者应用能力训练为主线,遵循以科学发展观为统领,严格按照国家教育部关于"加强职业教育、突出实践技能与能力培养"的教育教学改革要求,依据各项法律法规的教学特点和人才培养目标,根据当前国际法制改革新的发展趋势,结合国家正在启动的毕业生就业工程,针对社会、市场、企事业单位对各种法律事务岗位用人的实际需求,我们组织多年从事法律法规相关课程教学的专家教授与具有丰富实战经验的事务所律师共同撰写。

本套教材包括经济法、劳动法、税法、会计法规、商法、国际商法、海商法、金融法规、保险法、旅游法规、广告法规、矿业法律法规、电子商务法律法规等教材。参与单位包括吉林工程技术师范学院、北京物资学院、华北科技学院、北京联合大学、哈尔滨师范大学、北方工业大学、山西大学、首钢工学院、牡丹江大学、北京教育学院、燕山大学、北京城市学院、东北财经大学、北京财贸职业学院、厦门集美大学、北京朝阳社区学院、大连商务学院、北京西城社区学院、郑州大学、北京石景山社区学院、大连海事大学、北京宣武社区学院、浙江工业大学、大连工业大学等30多所高校。

由于本套教材紧密结合中国经济改革与发展实际,融入法律法规实践教学理念,坚持改革创新,注重与时俱进,有效解决本科法律教材陈旧、知识老化、数据案例过时、重理论轻实践等问题,具有选材新颖、知识系统、案例真实、贴近实际、通俗易懂等特点,并采取规范统一的格式化体例设计。因此,既可以作为普通高等教育本科院校、高职高专院校相关专业法律教学课程的首选教材,也可以作为各类企事业机构从业人员的在职教育和岗位培训教材,对于广大社会社区居民也是非常有益的普法参考读物。

在教材编著中,我们参阅借鉴了大量国内外有关金融、财税等各项法律法规的最新书刊资料和国家新出台的政策法规及管理制度,并得到有关行业企业领导与专家教授的悉心指导,在此一并致谢。为配合本套教材的发行使用,特提供配套电子课件,读者可以从清华大学出版社网站(www.tup.com.cn)免费下载。希望全国各地区普通高等教育、高职高专院校积极选用本套教材,并请同行多提改进意见,以使教材不断得到完善与提高。

编委会主任

牟惟仲

前言（第3版）FOREWORD

网络经济促动电子商务应用、电子商务应用促进网络经济快速发展，电子商务作为现代科技进步的新型生产力，不仅在拉动内需、解决就业、扩大经营、促进经济发展、加速传统产业升级、提高企业竞争力等方面发挥着重要作用，同时也带来了诸多法律问题，如交易纠纷、信息安全保障、消费者权益保护等。市场经济是法治经济、任何网络经济活动必须遵纪守法，加强市场主体法制观念，依法经营。

目前，我国立法机关加快了电子商务法律的立法进程，制定电子合同法、电子签名与电子认证法、电子支付法、电子商务税收法、电子商务安全法、知识产权法、消费者权益保护法、电子商务法律责任及管辖权等相关法律，以及一大批规范电子商务主体和行为的行政法规与地方性法规等，进一步完善了我国的电子商务法律制度和规则，对于优化内外部环境、促进电子商务依法经营、规范企业行为、提高竞争力、有效进行消费者权益保护具有积极的现实意义。

本书自2010年出版以来，因写作质量高、突出应用能力培养，而深受全国各高校广大师生的欢迎，目前已经多次重印。此次再版，作者根据读者建议、审慎地对原教材进行了反复论证、精心设计（包括：结构调整、压缩篇幅、更新案例、补充知识等修改），以使其更贴近国际网络经济发展、更好地为我国网络经济和电子商务发展服务。

电子商务法规是电子商务、工商管理、经济管理等专业重要的核心课程，也是大学生就业创业必须学习掌握的关键法律知识。本书作为高等教育电子商务专业的特色教材，坚持学科发展观，严格按照教育部“加强职业教育、突出实践技能培养”的要求，针对应用型大学人才培养目标，既注重以人为本、强化网络经济法律意识，又突出提高执行能力。本书的出版对学生尽快熟悉电子商务法律法规操作规范、掌握必备岗位技能，毕业后能够顺利就业具有较大的帮助。

全书共十章，以学习者应用能力培养为主线，根据我国新修订颁布的电子商务法律法规及实施细则，结合司法实务，系统介绍了电子商务主体法、电子合同法、电子签名与电子认证法、电子支付法、电子商务税收法、电子商务安全法、电子商务中的知识产权法、电子商务市场秩序法、电子商务争议解决机制等电子商务相关法律知识,并注重案例教学,以培养、提高学生的实际应用能力。

由于本书融入了电子商务法规的实践教学理念,坚持改革创新、力求严谨、注重与时俱进,具有选材新颖、知识系统、观点科学、案例真实、贴近实际、突出实用性、易于理解掌握等特点,因此既可以作为普通高等院校本科法学、电子商务、经济管理等专业的首选教材,又可以兼顾高职高专、高等教育自学考试、成人教育的教学,也可以用于电子商务、IT 企事业单位从业人员的岗位培训。对于广大法律工作者和电子商务创业者,本书也是一本有益和必备的指导手册。

本书由李大军筹划和组织,罗佩华和魏彦珩主编,罗佩华统稿,张冠男、邵莉莉为副主编,并由我国电子商务法律专家李耀华教授审定。作者写作分工:魏彦珩(第一章、第三章、附录),郭可(第二章),张冠男(第四章、第五章),罗佩华(第六章、第七章),李爱华(第八章),邵莉莉(第九章、第十章);李晓新(文字修改、版式整理、制作教学课件)。

本书再版过程中,我们参阅了国内外电子商务法律法规最新的书刊资料和国家近年颁布实施的与电子商务相关的政策法规,收录了具有实用价值的典型案例,并得到业界专家教授的指导和原书作者的支持,在此一并致谢。为方便教学,特提供配套电子课件,读者可以从清华大学出版社网站(www. tup. com. cn)免费下载使用。因电子商务发展快,且作者水平有限,书中难免存在疏漏,恳请专家、同行和读者批评指正。

作　者

2019 年 4 月

目　录 CONTENTS

电子商务法律法规

第一章 电子商务法律法规概述

学习目标

1. 理解电子商务的概念及特点，了解电子商务所涉及的法律问题。
2. 掌握电子商务法的概念、特征、基本原则。
3. 了解国际组织和其他国家有关电子商务立法概况，掌握中国电子商务立法概况。

电子商务是通过电子信息技术、网络技术和现代通讯技术，使商务交易所涉及的各方当事人借助电子方式进行联系、完成交易的商务活动。电子商务以其交易范围大、交易成本低、交易周期短等优势对传统方式交易产生巨大冲击的同时，也为市场规范带来了新的法律挑战。

第一节　电子商务概述

一、电子商务的概念和特点

（一）电子商务的概念

《中华人民共和国电子商务法》（以下简称《电子商务法》）规定的电子商务是指通过互联网等信息网络销售商品或者提供服务的经营活动。电子商务在计算机信息技术和网络通讯技术的迅速发展中崛起并逐步完善，它以国际互联网为依托，并随着国际互联网的广泛应用而扩大影响。

信息技术、通信技术的进步使传统商务活动发生巨大变革，电子商务已经成为一种全新的商务方式，居民的消费购物、企业的商业贸易、各个领域的咨询服务等商务交易活动已经或正在实现电子化、网络化。电子商务已经使人类的经济活动和生活方式乃至社会文明发生了重大的改变。

狭义的电子商务中，交易所涉及的各方当事人通过电子信息技术、网络互联技术以及现代通讯技术,借助电子网络方式联系,无须面对面协商,也不依靠纸质文件和单据的传输就可以完成整个交易。通过互联网进行在线销售活动和服务活动的交易内容可以是有形的产品,也可以是无形的服务。

广义的电子商务是以整个市场为基础的一切与数字化处理有关的商务活动。商务是核心,网络是手段。电子商务使整个商务活动的各个环节,从产品制造、销售、交易洽谈、合同订立、结算、售后服务等发生了全新的变化。

综上所述,电子商务是利用计算机和国际互联网设备与基础设施,在电子网络环境下从事的各项商务活动。它的组成要素包括两方面:一是电子方式,二是商务活动,即必须是利用电子方式或电子信息技术进行商务活动。因此,对于电子商务的概念应从以下几个方面理解。

(1) 电子商务是商务活动的电子化和网络化;

(2) 电子商务是利用电子信息技术进行商务活动的过程;

(3) 电子商务内容广泛,是以信息流、物资流、货币流为核心,包括销售支付、运输、售后服务等在内的全方位的商务活动;

(4) 电子商务参与主体广泛,包括网络服务提供者、消费者、销售商、供货商、银行、金融机构和有关政府机构等;

(5) 电子商务是高效率低成本的商务活动;

(6) 电子商务是跨越国界、跨越时空的全球性商务活动。

(二) 电子商务的特点

电子商务与传统的商务活动方式相比,具有以下特点。

1. 交易网络化

电子商务所依赖的各项技术中,最重要的是网络技术。电子商务必须通过电子网络系统来实现信息的交换和传输。

2. 交易虚拟化

电子商务利用电子网络技术或其他任何电信手段进行货物贸易、服务贸易、信息服务以及电子支付,交易双方无须面对面洽谈,而是通过计算机等终端设备与互联网络完成交易过程,交易过程虚拟化。

3. 交易成本低

电子商务为商家与消费者提供了信息交换平台,在提高商品交换数量和加快交易速度的同时,降低了生产、加工、销售和通信的成本,减少了交易的中间环节,大量减少了文件处理费用,提高了效率。

4. 交易全球化

电子商务能够不受时间和空间的局限,真正实现贸易的全球化。电子商务拓宽了国内及国际市场,使消费者和商家能以较低的成本支出,在世界范围内简单而又迅速地寻找到最合适的商品和交易伙伴。

5. 交易透明化

电子商务的买卖双方从交易的洽谈、签约到货款支付、交货通知等整个交易过程都在网络上进行，通畅、快捷的信息传输可以保证各种信息之间互相核对，防止伪造信息的流通。例如，在许可证电子数据交换(EDI)系统中，由于加强了发证单位和验证单位的通信、核对，假许可证就不易通过。海关 EDI 也能够杜绝边境的假出口、骗退税等行为。

二、电子商务的经营模式和应用形式

(一) 电子商务的经营模式

电子商务经营模式是指电子化企业(e-business)运用信息科技与互联网经营企业的方式。根据交易主体的不同，电子商务分为 B2B、B2C、C2B、C2C 四种经营模式，前两种是最常见的电子商务经营模式。

1. B2B(Business to Business)

B2B 是指企业与企业之间通过互联网进行产品、服务及信息的交换。进行电子商务交易的供需双方都是企业，企业之间使用互联网技术或各种商务网络平台，达到供应链(SCM)的整合，完成商务交易的过程。这些过程包括：发布供求信息，订货及确认订货，支付过程及票据的签发、传送和接收，确定配送方案并监控配送过程等。

知识拓展

B2B 大多发生在企业之间的大宗交易中，如电子元器件、会计服务、商业抵押、证券、电机、网络产品、解决方案等。通过 B2B 的商业模式，不仅可以简化企业内部信息流通的成本，而且可以使企业与企业之间的交易流程更快速，减少成本的耗损。B2B 的典型是阿里巴巴网、中国制造网、慧聪网等。

END

2. B2C(Business to Consumer)

B2C 是指企业通过网络销售产品或服务给自然人消费者。企业通过互联网为消费者提供新型的购物环境——网上商店，消费者通过网络在网上购物、在网上支付，由物流公司送货上门。B2C 模式是我国最早产生的电子商务模式，以 8848 网上商城正式运营为标志。这种模式节省了客户和企业的时间成本和空间成本，大大提高了交易效率，所以得到了快速的发展。

据商务部统计，2014 年中国网上零售总额同比增长 49.7%，2015 年网上零售总额同比增长 33.3%。2016 年，网络零售交易同比增长 26.2%，总额达 5.16 万亿元。2016 年实物商品网络零售交易额占社会消费品零售总额的 12.6%。在网络零售交易额中，B2C 模式的占比超过 55%。

线上线下的融合也在持续。零售巨头通过联盟形成优势互补的融合模式，推动零售业资源优化配置。商务部发布的数据显示，2016 年，O2O 市场规模同比增长约 45%。另一方面，云计算、无人仓、无人机、无人车、大数据、人工智能、虚拟现实和增强现实等新技术的应用正在推动电商平台的服务升级。

农村网购正在成为新的消费驱动力，2014 至 2017 年，中央 1 号文件连续四年提出要发展农村电子商务。2017 年，商务部从农村电商公共服务体系建设、提升农村产品电商发展水平、电商精准扶贫、加强经验总结和推广等方面推动农村电商的发展。

小贴士

2015 年，中国 B2C 电商销售额已达 4400 亿美元。移动互联网改变了中国零售商与消费者之间的互动模式。58%的中国消费者表示会通过数字化渠道购买产品，高于 47%的全球平均水平。91%的中国消费者认为线上购物更实惠，高于 85%的全球平均水平。

在研究产品时，33%的中国消费者会首先访问品牌网站，12%的中国消费者会前往社交媒体网站查询，4%的中国消费者选择访问相关品牌的手机应用；而上述比例的全球平均水平分别为 19%、4%和 2%，均不及中国。

数据显示，中国线上零售额占零售总额的百分比已从 2009 年的 2%上升为现在的 10%。中国 B2C 电子商务销售额已经达到 4400 亿美元，中国已超越美国成为全球最大的电子商务市场。

资料来源：《实现 O2O：中国零售商如何应对日益模糊的线上线下销售界限》，普华永道管理咨询公司

END

3. C2B(Consumer to Business)

C2B 是指将商品的主导权和先发权由厂商交给了消费者。传统的经济学认为，针对一个产品的需求越高，价格就会越高。但由消费者社群的集体议价或开发社群需求，只要购买同一商品的消费者越多，购买的效率就越高，价格就越低，这就是 C2B 的主要特征。C2B 模式强调用“汇聚需求”(demand aggregator)取代传统“汇聚供应商”的购物中心型态，被视为一种接近完美的交易形式。

4. C2C(Consumer to Consumer)

C2C 是指消费者与消费者之间的互动交易行为。C2C 商务平台是通过为买卖双方提供在线交易平台，使卖方可以主动提供商品上网拍卖，买方可以自行选择商品进行竞价。消费者可同在某一竞标网站或拍卖网站中共同在线上出价而由价高者得标，或者由消费者自行在网络新闻论坛或 BBS 上张贴布告以出售二手货品，甚至是新品，因消费者间的互动而完成交易。C2C 的典型如淘宝网等。

（二）电子商务的应用形式

1. 电子商务的应用层次

电子商务的应用有三个层次：市场电子商务、企业电子商务和社会电子商务。市场电子商务是以市场交易为中心的电子商务活动，包括网上展示、网上公关、网上洽谈、网上信息沟通、网上支付、网上售后服务等；企业电子商务是企业利用网络进行企业的研、供、产、销活动，与市场电子商务有交融；社会电子商务是整个社会经济活动利用网络进行，如政府的活动、社团的活动等。

2. 电子商务的具体应用形式

从广义的电子商务概念来看，电子商务的具体应用形式有以下几种。

（1）企业的网上采购业务。如利用网络举办的订货会、洽谈会等。

（2）消费品网上购物活动。如以淘宝网、京东网、当当网等为代表的各种各样的网上商城、网上超市、网上商店等。

（3）旅游业网络应用。如利用网络进行机票预订、火车票预订、酒店预订、旅游线路预订、旅游产品网上销售、旅游企业网上广告、网上旅游咨询、网上旅游交易会等。

（4）网上房地产交易。如利用网络开展房产交易业务的中介服务、为商家和产品进行网上推广、向用户推荐安家产品、提供按揭业务和保险业务的详细咨询、提供信息的登记和查询服务、自动交易撮合系统、网上竞拍等。

（5）网上支付结算。如利用支付宝、网银等方式完成转账、付款等。

（6）网上证券交易。如在网上了解证券交易行情和进行证券的买卖等。

（7）网上保险。如通过网络及时获得保险公司的信息和得到保险服务等。

（8）网上税务。如通过网络获取税收信息、进行税务登记、纳税申报、税务文件下载等。

（9）网上银行。如金融企业利用网络为企业和个人提供金融、理财等服务。

（10）网上广告。如利用网络进行广告信息发布、广告网上交易、广告网上搜索等。

（11）网上售后服务。如利用网络进行售后商品的使用指导、维护咨询、电子产品的软件升级等。

（12）网上远程教学。如利用网络平台建立师生交互教学、网上课件收看与下载等。

（13）网上招聘与求职。如用人单位在网上发布信息和收取信息、求职者在网上查询和登记申请等。

（14）网上订票。如通过网络进行各种演出、展览的门票预订与申购，飞机票、火车票、汽车票、船票的查询、预订与申购等。

（15）网上医疗。如网上预约和挂号、远程诊断、疑难病会诊等。

(16) 网上调查。如利用网络进行企业的市场调查、政府的民意调查、各种社会统计等。

(17) 网上信息咨询。如通过网络提供各种公共信息服务,实现咨询服务的交易。

(18) 网上娱乐。如网上互动游戏、智力活动、网上阅读书刊等。

三、我国电子商务应用

随着电子与网络技术的普及与发展,我国的电子商务得到了迅速发展。1998年3月6日,我国第一笔互联网上电子商务交易由世纪互联通讯技术有限公司和中国银行共同携手完成,标志着我国电子商务已开始进入实用阶段。

1999年5月18日,北京珠穆朗玛(8848)电子商务网络服务有限公司正式成立,6月阿里巴巴成立,8月易趣网成立,11月当当网成立,年底卓越网上线。现在,人们耳熟能详的电子商务巨头,大部分是在1999年起步的,因此人们把1999年称为中国电子商务元年。

1998年4月16日,招商银行在国内率先推出了网上银行系统"一网通",成为国内首家通过网络提供服务的银行,中国电子商务翻开了崭新的一页。此后,国内各家银行相继开发网上支付业务。到2002年底,中国各家银行普遍进行网上支付。2005年,网上支付企业数量激增,催生了第三方平台的发展。快钱公司出现了基于邮件的平台;易拍网推出了易拍通;阿里巴巴推出了支付宝,以第三方支付的形式保障交易安全。2006年2月,招商银行推出了变革性的网上支付新模式"支付通",用户可以直接在招行合作方网站上完成支付,极大提高了支付业务的效率。

我国的网上支付方式中,既有以支付宝和财富通为代表的非独立第三方机构平台,也有以银联电子支付和快钱为代表的独立第三方,还有各大银行不断改进的网上银行支付平台。自1998年起,网上支付的交易量几乎以每年百分之百的速度在增加。2016年支付宝的用户数量达4.5亿。2016年,有超过10亿人次使用"指尖上的城市公共服务"。2016年,在全国范围内,"80后"人群的人均网上支付金额超过12万元,而"90后"人群采用移动支付的占比近92%。

小贴士

1995年1月,中国电信开通了北京、上海两个接入互联网的节点,这一年被称为中国互联网元年。截至2016年6月,我国网络购物用户规模达到4.48亿,较2015年底增加3448万,增长率为8.3%,我国网络购物市场依然保持快速、稳健的增长趋势。其中,我国手机网络购物用户规模达到4.01亿,增长率为18.0%,手机网络购物的使用比例由54.8%提升至61.0%。近几年,网民人数逐年增长，如图 1-1 所示。

图 1-1　中国互联网发展数据

资料来源：中国互联网络中心.《中国互联网络发展状况统计报告》

近年来，我国电子商务迅速发展，在"转方式、调结构、稳增长、促就业、惠民生"等方面发挥了重要作用。"十二五"期间，电子商务年均增长速度超过 30%。2016 年，我国电子商务交易额近 23 万亿元，电子商务交易市场规模稳居全球第一。

小贴士

2016 年中国电子商务交易额 22.97 万亿元，同比增长 25.5%(见图 1-2)。

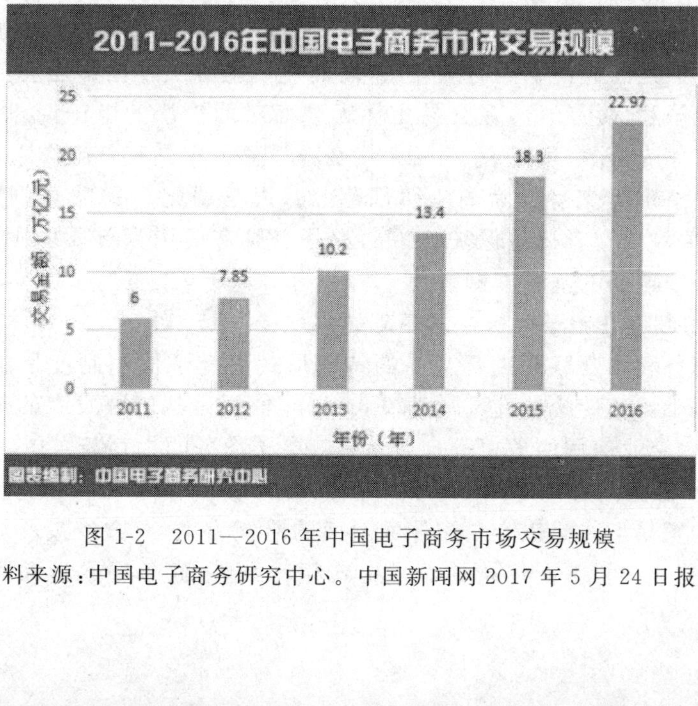

图 1-2　2011—2016 年中国电子商务市场交易规模

资料来源：中国电子商务研究中心。中国新闻网 2017 年 5 月 24 日报道

中新网杭州5月24日电(徐瀚文):2017年5月24日,电商研究机构、产业互联网智库——中国电子商务研究中心(100EC.CN)发布《2016年度中国电子商务市场数据监测报告》。报告显示,2016年中国电子商务交易额22.97万亿元(人民币,下同),同比增长25.5%。其中,B2B市场交易规模16.7万亿元,网络零售市场交易规模5.3万亿元,生活服务O2O交易规模9700亿元。

报告显示,截止到2016年12月,中国电子商务服务企业直接从业人员超过305万人,由电子商务间接带动的就业人数,已超过2240万人。直接就业人员上,随着电商的规模化发展以及不断向农村市场下沉,更多的传统企业加入电商的行列,带动了电商从业人员的不断攀升。

另据2017中国(北京)电子商务大会发布的《中国电子商务报告(2016)》显示,2016年,中国电子商务交易额26.1万亿元,同比增长19.8%,交易额约占全球电子商务零售市场的39.2%,其中电子商务服务业市场规模达到2.45万亿元,同比增长23.7%。

中国网络零售市场的国际影响力不断增强,连续多年成为全球规模最大的网络零售市场。中国网民规模达7.31亿,普及率达到53.2%;网络购物用户规模达到4.67亿,占网民比例为63.8%。其中,手机网络购物用户规模达到4.41亿,占手机网民的63.4%,年增长率为29.8%(由于统计口径的不同,数据略有差异)。

END

四、电子商务涉及的基本法律问题

(一)电子商务交易中的信用保证

电子商务交易首先是一种商品交易,只是交易的形式产生了变化。电子商务的目的仍然是商业活动的有效完成,而商业活动必须遵循市场规范。市场经济是法治经济和信用经济,在交易主体无须面对面洽谈的电子商务交易中,信用保证显得尤为重要,可以说,信用制度在电子商务中具有基础作用。

我国调整市场交易行为的法律规范,如《民法通则》《民法总则》《合同法》《产品质量法》《消费者权益保护法》等,都是以诚实信用为首要原则,明确规定市场行为必须遵循的基本准则。

1. 信用制度在电子商务中的基础作用

电子商务利用互联网进行交易的特殊形式决定了信用制度是其生存和发展的根本基础。与传统的商务活动模式一样,信用是其健康发展的基石。市场信用的危机、企业信用的危机都会严重影响电子商务的生存与发展。

2. 电子商务的特点决定了信用制度的必要性

传统的贸易形式是以交易主体面对面的洽谈为主,双方经过反复面对面的磋商,最终达成协议。同传统的贸易形式相比,电子商务是通过互联网以其快捷的手段完成交易，避免了人员往来所占用的时间，以达到高效的目的。而这种无须贸易主体见面的形式，就更需有完备的信用制度作保证。如果缺乏保障诚信的机制，电子商务的大厦必然崩塌。

我国加入 WTO 以后，在与世界经济接轨的过程中，建立与国际信用环境相适应的信用制度与社会信用体系正是我国完善市场法律环境的现实问题，也是大力发展网络经济急待解决的问题，构建电子商务的良好市场环境应从信用开始，信用制度是发展电子商务的必要保证。

小贴士

在发达国家，一个经营者可能会因为仅仅几元钱的交通罚款未交而被列入信用记录不良的名单，有了这个不良的记录，任何一家银行都不会向其贷款。在美国，法律规定失信记录个人要背 7 年，如果某人有个人破产记录，10 年内他不能贷款，也不会有人发给他信用卡，甚至不可能在银行开一个银行账户。正是这些严格的法律规范造就了市场良好的信用制度。

北京市工商行政管理局承建的北京市企业信息网，可通过信用查询系统查询北京市各类市场主体的基本登记信息及信用信息，其信用公示系统发布企业良好信用信息和北京市工商行政管理局行政处罚信息等警示信息。这些直接向社会公布的信息正是通过政府网站提供的，这些基本登记信息在企业发展、维护企业和投资人利益、拓展商贸渠道、服务金融机构等方面发挥着积极的作用。电子商务的健康发展需要这样有力的信用监督制度来保障。

END

3. 电子商务的发展需要信用监督的保证

互联网在为电子商务提供方便快捷的交易手段的同时，也为电子商务的信用监督提供有效的途径。互联网的普及为企业合法经营身份的确认和身份管理提供了实行的解决方案。

工商行政管理部门可以通过互联网，以电子政务方式，利用互联网流行的身份确定技术，为企业之间的合法经营身份的查询提供有效的认定服务。各有关行政管理机构可以用资源共享的方式建一个统一的数据库，为企业之间展开的信用调查提供有效的服务，更进一步可以通过电子认证、电子签名等技术对企业的信用调查提供服务管理。

（二）电子合同订立的法律保护

电子合同是通过电子网络系统订立的，以数据电文的方式来生成、储存或传递贸易信息的新式协议，是一种现代贸易方式。电子合同也是合同，并没有改变传统合同的意义和作用。以数据电文方式订立的电子合同是对传统合同法的一种挑战。这种挑战体现在合同订立的要约与承诺、合同的书面形式要求，以及签字生效、纠纷举证等方面。

在电子商务中，合同的意义和作用没有发生改变，但与传统合同有所不同的是：首先，电子合同双方当事人可能自始至终都不见面，所有的当事人都在虚拟市场上运作，当事人的信用依靠密码的辨认或认证机构的认证；其次，传统合同表示合同生效的签字盖章在电子合同中被数字签字所代替；第三，传统合同的生效地点一般为合同的成立地点，而电子合同的生效地点（成立地点）多是接收人的主营业地或经常居住地。

电子合同在当今世界商业贸易活动中已成为一种潮流，在发达国家，电子合同已成为贸易往来的主要方式和手段，在许多大企业中，绝大多数的合同是以电子合同的形式订立的。

小贴士

新加坡已经废除了所有的书面文件，成为世界上第一个在国际贸易中实现电子数据交换全面管理的国家。

我国于 1999 年 10 月 1 日实施的《合同法》明确将数据电文作为合同书面形式的一种，规定了电子合同与传统书面合同具有同等效力，并对电子合同成立的时间、地点以及数据传输都作了规定，以法律的形式确立和规范了电子商务行为。随着网络经济的高速发展，电子合同将逐步渗透到社会的各个领域，国家正在从技术、管理、法律等层面，采取有效措施，促进电子合同的应用和发展。2018 年 8 月 31 日通过的《电子商务法》专章规定了电子商务合同的订立与履行。

（三）电子商务交易中的消费者保护

在电子商务高速发展的商业环境下，消费者权益保护面临着如何应对网络经济、电子商务这些新的交易方式给消费方式带来的问题。在电子商务中，出现了许多过去未曾有过的消费者权益保护问题。

1. 消费者风险增大、行使权利难度加大

由于电子商务的虚拟性，消费者既不能与经营者面对面交易，也不能当面直接感知和使用商品，因此，在电子商务活动中，消费者权益面临更大的被侵权风险。同时，消费者维权也遭遇到了更大的困难。

我国 1994 年 1 月 1 日起施行的《消费者权益保护法》是我国第一次以立法的形式全面确认消费者的权利。2014 年 3 月 15 日第二次修订的《消费者权益保护法》实施，对消费者通过网络交易平台购买商品或者接受服务的合法权益作出更具体的规定。

2. 广告欺诈与广告误导问题

信息交易是电子商务的重要内容，如果信息的发布者利用信息进行欺诈或

以虚假不实的广告误导消费者，都会使消费者合法权益受到损害。因为广告是消费者网上购物的主要依据，消费者在网上购物是根据广告文字和图像所提供的信息进行选择判断并作出决定，而不是像传统交易那样可以当面挑选，所以在电子商务中的虚假广告更具有危害性。

2015 年 4 月 24 日修订的《广告法》第 44 条明确规定："利用互联网从事广告活动，适用本法的各项规定。"《电子商务法》规定，"电子商务经营者向消费者发送广告的，应当遵守《广告法》的有关规定。"

3. 责任主体的界定与追究问题

在电子商务交易中，一件商品最终送达消费者，可能需要经过生产者、销售者、储运者等多个主体，通过商品信息的沟通、货物配送、货款支付等多个环节，其中的任何一个环节出现问题，都会损害消费者的合法权益。正是由于环节较多，诸如产品质量、消费者理解异义、商品损坏和假冒伪劣商品等方面都可能出现责任难于界定、难于追究的问题。

（四）电子商务中的知识产权保护

电子商务将传统商务活动的手段、途径引入虚拟世界，在这个虚拟的电子商务世界中，传统的知识产权保护制度受到了新的挑战和冲击，如域名保护、域名权与商标权的冲突、域名抢注、网上著作权及其邻接权的保护、专利权保护等方面。

知识产权是一种无形财产权，具有专有性、排他性、地域性的特点。知识产权自身的特点使其在电子商务活动中遇到了新问题，电子商务中的知识产权保护日益成为世界各国必须面对和解决的问题。

（1）知识产权具有专有性的特点，而在互联网上本应受到知识产权保护的信息则是公开、公知、公用的，所有权人很难加以控制。

（2）知识产权的地域性特点，同以互联网为基础的电子商务的国际化特点产生了矛盾，因为在互联网上信息的传输是无国界的，也给诉讼程序中的诉讼管辖提出新问题。在传统诉讼程序中，绝大多数纠纷的知识产权诉讼是以被告所在地或侵权行为发生地决定管辖权的。但在互联网上的侵权人，由于互联网的国际化特点往往难以确定。如在互联网上，侵权复制品只要一上网，世界上任何地点，都可能成为侵权行为发生地。这就给确认知识产权侵权行为地制造了难题。

（五）电子商务的税收管理

1. 电子商务给税收征管带来了新机遇

通过电子方式进行的交易，本质都是实现商品或劳务的转移，依据税收中性和公平税负原则，电子商务应与传统贸易方式一样征税。为了鼓励、促进电子商务的发展，我国实施了税收优惠政策。

自互联网商业化以来,网上贸易得到了空前的发展,虚拟商场、网上服务贸易、网上结算都呈快速增长的趋势。2015 年,中国电子商务市场交易规模达16.2 万亿,到 2016 年,中国电子商务市场交易规模超过 20 万亿元。近年来,为了鼓励、促进电子商务的发展,国家实施了税收优惠政策。

2. 电子商务给税收征管带来了新挑战

电子商务以全新的交易形式代替了传统的贸易方式。传统商业流通形式、劳务提供方式、财务管理方式等都因此发生了重大的变化,因此,纳税环节、纳税地点、纳税方式、国际税收管辖权等都遇到新的问题。以传统的税收理论和税收原则建立起来的税收制度如何适应电子商务,也是税收管理面临的电子商务时代的挑战。

(1) 纳税义务的确定出现了困难。在电子商务中,许多交易对象被数字化,如:软件、书籍、图像、音乐等都可以用数字化信息的形式传送,在其被转化为文字、图像以前很难对数字化信息的内容加以确定。

(2) 纳税人的身份难以确定。互联网网址或网名与所有者身份并无必然联系,网址与网名并不能提供所有者的身份和所在地。

(3) 计算机加密技术加大了税务机构获取信息的难度。交易人可以用加密技术和用户双重保护来隐藏有关信息。税务机构对互联网经济活动进行监控,面临着获取信息的成本问题,以及与保护个人隐私和保护知识产权之间的协调问题。

(4) 互联网电子商务具有全球化的国际性特点,信息和价值的跨国流动借助于互联网可在瞬间完成,使建立在属地原则和属人原则基础上的国际税收管辖权制度面临新的挑战,同时,国际避税问题在电子商务中表现得更为突出。

(六) 电子商务的安全问题

实现电子商务的关键是要保证商务活动过程中系统的安全性。但随着信息技术的高速发展,许多信息安全问题也纷纷出现:系统瘫痪、黑客入侵、病毒感染、网页改写、客户资料及公司内部资料的泄露等,给企业甚至国家安全都带来了威胁。电子商务安全的法律问题主要有电子签名、安全认证和计算机犯罪。

1. 电子签名

电子商务以电子形式取代了纸张,保证电子形式的贸易信息的有效性和真实性是开展电子商务的前提。在现代技术条件下,公共钥匙加密技术和认证中心系统的产生解决了交易当事人身份认证问题。《电子签名法》确认了电子签名、数据电文的法律效力,制裁电子签名的伪造者、冒用者和盗用者,维护电子商务交易各方的合法权益。

2. 安全认证

电子商务是建立在开放的网络环境上,在享用现代信息系统带来的快捷、方便的同时，如何充分防范信息的损坏和泄露，已成为当前企业迫切需要解决的问题。信息安全管理认证体系从预防控制的角度出发，保障互联网上的信息系统的安全和电子商务业务的正常运作。

3. 计算机犯罪

计算机犯罪是以计算机信息系统为客体和工具的犯罪，如计算机诈骗和诽谤等。我国刑法对涉及计算机的网络犯罪作出了规定。

（七）与电子商务有关的其他法律问题

1. 网上隐私权保护问题

在互联网时代，人们的隐私权受到泄露与传播的可能更大，如所谓的“网上通缉”“人肉搜索”等。消费者在电子商务交易过程中，个人资料被不正当获取及利用，个人的信用卡密码及其他一些属于隐私的个人资料容易被盗，如果这些资料数据被泄漏、伪造、篡改，都会使进行电子商务交易的消费者遭受难以预料的损失，也会导致对电子商务本身的严重损害。依法保护公民个人网络隐私权已经成为电子商务中的重要内容。

中国的网络隐私权保护仍处在初级阶段，尚未专门立法保护，只是在现有的法规中有所涉及。如我国《计算机信息网络国际联网安全保护管理办法》第7条规定：“用户的通信自由和通信秘密受法律保护。任何单位和个人不得违反法律规定，利用国际联网侵犯用户的通信自由和通信秘密。”

《计算机信息网络国际联网管理暂行规定实施办法》第18条规定：“用户应当服从接入单位的管理，遵守用户守则；不得擅自进入未经许可的计算机系统，篡改他人信息；不得在网络上散发恶意信息，冒用他人名义发出信息，侵犯他人隐私；不得制造、传播计算机病毒及从事其他侵犯网络和他人合法权益的活动。”

《电子商务法》对个人信息的保护规定了比较具体的保护措施。

小贴士

欧美主要发达国家在保护网络隐私权方面起步较早，美国1986年修订的《电子通信隐私法》是电子商务领域内保护隐私权最重要的成文法，1999年美国政府又公布了“互联网保护个人隐私权”的政策。

在欧洲，欧盟部长会议1995年通过了《欧盟资料保护指令》，欧盟理事会1996年也通过了《欧盟电子通讯资料保护指令》，这两个指令的宗旨是保障个人自由及基本人权，尤其是隐私权，确保个人资料在欧盟成员间自由流通。

END

2. 电子商务的反不正当竞争问题

电子商务的反不正当竞争涉及如何限制电子商务中的非法促销，以及侵犯商业秘密和商业信誉等问题。

第二节　电子商务法的一般原理

一、电子商务法的概念和特征

(一)电子商务法的概念

广义的电子商务法与广义电子商务相对应,包括了所有调整以数据电文方式进行的商务活动的法律规范,其内容广泛,调整以电子商务为交易形式的和调整以电子信息为交易内容的规范都包括在内,如联合国《电子商务示范法》。狭义的电子商务法对应于狭义的电子商务,是调整以数据电文作为交易手段,以电子商务交易形式所引起的社会关系的法律规范的总称。

在我国,作为部门法意义上的电子商务法,不仅包括以电子商务命名的法律法规,还包括其他现有制定法中有关电子商务的法律规范,如《合同法》中关于数据电文的规定,以及《刑法》中关于计算机犯罪的规定等。《电子商务法》已于2018年8月31日第十三届全国人民代表大会常务委员会第五次会议通过,于2019年1月1日起施行。

(二)电子商务法的特征

1. 国际性

电子商务法的显著特点是国际性。与电子商务的国际性相对应,电子商务法也以适应国际化的要求为特征,以此满足解决电子商务法律关系的需要。

2. 科技性

电子商务是网络经济与现代高科技发展的产物,需要通过互联网进行商务活动。规范这种行为的电子商务法必须要适应科学技术的发展。例如电子商务法应当对签字技术、确认技术等技术问题作出规定。

3. 开放性

电子商务法是规范以数据电文形式进行意思表示的法律关系的,数据电文的形式多样化,而且相关技术、手段与方法的应用也不断推陈出新。因此,以开放的态度对待任何技术手段与信息媒介,让各种有利于电子商务发展的设想和技术都能充分发挥作用,已成为世界组织、国家和企业的共识。

目前,国际组织及各国在电子商务立法中,大量使用开放型条款和功能等价性条款,其目的就是开拓社会各方面的资源,以促进科学技术及其社会应用的广泛发展。它具体表现在电子商务法的基本定义、基本制度和电子商务法律结构方面。

4. 安全性

电子商务的安全性也可以称为安全的脆弱性。电子商务在交易方式上给商务活动提供了高效快捷的便利，与此同时也给商家带来新的问题，其中最令商家担心的就是电子商务的安全问题。由于电子商务是以互联网为基础进行的，计算机的黑客与计算机病毒、网络犯罪等都严重威胁着电子商务的安全。因此电子商务法必须通过对电子商务安全问题进行规范，有效地预防和打击各种利用互联网的违法与犯罪行为，保证电子商务和计算机信息系统的安全运行。

5. 复杂性

电子商务的高科技化和互联网络技术的专业性、复杂性，造成了电子商务交易关系的复杂性，由此决定了电子商务法律法规的复杂性。在电子商务交易中，当事人之间的交易必须在第三方的协助下才能完成，即在网络服务商和认证机构等提供的服务下完成。这就使电子商务的交易活动与传统交易相比，包含了多重法律关系。

二、电子商务法的基本原则

（一）自愿、公平、诚实信用原则

自愿、公平、诚实信用是传统民商法的基本原则，当然也适用于电子商务法。电子商务作为一种新型的商业业态，应当遵守公认的商业准则。同时，国家鼓励电子商务信用体系建设，鼓励建立健全电子商务信用记录、信用评价、信用管理制度，完善电子商务信用服务保障制度。

（二）安全原则

电子商务必须以安全为其前提，既需要技术上的安全措施，也离不开电子商务法的安全规范。国家致力于维护电子商务交易安全，保护电子商务用户信息，鼓励电子商务数据交换共享，保障电子商务数据依法有序流动和合理利用。

安全性原则要求与电子商务有关的交易信息在传输、存储、交换等整个过程中不被丢失、泄露、窃听、拦截、改变等，要求网络和信息应保持可靠性、可用性、保密性、完整性、可控性和不可抵赖性。我国《电子签名法》规范电子签名的标准和认证，就是为了在电子商务条件下形成较为安全的环境，维护有关各方的合法权益。

（三）中立原则

电子商务法的基本目标是在电子商务活动中建立自愿、平等、诚信、公平的交易规则，这是商法的维护交易安全原则在电子商务法上的体现。中立原则包括四个方面：技术中立、媒介中立、实施中立和同等保护。

1. 技术中立

技术中立是指法律对电子商务的技术手段一视同仁，不限定使用或不禁止使用何种技术，也不对特定技术在法律效力上进行区别对待。技术中立是各国和组织所采取的电子商务立法的基本原则，尤其在有关电子签名的立法中表现得更为明显，如我国《电子签名法》规定："可靠的电子签名与手写签名或者盖章具有同等的法律效力"。

2. 媒介中立

媒介中立与技术中立紧密联系，是中立原则在电子商务上的具体表现，是指法律对于交易是采用纸质媒介还是采用电子媒介(或其他媒介)都一视同仁，不因交易采用的媒介不同而区别对待或赋予不同的法律效力。

3. 实施中立

实施中立是指在电子商务立法和司法实践中，强调本国电子商务活动与跨国电子商务活动在适用法律上一视同仁。电子商务法与其他相关法律法规在实施上不能偏颇，传统商务环境下的法律规范与电子商务法律规范在效力上并行不悖。

4. 同等保护

同等保护是指电子商务法对交易双方乃至多方都同等保护，这是实施中立原则在商务交易主体上的延伸。电子商务法对商家与消费者，国内当事人与国外当事人等，都应当尽量做到同等保护。

(四) 交易自治原则

交易自治原则是指参加电子商务交易的各方当事人完全可以按照自己的意愿与对方当事人协商，确定他们之间的协议条款，选择交易与履行方式，其中不含有被强迫的成分和由国家强制执行。

电子商务交易当事人享有交易自治权。电子商务交易的当事人有权决定自己是否进行交易、与谁交易和如何进行交易，任何单位和个人不得非法干预。联合国国际贸易法委员会《电子商务示范法》第 4 条规定，"在参与生成、发送、接收、储存或以其他方式处理数据电文的当事方之间，除另有规定外，第三章的条款可经由协议作出改动。"其内在的含义是除了强制性的法律规范外，其余条款均可由当事人自行协商确定。《电子商务示范法》中的强行性规范数量很少，其目的在于消除传统法律对电子商务发展的障碍，为当事人在电子商务领域里充分行使其意思自治而创造条件。

(五) 监督管理与社会共治原则

我国《电子商务法》规定了国务院及各级政府对电子商务的监管职能。电子商务治理要充分发挥政府作用，国务院和县级以上地方人民政府应当将电子商务发展纳入国民经济和社会发展规划，制定科学合理的产业政策，完善标准体系建设，根据电子商务活动的特点完善和创新电子商务管理体制和管理方式。同时还要充分发挥行业自律和社会共治的作用，实现多管齐下、综合治理。即要体现电子商务管理创新，运用互联网思维、互联网管理办法。

电子商务行业组织和电子商务经营主体应当加强行业自律，建立健全行业规范和网络规范，引导本行业经营者公平竞争，推动行业诚信建设。国家鼓励、支持和引导电子商务行业组织、电子商务经营主体和消费者共同参与电子商务市场治理。

（六）保护消费者合法权益原则

电子商务的完成涉及生产者、销售者、配送者等多个主体，经过商品信息沟通、网上支付、货物配送等诸多环节，任何一个“供应链”出现问题，都将损害消费者合法权益。电子商务法维护市场秩序，必须以保护消费者合法权益为原则。

小贴士

北京市在电子商务管理方面进行了很多的探索，如北京市工商局 2000 年 7 月 7 日发布实施了《关于在网络经济活动中保护消费者合法权益的通告》，规范了网络经济活动中有关消费者权益保护的具体事项。

2014 年 2 月 13 日，工商总局公布了《网络交易管理办法》，消费者的网购“后悔权”将在法律和部门规章层面都获得支持。2014 年 3 月 15 日正式实施的新修订的《消费者权益保护法》规定，除特殊商品外，网购商品在到货之日起 7 日内可以无理由退货。

END

三、电子商务法的调整对象和适用范围

（一）电子商务法的调整对象

电子商务法的调整对象是电子商务交易活动中发生的各种社会关系。此类社会关系是以数据电文作为交易手段所形成的商事关系，是在广泛采用新型信息技术并将这些技术应用于商业领域后才形成的特殊的社会关系，它交叉存在于互联网的线上和线下、虚拟社会和实体社会之中，有别于实体社会中的社会关系。

知识拓展

联合国国际贸易法委员会在《电子商务示范法》中所给的数据电文的概念是：“数据电文是指经由电子手段、光学手段或类似手段生成、发收或储存的信息，这些手段包括但不限于电子数据交换(EDI)、电子邮件、电报、电传或传真。”当以数据电文为交易手段，即为无纸化形式时，一般应由电子商务法调整。

END

(二)电子商务法的适用范围

与电子商务交易形式、交易手段和交易环境相关的法律问题均是电子商务法的适用范围,其在实际应用中主要表现在以下两个方面。

1. 从交易手段上观察

电子商务法的适用范围是以数据电信所进行的、无纸化的商事活动领域。仅仅是以口头或传统的书面形式所进行的商事活动,不属于电子商务法调整的范围。

随着电子通讯技术的日益发展与创新,以及电子商务活动的多元化发展,电子商务法的适用范围也将越来越广。联合国国际贸易法委员会《电子商务示范法》第1条规定:"本法适用于在商务活动方面使用的、以一项数据电文为形式的任何种类的信息。"美国《统一电子交易法》第3条A款规定:"本法适用于与任何交易相关的电子记录与电子签名。"数据电信是电子信息、电子记录与电子签名的上位概念。

2. 从地域和行为主体上观察

我国《电子商务法》规定,"中华人民共和国境内的电子商务活动,适用本法。"但是,"金融类产品和服务,利用信息网络提供新闻信息、音视频节目、出版以及文化产品等内容方面的服务,不适用本法。"

商人与政府之间的有关电子商务管理关系是否属于电子商务法的适用范围,各国有不同规定。美国许多州的电子商务法都将这部分关系纳入了电子商务法的范畴,而联合国贸易法委员会的《电子商务示范法》则明显将这类活动排除在电子商务法的范围之外。

如果以商品交易法的观点来观察,这些商事管理活动,并不是电子商务交易活动,而是行政管理活动,调整这些管理活动的法律也应当划归行政管理法律部门。为了立法和执法上的方便,很可能将两类不同性质的法律规范,交叉规定在同一部法律里,这种情况在现代立法中并不鲜见。

第三节　电子商务的立法概况

一、国际组织电子商务的立法概况

(一)联合国国际贸易法委员会(UNCITRAL)有关电子商务的立法

1.《电子商务示范法》

(1)《电子商务示范法》的产生

联合国从20世纪80年代开始研究和探讨有关电子商务的法律问题。1982年联合国国际贸易法委员会的第十五届会议上,计算机记录的法律价值问题被正式提出。此后在其第十七届会议上，提出了计算机自动数据处理在国际贸易流通中所引起的法律问题，并将其优先列入工作计划。此后，联合国国际贸易法委员会对电子商务的立法工作开始了全面的研究，终于在 1996 年 6 月提出了《电子商务示范法》蓝本，并于 1996 年 12 月在联合国大会通过。

知识拓展

《电子商务示范法》是联合国国际贸易委员会为适应电子商务的快速发展而制订的法律，是目前世界上第一部关于电子商务的法律，给世界各国的电子商务立法工作提供了法律范本，解决了世界上许多国家在电子商务法律上的空白或不完善，为解决电子商务的法律问题奠定了基础，促进了世界电子商务的发展。

END

(2)《电子商务示范法》的主要内容

联合国国际贸易法委员会制定的《电子商务示范法》由两大部分组成。第一部分是电子商务法律的总原则，是《电子商务示范法》的核心，共分为三章十五条。

第一章为一般条款，内容包括适用范围、定义解释、合同协议的改动等四个条款；第二章是数据电文的适用法律要求，内容包括对数据电文的法律承认、书面形式、签字、原件、数据电文的可接受性和证据力，以及数据电文的留存等共六个条款；第三章是数据电文的传递，内容包括合同的订立和有效性、当事人各方对数据电子的承认、数据电文的归属、确认收讫、发出和收到数据电文的时间和地点等共五个条款。

第二部分是电子商务的特定领域，有一章两个条款，仅对涉及货物运输中使用的电子商务作出规定。

2. 其他有关电子商务的立法

1982 年，联合国国际贸易法委员会开始编写《电子资金划拨法律指南》，提出以电子手段划拨资金而引发的法律问题，并讨论了解决这些问题的方法，1986 年获得大会批准，1997 年正式公布。

1985 年，联合国国际贸易法委员会在其第 18 次会议上通过了《计算机记录的法律价值报告》，建议各国政府能够确定以计算机记录作为诉讼证据的法律规则，并为法院提供评价这些记录可靠性的适当办法。

1993 年 10 月，联合国国际贸易法委员会电子交换工作组第 26 次会议审议了《电子数据交换及贸易数据通讯有关手段法律方面的统一规则草案》。

1999 年 6 月，联合国国际贸易法委员会电子交换工作组第 35 次会议提出《电子签章统一规则》草案版本，并于 2000 年 9 月的第 37 次会议获得通过，提出除了建立在公钥加密技术(Public Key Cryptosystems,PKI)之上的强化电子签章外,还有其他更多各种各样的设备,使得“电子签章”方式的概念更加广泛,这些正在或将要使用到的签字技术,都考虑到执行上述手写签字的某一个或未提及的功能。

2001 年 3 月,联合国国际贸易法委员会电子交换工作组第 38 次会议通过的《电子签章示范法》,也重新对电子签章下定义:“电子签章系指在数据电文中,以电子形式所含、所附或在逻辑上与数据电文有联系的数据,它可用于鉴别与数据电文有关的签字人或表明此人认可数据电文所含信息。”

(二) 国际经济合作与发展组织(OECD)有关电子商务的立法

国际经济合作与发展组织在电子商务的立法方面也做了大量的工作。1980 年提出了《保护个人隐私和跨国界个人数据流指导原则》,1985 年发表了《跨国界数据流宣言》,1992 年制定了《信息系统安全指导方针》,1997 年发表了《电子商务:税务政策框架条件》《电子商务:政府的机遇与挑战》等报告。

1998 年 10 月,国际经济合作与发展组织在加拿大渥太华召开了题为“一个无国界的世界:发挥全球电子商务的潜力”的电子商务部长级会议,公布了《OECD 电子商务行动计划》《有关国际组织和地区组织的报告:电子商务的活动和计划》《工商界全球行动计划》,并通过了《在全球网络上保护个人隐私宣言》《关于在电子商务条件下保护消费者的宣言》《关于电子商务身份认证的宣言》《电子商务:税务政策框架条件》报告。

1999 年 12 月,国际经济合作与发展组织制定了《电子商务消费者保护准则》,提出了保护消费者的三大原则和七个目标。保护消费者的三大原则是:确保消费者网上购物所受到的保护不低于日常其他购物方式;排除消费者网上购物的不确定性;在不妨碍电子商务发展的前提下,建立和发展网上消费者保护机制。

保护消费者的七个目标是:广告宣传、市场经营和交易信守公平、诚实信用原则;保障消费者网上交易的知情权;网上交易应有必要的认证;网上经营者应使消费者知晓付款的安全保障;应有对纠纷行之有效的解决和救济的途径与方法;保护消费者的隐私;向消费者普及并宣传电子商务和保护消费者的法律知识。

2000 年 12 月,国际经济合作与发展组织公布了一项关于电子商务经营场所所在地的适用解释,规定将来通过网上进行的电子商务,由该公司经营实际所在地的政府进行征税。2003 年 6 月通过了《经合组织保护消费者防止跨境欺诈和欺骗性商业活动指南》,指出:为了防止那些从事诈骗活动和商业欺诈活动的人侵害广大消费者,OECD 成员国应该联合起来共同提出快速而有效的办法来收集与共享信息。这些成员国应该在现有方案的基础上,通过网络工具和数据库来收集与共享信息，其中包括消费者投诉和一些悬而未决的调查和案件中的通知信息等。

（三）世界贸易组织（WTO）有关电子商务的立法

1995年开始生效的世界贸易组织《服务贸易总协定》（GATS），为所有的金融服务贸易（包括电子贸易在内）提供了一个基本法律框架。

1996年12月，世界贸易组织在新加坡举行的第一次部长会议签署了《关于信息技术产品贸易的部长宣言》，即《信息技术协议》，1997年3月开始生效，电子商务首次纳入了多边贸易体制。

1998年5月，132个世界贸易组织成员的部长们达成一致，签署了《关于全球电子商务的宣言》。1998年9月，世界贸易组织理事会通过了《电子商务工作计划》，涵盖了服务贸易、货物贸易、知识产权保护、强化发展中国家的参与等问题。

（四）世界知识产权组织（WIPO）有关电子商务的立法

电子商务与知识产权保护有着极为密切的关系，世界知识产权组织为电子商务的发展也做了许多工作。1996年12月，世界知识产权组织通过了《世界知识产权组织著作权条约》《世界知识产权组织表演和录音制品条约》，被称之为"网络环境下的"著作权条约，为解决电子商务所涉及的知识产权保护问题奠定了基础。

1999年4月，公布了有关域名问题的《互联网名称和地址管理及其知识产权问题》的报告，针对互联网上由域名而引发的问题，包括域名与现有知识产权的冲突，提出了解决建议。

1999年11月，国际互联网名址分配公司（ICANN）指定世界知识产权组织作为第一个"纠纷处理服务提供者"，世界知识产权组织其后也公布了《统一域名争议解决政策补充规则》。

（五）欧盟有关电子商务的立法

欧盟始终将规范电子商务活动作为发展电子商务的一项重要工作，为此欧盟制订了一系列有关电子商务发展的规范与相关的法律制度。

1997年4月欧盟委员会提出著名的《欧洲电子商务行动方案》为欧洲的电子商务立法确定了立法宗旨和立法原则，明确指出欧洲究竟能在多大程度上受益于电子商务的关键取决于其是否具备满足企业和消费者需要的法律环境。

《欧洲电子商务行动方案》将欧洲电子商务的立法确立为两个目标：

一是建立起消费者和企业对电子商务的信任和信心，即通过立法工作建立合法、安全和规范化的电子商务交易环境。电子商务交易中的身份、信用程度的确认、数据信息的安全、个人隐私的保护、合同的履行、支付的可靠性以及签名和认证制度等列为立法重点。

二是保证电子商务充分进入单一市场,即在欧盟成员国的范围内建立一个以欧洲统一市场的法律制度为基础的电子商务管理框架,以此保证电子商务的发展能最大限度地利用统一市场的良好环境和市场潜力,避免成员国各自为政,法出多国,保证欧盟范围内电子商务法律制度的统一性。

1. 互联网服务的法律制度

欧盟委员会在《关于内部市场中与电子商务有关的若干法律总指令建议案》中对欧盟范围内网络服务的法律制度做了以下几个方面的规定。

(1) 目的与适用范围。本指令的目的是保证内部市场的良好运行,重点在于保障信息服务得以在成员国之间自由流通。本指令致力于在如下一些领域使各成员国关于信息服务的国内立法趋于统一。这些领域包括:内部市场制度,服务供应商的设立,商业信息传播、电子合同、服务中间商的责任,行业行为准则,争议的诉讼解决,司法管辖和成员国间的合作。

(2) 无须预先批准原则。各成员国须在其国内立法中规定,从事提供信息营业活动无须预先批准,亦不受其他任何来自有关当局的决定、办法或认可的限制。但是服务供应商有义务向消费者和有关管理当局提供证明其身份的信息资料。

(3) 商业信息传播。各成员国必须在其国内立法中规定商业信息传播应符合以下条件:商业信息传播应易于识别,从事商业信息传播的自然人或法人应易于识别,各种促销优惠措施,包括各折扣奖励及赠予都应易于识别,且参与活动的条件和规则应易于达到且须详细无误地予以说明。

(4) 电子合同。各成员国须调整其国内立法以使电子合同合法化,各成员国应特别保证其关于合同缔结的法律制度,不得妨碍电子合同的实际应用,也不得因合同是通过电子方式缔结的这一事实而剥夺其生效权利和法律效力。

(5) 服务中间商的责任。各成员国须在其国内立法中规定:在信息服务的提供限于通过通信网络传输,服务获取者的信息或限于提供通信网络接入服务的情况,提供此类服务的服务供应商在符合指令规定的情况下,对所传输的信息不承担责任;在信息服务的提供限于通过通信网络传输来获取信息时,服务供应商在满足指令规定条件下,对其应其他服务获取者的要求,出于日后更有效地传输信息的唯一目的,而对所传输信息进行自动、临时性和过渡性的存储不承担责任;在信息服务的提供限于存储信息获得者提供的信息时,信息服务供应商在满足指令规定条件时,不对应信息服务获得者的要求而存储的信息承担责任。

(6) 行业自律准则。各成员国和欧盟委员会鼓励行业协会成员团体或消费者组织制定适用于全欧盟范围的行业行为自律准则,以保证欧盟成员国立法的良好执行。

2. 电子签名的法律制度

欧盟议会和理事会共同制定和颁布了《关于欧盟范围内建立有关电子签名共同法律框架的指令》，为在欧盟范围内电子签名的法律制度协调一致的运转和发展提供了保障。

指令的立法目的有两个：一是在欧洲联盟范围内建立一个有利于电子签名推广运用的统一的法律环境；二是建立一个完整的关于电子签名的法律认证体系，以便使电子签名法律效力得到法律上的承认。

该指令的立法重点是规范电子签名的认证服务，制定关于认证和认证服务的共同标准，以保证电子签名及其认证得以在欧盟成员国范围内相互得到承认。此后，欧盟于 1999 年发布了《数据签名统一规则草案》。

3. 消费者权益保护法律制度

欧盟在其通过的《关于远距合同订立过程中对消费者保护的指令》中，为消费者网上交易的合法权益保护规定了多项措施，明确规定在远程合同订立前，货物或服务供应商有义务向消费者提供供应商身份、货物或服务性能特点、价格、送货费用、付款及送货方式、消费者撤销订购的权利、报价的有效期、合同的期限等情况，并通过书面或其他持久的载体向消费者确认，消费者至少可以在 7 个工作日内有权退货或撤销合同。

4. 著作权保护的法律制度

欧盟委员会在《关于信息社会著作权及邻接权的指令草案》中，对欧盟成员国范围内统一协调著作权及邻接权保护的法律规范作出了相应的规定，以适应电子商务条件下与知识产权有关的产品及服务的发展需要。草案规定：作品的作者、表演者、音像节目和电影的制作者、广播电台、电视台对作品享有专属的复制权，著作权人所享有的对公众传播权并不随着传播或提供作品的行为完成而丧失。

此外，《草案》对于某些出于纯粹技术需要而进行的不存在任何经济意图的复制行为做了例外规定，以避免对网络发展造成限制和危害，既顾及了网络服务商和接入商的产业发展利益，又对著作权人的合法权益给予了法律上的保障。

二、外国电子商务立法概况

（一）美国的电子商务立法

在这场电子商务革命中，美国的电子商务发展在世界上处于领先的地位。美国政府在促进电子商务发展上制定了一系列积极的政策，其中著名的“信息高速公路”计划，为美国电子商务的发展奠定了关键性的基础。

由于政府大力推行电子商务这种新的交易形式，电子商务成为了美国国民经济新的增长点。同时，美国的电子商务法律的立法工作发展迅速，许多州都制订了电子商务法。1997 年 9 月 15 日颁布的《全球电子商务纲要》更是美国电子商务发展的一个里程碑。《全球电子商务纲要》主要内容分为一般原则和问题处理建议两大部分。

1. 一般原则

美国对未来在互联网上进行的商业交易，提出了五项基本原则。

(1) 私营企业应起主导作用。互联网的快速发展，将依靠私营企业带动，政府应尽可能鼓励私营企业自行建立交易规则，政府采取少干预、少限制的原则。

(2) 政府应当避免不恰当的限制。政府避免对网上发生的商业活动给予不必要的限制而影响交易双方交易活动，阻碍电子商务的发展。

(3) 政府参与建立和谐的商业法制环境。其目的应是支持与加强一个可预测的、简明的和一致的电子商务实行环境，政府机构只在必要时介入电子商务的市场管理。这种管理应当主要着眼于支持加强建立一个和谐的商业法制环境，保护消费者、保护知识产权，确保竞争，以及制定解决纠纷的办法。

(4) 政府必须认清互联网的特征。政府需要调整无法适用的传统法律法规。

(5) 制定的法律法规应有利于促进电子商务发展。电子商务法律法规的制定，应当有利于促进互联网上的电子商务。

2. 问题处理建议

(1) 海关和税务。由于互联网的国际性特点，互联网应宣告为免税区，凡是网上进行的商品交易如软件、咨询服务等，以电子方式提交的，如果课以关税是毫无意义的，也是难以做到的，因此应对此一律免税。此外，美国还向世界贸易组织(WTO)和其他国际贸易组织建议，对电子商务适用现有的税制，而不开征新的税种，电子商务的税务应当遵循国际税务的基本原则，避免不一致的国家税务司法权和双重征税。

(2) 电子支付系统。信息技术的飞速发展已使网上的电子支付变成现实，许多交易已经开始通过网上进行支付，电子银行、电子钱包、智能卡等都已经步入社会生活。但目前电子技术支付系统的开发处于初级阶段，尚未定型，此时尚不宜制订法规约束，以免妨碍其进步与发展。由于互联网的国际性特点，美国财政部已与各国政府一起合作，研究全球性电子支付的对应措施，世界十大经贸国的财政部长已经组成工作小组，共同制订电子支付政策。

(3) 电子商务法规。美国政府支持所有国家采用联合国《电子商务示范法》作为制定电子商务使用的国际统一商务法规，支持联合国国际贸易法委员会以及其他国际组织进一步努力制定出示范法律条款。

(4) 保护知识产权。网上的电子商务经常涉及知识产权的授权产品，为促进电子商务的发展和促成有效的商务环境，销售者必须知道，他们的知识产权不会遭到侵权，购买者则必须知道他们购买的商品是经过认证的产品，而不是仿冒产品，为达到这一目的，国际间确立有效的保护知识产权的国际协定，对于防止仿冒和欺诈行为是非常必要的，各国应尽快立法以遏制产品的仿冒和知识产权的被侵犯。

(5) 保护个人隐私权。信息在网上发布与交流，有利于电子商务的发展，但是在信息的发布与交流中保证个人隐私权则是一个十分重要的问题。

个人隐私原则分为两个方面：告知和许可。收集数据者应当通知消费者，他们在收集什么信息以及他们打算如何使用这些数据，数据收集者应当向消费者提供限制使用和再利用个人信息的有效手段。数据收集者披露信息的目的是鼓励人们用市场方式来解除对个人隐私的担心，根据个人隐私原则，消费者在由于不当使用或者披露个人信息，或者由于提供不准确、过时的、不完整的或无关的个人信息而受到伤害时有权要求赔偿。

为保证世界各国迥然不同的隐私政策能够提供恰当的个人隐私保护而不妨碍互联网上的数据交流，美国政策应当采取双层个人隐私战略。美国将依据个人隐私原则所建立的框架会同主要贸易伙伴一起讨论如何支持一项基于市场的个人隐私对策。

(6) 信息安全。对互联网安全性的担心是电子商务发展的重要问题。人们对于目前网络安全的脆弱性十分担心，只有互联网能成为一种安全可靠的商业媒体，只有确保互联网可靠性的安全措施到位，商家和消费者才能放心。

电子签名与认证制度是目前保障网上安全可靠的重要手段，密码学是计算机和安全的重要工具，美国政府通过制定相关政策促进开发和利用有效的加密产品，既可对存储数据加密，又可对电子通信加密。

美国政府以及各相关机构在未来数年内，将同欧盟以及国际经济合作与发展组织一起，制定安全和加密的共同政策，将为电子商务提供一个可预测的、安全的环境。

(7) 电信基础建设与信息技术。美国政府倡导电信自由化，鼓励世界各国开放通信市场进行公平竞争，要求世界各国遵守已签订的各项国际协定，排除关税与非关税壁垒，并将继续通过各国际组织进行与电信有关的网络问题的研究讨论，谋求达成共识，获得世界各国的支持。

(8) 信息内容。美国政府支持信息跨国自由流动，内容包括由互联网传送的新闻发布、信息服务、虚拟商场、娱乐节目，等等。美国政府认为不宜太多干涉网上信息内容。对认为有关暴力、煽动性言论、色情等内容，美国政府将同主要贸易伙伴探讨对其的限制，并就有关广告及防止欺诈的管制问题同世界各国展开对话。

(9) 技术标准。技术标准对电子商务极为重要,因为标准可以使不同厂商的产品和服务协调一致,有利于网络联通并促进公平竞争。但是如果过早制订标准,则有可能成为新技术发展的障碍,也可能被用来作为贸易的非关税壁垒。

美国政府鼓励由企业界协商订立标准,技术标准由市场来决定,政府不宜介入。为保证互联网的全球电子商务的增长,需要在安全、电子版权管理制度、电子视频会议、高速网络技术数据交换等领域制定技术标准。

小贴士

《全国及全球商务电子签名法》于2000年10月1日在美国各州生效,该法是规范电子合同的重要法律,着重对电子签章作出了规定。该法第一章主要规定了电子签章和电子记录的效力的一般原则和具体例外事项,同时还规定了对联邦机构的可适用性问题及调查;后三章在可转让记录、国际电子商务的促进和在线儿童保护委员会三个方面进行了规范。

END

(二) 新加坡的电子商务立法

新加坡是世界上较早制定电子商务法律的国家。1998年新加坡的《电子交易法》内容丰富,规范了电子商务中出现的多方面问题,该法中的许多规定以联合国国际贸易法委员会《电子商务示范法》为基础,与国际标准保持一致,促使新加坡融入日益兴起的全球电子商务之中。

新加坡《电子交易法》分为序言、电子记录和电子签名的一般规定、网络服务提供者的责任、电子合同、可靠电子记录和电子签字、数字签字的效力、与数字签字相关的一般义务、认证机构的义务、订户的义务、认证机构的规定、政府使用电子记录与电子签字、一般规定共12个部分。《电子交易法》内容概括起来包括如下几个方面。

1. 立法目的与法律解释

《电子交易法》的立法目的是促进电子交易,对电子商务中出现的新问题能够予以有效的解决。

2. 数据电文和电子签名的法律效力

《电子交易法》规定了数据电文和电子签名的法律效力,该法规定,不得仅仅以某项信息采用数据电文形式作为理由否定其法律效力、有效性与可执行性。该法还规定了证实电子签名的方法以及在满足一定安全保护要求的前提下,可以要求以数据电文方式复制保存某些文件、记录或信息,同时,该法也规定了对于数据电文和电子签名的承认,不适用的某些方面,如遗嘱、流通票据、所有权文据、不动产买卖合同等。

3. 网络服务提供商的责任

《电子交易法》规定，网络服务提供商根据任何法律规定都不会仅仅因为提供了通道，为第三者传输的数据电文资料承担民事责任或刑事责任，某些例外情况除外。因为在多数情况下，网络服务提供商无法控制通过其网络所传输的资料和内容。

4. 电子合同

《电子交易法》对电子合同所涉及的一些具体问题作出了规定：明确规定合同订立的程序可以采用数据电文的形式；对当事人在订立合同中使用的数据电文的也承认其法律效力；明确数据电文的归属问题；规定了数据电文信息的确认收讫的规则；规定了确定数据电文发送和接收的时间及地点的规则。

5. 认证机构

《电子交易法》对保证认证机构的可靠性规定了一定的标准和管理规则：包括：所有认证机构都应履行的义务，对外国认证机构的承认问题，持有执照经营的认证机构的责任问题。

6. 数据电文与电子签名在商务公务中的作用

《电子交易法》承认政府部门和法定机构的电子存档、颁发的电子许可证、电子执照和电子批准书以及进行的电子支付，以此承认和促进政府对个人的电子商务活动，目的是鼓励无纸公用事业，提高公用事业的效率。

7. 计算机数据的保密与使用

《电子交易法》为了保护计算机数据的秘密，对于那些有可能接近数据电文的人员规定了保密义务，禁止他们出于罪行检控和遵守法庭要求以外的其他目的泄露信息，但管理人员为查明是否有违反《电子交易法》的行为时，有权检查任何计算机及数据。

（三）澳大利亚的电子商务立法

1998年澳大利亚颁布了《私权利保护法》，确立信息私权保护原则。1998年3月澳大利亚电子商务专家小组公布了《电子商务：法律框架的构造》的报告。1999年澳大利亚通过了电子签章法。1999年12月，澳大利亚颁布了《电子交易法》(ETA)，提出了在电子商务中的媒体中立性原则和技术中立性原则。

（四）韩国的电子商务立法

韩国的《电子商务基本法》于1999年7月正式生效，共分为总则、电子通信信息、电子商务安全、电子商务的促进、消费者保护以及附则六章，内容较为全面。《电子商务基本法》总的特点与该法第一条所规定的目的是一致的，即旨在促进电子商务的发展。

该法不仅对电子商务、电子通信信息、发送人、接收人、数字签名、电子商店认证机构等基本概念作出定义，对通信信息的有效性和电子商务的安全问题作出规定,并且对消费者的保护以专门章节做了规定。

该法兼容了欧洲国家与美国在电子商务立法方面的特点,既有美国电子商务法着重于技术问题解决的特点,又有欧洲国家电子商务法偏重于消费者保护的特点,两者功效相辅相成。为具体实施其《电子商务基本法》,韩国制定了《电子签名法》。

三、中国电子商务立法概况

中国于1994年出现电子商务模式。几十年来,我国电子商务发展得到迅猛发展。由于电子商务将成为社会经济发展的新增长点,电子商务将改变商业经营的方式,促进经济的发展。因此,要确保电子商务的健康发展,就必须以健全的法律保障为基础和前提。

面对迅速发展的电子商务这种新的交易形式,要保证目前电子商务健康有序的发展,就必须充分利用现行民商法的法律法规加以保护,保证电子商务交易的正常进行。目前我国电子商务立法包括《电子签名法》《网络安全法》等法律,以及行政法规与规章、地方性法规等,其中,以部门规章、地方性法规和地方政府规章为主。

目前,中国主要的电子商务相关法律法规有:

(一)《电子商务法》

《电子商务法》是我国电子商务领域的基本法。2016年底,全国人大常委会发布《电子商务法》草案,向全社会征求意见。经四次修订、审议后,该法于2018年8月31日由第十三届全国人民代表大会常务委员会第五次会议通过。《电子商务法》包括总则、电子商务经营者、电子商务合同的订立与履行、电子商务争议解决、电子商务促进、法律责任和附则等七个部分,共7章89条。

(二)《合同法》

《合同法》将数据电文作为合同书面形式的一种,明确规定了电子合同与书面合同具有同等的法律效力,并对有关电子合同的订立过程及有关内容作了具体规定,这些规定有利于电子商务的实际操作。

(三)《电子签名法》

《电子签名法》于2004年8月28日第十届全国人民代表大会常务委员会第十一次会议通过,自2005年4月1日起施行。该法规范了电子签名行为,确立了电子签名的法律效力。《电子签名法》的颁布与实施对我国电子商务的发展有很大的推动和保障作用。

(四)《网络安全法》

《网络安全法》于2016年11月7日由第十二届全国人民代表大会常务委

员会第24次会议通过，于2017年6月1日起实施。该法是为了保障网络安全，维护网络空间主权和国家安全、社会公共利益，保护公民、法人和其他组织的合法权益，促进经济社会信息化健康发展而制定的。《网络安全法》适用于在中华人民共和国境内建设、运营、维护和使用网络的活动，以及对网络安全的监督管理，是保障电子商务安全的基本法。

知识拓展

我国现行的涉及交易安全的法律还有：综合性法律，即民法和刑法中有关保护交易安全的条款；规范交易主体的有关法律，如公司法、个人独资企业法、合伙企业法、外资企业法等；规范交易行为的有关法律，如产品质量法、价格法、消费者权益保护法、反不正当竞争法等；监督交易行为的有关法律，如会计法、审计法、票据法、银行法等。

END

（五）《互联网信息服务管理办法》

《互联网信息服务管理办法》于2000年9月25日由国务院发布实施。为了规范互联网信息服务活动，《互联网信息服务管理办法》将互联网信息服务分为经营性和非经营性两类。

从事经营性互联网信息服务，应当向省、自治区、直辖市电信管理机构或者国务院信息产业主管部门申请办理互联网信息服务增值电信业务经营许可证，即对经营性互联网信息服务采用许可制度；对从事非经营性互联网信息服务的，实行备案制，应当向省、自治区、直辖市电信管理机构或者国务院信息产业主管部门办理备案手续。

（六）《信息网络传播权保护条例》

2006年，国务院发布实施《信息网络传播权保护条例》，保护著作权人、表演者、录音录像制作者的信息网络传播权，鼓励有益于社会主义精神文明、物质文明建设的作品的创作和传播。对网络著作权的合理使用、法定使用、网络服务提供者的法定义务、信息网络传播权领域的"避风港"原则等内容作出规定。

（七）《计算机软件保护条例》

《计算机软件保护条例》于1991年6月4日由国务院发布。2011年1月8日第一次修订。2013年1月30日第二次修订。该条例对保护计算机软件著作权人的权益，调整计算机软件在开发、传播和使用中发生的利益关系。鼓励计算机软件的开发与应用十分重要，起到了促进软件产业和国民经济信息化发展的目的。

（八）《计算机信息系统安全保护条例》

《计算机信息系统安全保护条例》于1994年2月由国务院发布并实施，明确规定由公安部主管全国计算机信息系统安全保护工作;任何组织或个人,不得利用计算机系统从事危害国家利益、集体利益和公民合法权益的活动,不得危害计算机信息系统的安全。该条例详细规定了计算机信息系统的安全保护制度、安全监察及相关的法律责任。该条例于2010年12月29日修订。

有关行业主管部门陆续制定规章,对一些特殊行业网络经营行为进行规定,如2004年7月8日,国家食品药品监督管理局公布《互联网药品信息服务管理办法》;2006年中国银行业监督委员会发布《电子银行业务管理办法》;2010年6月14日,中国人民银行颁布《非金融机构支付服务管理办法》等。

此外,信息化方面的地方性法规中对电子商务也有规定,如2007年12月1日实施的《北京市信息化促进条例》规定,“在本市从事互联网信息服务活动的,应当按照国家规定办理相应许可或者履行备案手续。利用互联网从事经营活动的单位和个人应当依法取得营业执照,并在网站主页面上公开经营主体信息、已取得相应许可或者备案的证明、服务规则和服务流程等相应信息。”

作为电子商务法的重要补充,一些行业规范陆续出台,如2005年中国电子商务协会组织网络交易平台服务商共同制定的《网络交易平台服务规范》,2006年中国电子商务协会组织会员单位签署了《抵制恶意软件自律公约》。

复习思考题

1. 电子商务所涉及的法律问题有哪些?
2. 简述电子商务法的概念、特征。
3. 简述电子商务法的基本原则。
4.《电子商务示范法》的产生和主要内容是什么?
5.《欧洲电子商务行动方案》的立法目标是什么?
6. 简述我国电子商务的立法概况。

第二章 电子商务主体法律制度

学习目标

1. 了解电子商务主体的概念、特征，掌握我国电子商务主体的种类。
2. 了解网站、域名、网站种类及法律管理，掌握我国网站设立的法律制度。
3. 了解网上商店的意义、认定原则，掌握网上商店的认定。
4. 掌握 ISP、ICP 及网络交易平台提供商的法律责任。

第一节 电子商务主体概述

一、电子商务主体的概念与特征

（一）电子商务主体的概念

电子商务主体，是指参与电子商务法律关系，并在其中享有权利和承担义务的组织或个人。电子商务主体法律制度是电子商务法中需要研究的基础领域。

电子商务主体有广义、狭义之分。狭义的电子商务主体是指电子商务经营主体，包括电子商务第三方平台和电子商务经营者。广义的电子商务主体，指凡是通过电子网络手段参与电子商务活动的主体，既包括狭义的电子商务主体，也包括消费者、各种网络服务提供商、第三方支付机构以及认证机构等。

我国《电子商务法》第 9 条规定，“本法所称电子商务经营者，是指通过互联网等信息网络从事销售商品或者提供服务的经营活动的自然人、法人和非法人组织，包括电子商务平台经营者、平台内经营者以及通过自建网站、其他网络服务销售商品或者提供服务的电子商务经营者。”

“本法所称电子商务平台经营者，是指在电子商务中为交易双方或者多方提供网络经营场所、交易撮合、信息发布等服务,供交易双方或者多方独立开展交易活动的法人或者非法人组织。""本法所称平台内经营者,是指通过电子商务平台销售商品或者提供服务的电子商务经营者。"

(二) 电子商务主体的特征

1. 主体的虚拟性

电子商务主体本身应该是真实的,不是虚拟的,但是由于电子商务是借助于信息网络实现的一种交易方式,这种交易方式使主体的存在方式看起来具有一定的虚拟性,因此更容易发生虚假情形。

电子商务主体,有的是通过自己设立的网站来进行交易活动,有的是借助于第三方所设立的网络平台而开展交易活动,但是,网上商家信息是否就是他的真实身份信息,交易各方不能面对面通过感官加以判断,消费者在交易时也存在担心和顾虑,因此,电子商务主体的身份需要认定,电子商务法中必须建立起有关主体认定的制度。

2. 主体的广泛性、复杂性

传统的商事交易,往往有买卖双方参与即可顺利进行,而电子商务活动自身的特点决定了其必须通过网络平台进行,其支付方式必然是网上支付,因此,参加电子商务的主体就不仅仅是买卖双方,还要包括网络平台的服务机构、第三方支付机构以及认证机构等。这么广泛的主体以及它们之间所形成的复杂关系,以及对各方责任的认定,都是电子商务法中必须要解决的问题。

3. 主体的发展性

电子商务是随着互联网技术的发展和运用而产生的,未来网络技术的发展将更深刻地影响并决定着电子商务的发展,因此,可以预言,电子商务是一个变化着的、开放性的交易模式,存在着无限广阔的创新前景,电子商务的交易主体也必将随之有所发展和变化,可能会有更多、更新型的主体参与到电子商务法律关系中来。

二、电子商务主体的种类

电子商务主体不同于传统的商务活动主体,除了直接参与交易的双方,还包括对特定电子商务行为的完成具有重要影响的参与者。以下把电子商务主体分为电子商务经营主体和为电子商务经营提供服务的其他主体两大类予以介绍。

(一) 电子商务经营主体

1. 电子商务经营者

电子商务经营者,是指通过互联网等信息网络从事销售商品或者提供服务的经营活动的自然人、法人和非法人组织,包括电子商务平台经营者、平台内经营者以及通过自建网站、其他网络服务销售商品或者提供服务的电子商务经营者。

电子商务经营者应当依法办理市场主体登记。但是，个人销售自产农副产品、家庭手工业产品，个人利用自己的技能从事依法无须取得许可的便民劳务活动和零星小额交易活动，以及依照法律、行政法规不需要进行登记的除外。

电子商务经营者应当依法从事经营活动。需要取得相关行政许可的，应当依法取得行政许可。电子商务经营者销售的商品或者提供的服务应当符合保障人身、财产安全的要求和环境保护要求，不得销售或者提供法律、行政法规禁止交易的商品或者服务。

电子商务经营者应当依法履行纳税义务，并有依照专门税收法律规定享受税收优惠的权利。依照规定不需要办理市场主体登记的电子商务经营者在首次纳税义务发生后，应当依照税收征收管理法律、行政法规的规定申请办理税务登记，并如实申报纳税。

电子商务经营者销售商品或者提供服务应当依法出具纸质发票或者电子发票等购货凭证或者服务单据。电子发票与纸质发票具有同等法律效力。

电子商务经营者应当在其首页显著位置，持续公示营业执照信息、与其经营业务有关的行政许可信息、属于法律规定的不需要办理市场主体登记情形等信息，或者上述信息的链接标识。电子商务经营者的营业执照信息或者行政许可信息发生变更，应当及时更新公示信息。

电子商务经营者自行终止从事电子商务的，应当提前30日在首页显著位置持续公示有关信息。电子商务经营者应当全面、真实、准确、及时地披露商品或者服务信息，保障消费者的知情权和选择权。电子商务经营者不得以虚构交易、编造用户评价等方式进行虚假或者引人误解的商业宣传，欺骗、误导消费者。

有关主管部门依照法律、行政法规的规定要求电子商务经营者提供有关电子商务数据信息的，电子商务经营者应当提供。有关主管部门应当采取必要措施保护电子商务经营者提供的数据信息的安全，并对其中的个人信息、隐私和商业秘密严格保密，不得泄露、出售或者非法向他人提供。

电子商务经营者从事跨境电子商务，应当遵守进出口监督管理的法律、行政法规和国家有关规定。

知识链接

商事组织

所谓商事组织，是指根据法律规定成立并依据商法的相关规定从事营业活动，享有权利、承担义务的企业法人或者合伙组织。自然人作为电子商务的主体,需要具备相应的民事权利能力与民事行为能力。

根据我国《民法通则》第二十七条规定,法人应具备如下条件:(1)依法成立;(2)有必要的财产或经费;(3)有自己的名称、组织机构和场所;(4)能独立承担责任。公司是典型的法人企业。

根据《合伙企业法》的规定:合伙企业有普通合伙企业和有限合伙企业两种形式。普通合伙企业由普通合伙人组成,合伙人对合伙企业债务承担无限连带责任。有限合伙企业由普通合伙人和有限合伙人组成,普通合伙人对合伙企业债务承担无限连带责任,有限合伙人以其认缴的出资额为限对合伙企业债务承担责任。合伙企业不具备法人资格。

END

2. 电子商务平台经营者

(1) 概念。《电子商务法》规定,“本法所称电子商务平台经营者,是指在电子商务中为交易双方或者多方提供网络经营场所、交易撮合、信息发布等服务,供交易双方或者多方独立开展交易活动的法人或者非法人组织。”

(2) 分类。2014 年商务部制定的《电子商务模式规范》将电子商务平台模式分为五类。

① B2C(Ⅰ)——网上商厦(web mall):提供给企业(或其他组织机构)法人或法人委派的行为主体在互联网上独立注册开设网上商店,出售实物或提供服务给消费者的由第三方经营的电子商务平台。

② B2C(Ⅱ)——网上商店(web store):企业(或其他组织机构)法人或法人委派的行为主体在互联网上独立注册网站、开设网上商店,出售实物或提供服务给消费者的电子商务平台。

③ B2B(Ⅰ)——网上交易市场(web trade market):提供给企业(或其他组织机构)法人或法人委派的行为主体间进行实物和服务交易的由第三方经营的电子商务平台。

④ B2B(Ⅱ)——网上交易(web business):企业(或其他组织机构)法人或法人委派的行为主体在互联网上建立网站,向其他企业(或其他组织机构)法人或法人委派的行为主体提供实物和服务的电子商务平台。

⑤ C2C——网上个人交易市场(web market for consumers):提供给个人间在网上进行实物和服务交易的由第三方经营的电子商务平台。

(3) 电子商务平台经营者应当履行的义务和承担的法律责任。电子商务平台经营者应当要求申请进入平台销售商品或者提供服务的经营者提交其身份、地址、联系方式、行政许可等真实信息,进行核验、登记,建立登记档案,并定期核验更新。这是对电子商务经营者身份进行核验和管理的主要环节。电子商务平台经营者发现平台内的商品或者服务信息存在违反法定情形的,应当依法采取必要的处置措施,并向有关主管部门报告。

电子商务平台经营者应当按照规定向市场监督管理部门报送平台内经营者的身份信息，提示未办理市场主体登记的经营者依法办理登记，并配合市场监督管理部门，针对电了商务的特点，为应当办理市场主体登记的经营者办理登记提供便利。

电子商务平台经营者应当依照税收征收管理法律、行政法规的规定，向税务部门报送平台内经营者的身份信息和与纳税有关的信息，并应当提示依法不需要办理市场主体登记的电子商务经营者依规定办理税务登记。

电子商务平台经营者应当采取技术措施和其他必要措施保证其网络安全、稳定运行，防范网络违法犯罪活动，有效应对网络安全事件，保障电子商务交易安全。电子商务平台经营者应当制定网络安全事件应急预案，发生网络安全事件时，应当立即启动应急预案，采取相应的补救措施，并向有关主管部门报告。

电子商务平台经营者应当记录、保存平台上发布的商品和服务信息、交易信息，并确保信息的完整性、保密性、可用性。商品和服务信息、交易信息保存时间自交易完成之日起不少于 3 年；法律、行政法规另有规定的，依照其规定。

电子商务平台经营者应当遵循公开、公平、公正的原则，制定平台服务协议和交易规则，明确进入和退出平台、商品和服务质量保障、消费者权益保护、个人信息保护等方面的权利和义务。

电子商务平台经营者依据平台服务协议和交易规则对平台内经营者违反法律、法规的行为实施警示、暂停或者终止服务等措施的，应当及时公示。

电子商务平台经营者在其平台上开展自营业务的，应当以显著方式区分标记自营业务和平台内经营者开展的业务，不得误导消费者。电子商务平台经营者知道或者应当知道平台内经营者销售的商品或者提供的服务不符合保障人身、财产安全的要求，或者有其他侵害消费者合法权益行为，未采取必要措施的，依法与该平台内经营者承担连带责任。

电子商务平台经营者应当建立健全信用评价制度，公示信用评价规则，为消费者提供对平台内销售的商品或者提供的服务进行评价的途径。电子商务平台经营者不得删除消费者对其平台内销售的商品或者提供的服务的评价。

除法律规定以外，电子商务平台经营者可以按照平台服务协议和交易规则，为经营者之间的电子商务提供仓储、物流、支付结算、交收等服务。电子商务平台经营者为经营者之间的电子商务提供服务，应当遵守法律、行政法规和国家有关规定，不得采取集中竞价、做市商等集中交易方式进行交易，不得进行标准化合约交易。

知识链接

《最高人民法院关于审理食品药品纠纷案件适用法律若干问题的规定》

2014年1月9日,最高法召开新闻发布会,对外发布《最高人民法院关于审理食品药品纠纷案件适用法律若干问题的规定》。该《规定》于2014年3月15日起施行。

《规定》第9条规定:“消费者通过网络交易平台购买食品、药品遭受损害,网络交易平台提供者不能提供食品、药品的生产者或销售者的真实名称、地址与有效联系方式,消费者请求网络交易平台提供者承担责任的,人民法院应予支持。网络交易平台提供者承担赔偿责任后,向生产者或者销售者行使追偿权的,人民法院应予支持。

网络交易平台提供者知道或者应当知道食品、药品的生产者、销售者利用其平台侵害消费者合法权益,未采取必要措施,给消费者造成损害,消费者要求其与生产者、销售者承担连带责任的,人民法院应予支持。”

这样规定的基本考虑是,商家入驻网络交易平台通常要支付不菲的入场费,具备先行赔付的条件,在网络交易平台提供者不能提供食品、药品生产者、销售者的真实名称、地址和有效联系方式时,其应当承担责任。如果网络交易平台的提供者明知食品、药品的生产者、销售者利用其平台侵害消费者权益而放任自流,此种情况下则构成共同侵权。

END

案例 2-1

美国花旗参诉淘宝商城卖家及淘宝网侵权案

美国威斯康星州花旗参农业总会在洋参产品类目下注册有鹰形商标,2011年,该总会发现淘宝商城上某店铺销售印有其商标的产品,并确认从未授权该卖家在该商品上使用其商标。随后,农业总会以侵权为由向马云(而非淘宝网)发送律师函(函中未提供具体侵权链接),后将该商城卖家和淘宝网一并诉至吉林中院,淘宝网在接到法院诉讼材料后,删除了涉嫌侵权的链接。

吉林中院一审认为,淘宝商城对外承诺“品牌正品,商城保障”,应在接到投诉后着手进行主动审查,而非被动等待投诉人提交侵权链接,淘宝网认为原告投诉不适格的抗辩不适用在商城平台上,故判决淘宝公司部分承担与卖家的连带责任。

案件上诉至吉林高院,二审后,吉林高院认为淘宝商城的“正品保障”是针对网店经营行为的保证,而农业总会的起诉是针对淘宝的侵权,因此还应该回归到网络服务提供商的法定义务上，本案淘宝网已尽到合法注意义务，且原告的投诉没有达到法定要求，故判决撤销原判，改判淘宝网不承担侵权责任。

案例评析：淘宝商城是淘宝网分拆出来的一个电商平台，以经营有合法渠道产品的卖家为服务对象，从而与淘宝集市形成区别，现已改名天猫。商城基于“正品保障”的承诺会在一定程度上考验法官对案件的认知，也许正因如此，吉林中院和吉林高院在淘宝网责任问题上作出了不同的判决。

实际上，仔细研究会发现“正品保障”是淘宝网向卖家提供的一种规则约束同时也是消费者的维权渠道，在淘宝网官方页面上可以看到其对“正品保障”详细表述：“在淘宝商城购物时，若买家认定已购得的商品为假货，则有权在交易成功后 14 天内按本规则发起针对该商家的投诉，并申请‘正品保障’赔付，赔付的金额以买家实际支付的商品价款的 3 倍＋邮费为限”。

因此，不难发现“正品保障”是淘宝为维护消费者权益制定的一项消费保障措施，通过协议和保证金的形式适用到商城卖家，而这项措施并未从根本上影响到淘宝网第三方中立的网络服务提供者的法律地位，了解到这一点，就不难明白吉林高院作出终审判决的缘由了。

资料来源：中国电子商务研究中心网站 http://b2b.toocle.com/detail--6080392.html，2013 年 1 月 23 日

END

（二）电子商务服务主体

电子商务活动的开展离不开各种服务主体。所谓电子商务的服务主体，是指为电子商务的运行提供技术支持、网络服务以及电子认证和网上金融服务的主体，其活动目的是促使双方更快、更有效地达成交易。电子商务的服务主体可以分为以下几类。

1. 网络服务提供商

网络服务提供商（Internet Service Provider，简称为 ISP），是向广大用户提供互联网接入业务、信息业务和增值业务的电信运营商。ISP 是经国家主管部门批准的网络运营企业，受法律保护。ISP 为电子商务活动构建一个最为基础的互联网络环境，是其能够有效运行的关键环节。

知识链接

中国三大基础运营商及大陆其他的网络运营商

中国三大基础运营商：

中国电信：拨号上网、ADSL、1X、CDMA1X，EVDO Rev. A FTTx

中国移动：GPRS 及 EDGE 无线上网、TD-SCDMA 无线上网，一少部

分 FTTx

中国联通:GPRS,W-CDMA 无线上网、拨号上网、ADSL、FTTx

电信重组之后,中国网通并入中国联通,剔除中国联通 CDMA,组成新联通;中国铁通并入中国移动,为其旗下全资子公司;中国联通 CDMA 并入中国电信组成新电信。

大陆其他的网络运营商:

北京歌华有线宽带:有线电视线路;北京电信通(北京光纤接入,IDC,目前开始覆盖武汉,重庆,广州,深圳,上海,沈阳,安徽,西安);长城宽带:宽频(覆盖北京,天津,广东,武汉,福建,四川,上海,沈阳,黑龙江,重庆,辽宁,河北,陕西,河南,安徽,江苏,江西,湖南,云南,海南);益家宽带(辽宁省,光纤到楼,专线接入);创威宽带(北京市,光纤到楼、专线接入);东南网络:福建有线电视线路(最终出口在网通主干路由);E 家宽:宽频;方正宽带:宽频;广电宽带;广东有线视讯宽带网:有线电视线路(中国网通广州分公司以及中国电信广州分公司双出口);海泰宽带;柳州视通宽带:宽频(中国电信广州分公司出口);光环新网;深圳天威视讯:有线电视线路;四川艾普宽带;有线通:全国各地的有线电视网络;中信宽带:(湖南省);中国教育和科研计算机网:宽频;中国科技网(隶属于中国科学院计算机网络信息中心):宽频;中海宽带:宽频;珠江宽频:有线电视线路(中国电信广州分公司出口)。

END

网络服务提供商(ISP)应当履行的义务和承担的法律责任:

首先,网络服务提供商(ISP)在网上交易过程中同时为交易的买卖双方提供服务。ISP 的提供的服务内容可以是信息发布服务,即接受他人委托提供通道、空间或技术,为他人在网上发布针对不特定受众的某种信息;也可以是信息传输服务,向特定的受众发送电子邮件、发送订购单或确认函等;还可以是提供信息存储服务;或者提供信息检索或用户索取的特定信息服务。所有这些信息服务既可能通过用户的注册登记建立起来,也可能通过明示的合同建立起来。

一般情况下,用户请求提供某种信息传输服务,必须将名称、住址、电话、国籍等信息进行登记或注册,这种登记或注册意味着用户和 ISP 之间达成了一种信息服务合同。这种信息服务合同一般是有偿的,ISP 按合同约定向用户提供信息交流通道、存储空间等中介服务,通常都收取一定费用,如网络登录费、平台使用费、信息传递费、网页制作或维护费、网络注册费等,也有可能是无偿的。

不管是有偿还是无偿,在 ISP 和用户之间都构成一种服务合同关系。而那些要求 ISP 提供较为复杂的信息服务的用户,也可通过协商签订合同建立服务关系。ISP 既然和用户之间建立了合同关系,就应依法履行为用户提供安全、有效的网络服务的义务，否则就要承担合同责任。

案例 2-2

全国首例 ISP 服务质量诉讼案

大连一在校大学生在电信局办理了个人拨号上网服务手续。按规定，凡拨号上网的用户，电信局在本地服务器上提供一电子信箱，用户每天可免费存储 1 兆字符，超量者每月按 0.2 元千字符交费。电信局告知：只要用户每次上网时按下电信件软件的“接收和发送”键就会清空信箱，不会产生超量费用。该学生按此说明进行操作。

谁知三个月的存储费竟高达 2841.60 元。电信局对此无法解释。后经该生自行查明，是因其在对上网软件设置时，无意中的一个选项，造成他表面清空信箱，但实际上每封信都留了个拷贝在信箱里，这样一来，所有信件都留在信箱中作为超量信件计费。

该学生认为，用户按照服务商的要求进行了操作，电信局对该设置有指导义务，因为这个设置选项已超出一般用户应具有的知识范围，电信局应向消费者作说明和警示，以确保消费者的合法权益不受侵害。而目前的服务商除了提供一个上网口令外，没有相关的技术指导。为此，该学生将大连电信局告上法庭。而被告认为：网络服务商只负责用户终端的接入，没有指导用户上网的义务。用户应具备相关知识，如用户因自己使用造成损失，应自负责任。

大连市中山区人民法院经过审理，认为原告诉讼理由“无法律依据”，“证据不足”，原告作为消费者应当努力掌握所需商品或服务的知识和使用技能，正确使用商品，提高自我保护意识，驳回原告诉讼请求。

原告希望此案能引起国内网络服务商对网络服务质量的重视，作为消费者的广大网民，应当和其他消费者一样，有权享受到法律赋予的优质、安全的服务。

资料来源：《文摘报》，1992.9.2

END

网络服务提供商的侵权责任主要是因其为侵权人（主要是侵犯著作权）的侵权行为提供了服务和便利而引发的。网络服务提供商最基本的特征是：按照用户的选择传输或接受信息，本身并不组织和筛选所传播的信息。但是它们的计算机系统或其他设施却不可避免地要存储和发送信息。这就造成网络信息传播中容易出现侵犯他人作品著作权的行为。

法律在规定网络服务提供商的侵权责任时，应当在保护著作权与维护公众利益之间找到适度的平衡，既不能任由侵害著作权的行为在网络上恣意横行，又不能对网络服务商课以超过其实际能力的义务，以免妨碍网络服务业的发展,进而损害用户的利益。

美国 1998 年制定的《数字千年版权法案》中规定,网络服务提供者使用信息定位工具,如果由于其链接、存储的相关内容涉嫌侵权,在其能够证明自己并无恶意,并且及时删除侵权链接或者内容的情况下,网络服务提供者不承担赔偿责任。该条款是对网络服务商侵权责任的限制,被称为“避风港”条款。

中国《信息网络传播权保护条例》立法时对于“避风港原则”有所吸收,在相关条款中,分别针对网络自动接入或传输服务提供者、网络自动存储服务提供者、信息存储空间出租服务提供者、搜索引擎服务提供者等 ISP 在什么条件下可以免责,能够享受“避风港”待遇做了规定。

知识链接

《信息网络传播权保护条例》的相关规定

第二十条 网络服务提供者根据服务对象的指令提供网络自动接入服务,或者对服务对象提供的作品、表演、录音录像制品提供自动传输服务,并具备下列条件的,不承担赔偿责任:(一)未选择并且未改变所传输的作品、表演、录音录像制品;(二)向指定的服务对象提供该作品、表演、录音录像制品,并防止指定的服务对象以外的其他人获得。

第二十一条 网络服务提供者为提高网络传输效率,自动存储从其他网络服务提供者获得的作品、表演、录音录像制品,根据技术安排自动向服务对象提供,并具备下列条件的,不承担赔偿责任:(一)未改变自动存储的作品、表演、录音录像制品;(二)不影响提供作品、表演、录音录像制品的原网络服务提供者掌握服务对象获取该作品、表演、录音录像制品的情况;(三)在原网络服务提供者修改、删除或者屏蔽该作品、表演、录音录像制品时,根据技术安排自动予以修改、删除或者屏蔽。

第二十二条 网络服务提供者为服务对象提供信息存储空间,供服务对象通过信息网络向公众提供作品、表演、录音录像制品,并具备下列条件的,不承担赔偿责任:(一)明确标示该信息存储空间是为服务对象所提供,并公开网络服务提供者的名称、联系人、网络地址;(二)未改变服务对象所提供的作品、表演、录音录像制品;(三)不知道也没有合理的理由应当知道服务对象提供的作品、表演、录音录像制品侵权;(四)未从服务对象提供作品、表演、录音录像制品中直接获得经济利益;(五)在接到权利人的通知书后,根据本条例规定删除权利人认为侵权的作品、表演、录音录像制品。

第二十三条 网络服务提供者为服务对象提供搜索或者链接服务,在接到权利人的通知书后，根据本条例规定断开与侵权的作品、表演、录音录像制品的链接的，不承担赔偿责任；但是，明知或者应知所链接的作品、表演、录音录像制品侵权的，应当承担共同侵权责任。

另外，国家版权局、信息产业部于2005年4月30日发布的《互联网著作权行政保护办法》第12条亦规定："没有证据表明互联网信息服务提供者明知侵权事实存在的，或者互联网信息服务提供者接到著作权人通知后，采取措施移除相关内容的，不承担行政法律责任。"

正在征求意见的《著作权法修改（草案）》规定：网络服务提供者为网络用户提供存储、搜索或者链接等单纯网络技术服务时，不承担与著作权或者相关权有关的审查义务。他人利用网络服务实施侵犯著作权或者相关权行为的，权利人可以书面通知网络服务提供者，要求其采取删除、断开链接等必要措施。网络服务提供者接到通知后及时采取必要措施的，不承担赔偿责任；未及时采取必要措施的，与该侵权人承担连带责任。

网络服务提供者知道或者应当知道他人利用其网络服务侵害著作权或者相关权，未及时采取必要措施的，与该侵权人承担连带责任。网络服务提供者教唆或者帮助他人侵犯著作权或者相关权的，与该侵权人承担连带责任。网络服务提供者通过网络向公众提供他人作品、表演或者录音制品，不适用上述规定。

案例 2-3

百度网络搜索引擎引纠纷

打开百度首页，搜索宝丽公司，显示的是宝丽公司的名称、地址和经营业务，点击进入之后发现，却是国顺公司的信息。宝丽公司称，搜索"宝丽广告"，在约120万个结果中，共有7个网页出现侵权行为，其中有数个网页均有宝丽公司离职员工的姓名和联系方式。宝丽公司认为，国顺公司盗用企业名称作为网站域名，及抄袭宝丽公司的宣传资料在网络上进行宣传，并进行销售获取非法所得，导致宝丽公司在百度上难以被搜索到或排名靠后，造成订单流失及直接经济收入减少。于是，宝丽公司将国顺公司和百度公司告上法庭，索赔5万余元。

法院审理查明，其中一个网页的"百度快照"时间是2010年7月17日，当时还是由宝丽公司经营，在同年8月19日转让给国顺公司后，国顺公司进行了修改，但"百度快照"没有及时更新信息。

法院审理认为，在现有技术条件下，要求百度对所有的网页变化及时更新"百度快照"，是难以做到的，只能依第三方网页的活跃程度和访问量等进行更新,但是宝丽公司发现网页涉嫌侵权后,没有通知百度公司,也没有证据证明百度公司知道或者应该知道,因此百度公司无须承担责任。而宝丽公司提交的证据不足以证明该网页信息由国顺公司发布,因此,要求国顺公司承担侵权责任没有依据。最终,法院驳回宝丽公司的全部诉求。

2. 网络内容提供商

网络内容提供商(Internet Content Provider,简称为 ICP),是 Internet 网上的内容提供商,向广大用户综合提供互联网信息业务和增值业务的电信运营商。ICP 同样是经国家主管部门批准的正式运营企业,受国家法律保护。

知识链接

中国 ICP 的主要种类

目前按照主营的业务划分,中国 ICP 主要有以下几类。

1. 搜索引擎 ICP。目前中国国内搜索引擎市场 ICP,比如百度,已经超过以 Google 为首的海外 ICP,成为主要的市场占有者。提供的搜索服务也越来越丰富,包括地图搜索、论坛搜索、博客搜索等越来越多的细分服务。

2. 即时通信 ICP。ICP 主要提供基于互联网和基于移动互联网的即时通信业务。

3. 移动互联网业务 ICP。移动互联网业务 ICP 主要提供移动互联网服务,包括:WAP 上网服务、移动即时通信服务、信息下载服务等。

4. 门户 ICP 提供新闻信息、文化信息等信息服务。门户 ICP 以向公众提供各种信息为主业,具有稳定的用户群。比如:新浪、搜狐、网易和雅虎等门户网站(包括行业门户)。

网络内容提供商(ICP)的义务和法律责任:

ICP 拥有自己的主页,通过互联网定期或不定期的向上网用户提供信息服务。ICP 通常通过选择和编辑加工自己或他人创作的作品,将其登载在互联网上或者通过互联网发送到用户端,供公众浏览、阅读、使用或者下载。网络内容提供商的法律责任也分为合同责任与侵权责任两类。

ICP 与用户间的合同责任与 ISP 的类似。ICP 一般也是通过用户登录注册与其成立合同关系,抑或通过专门的合同来建立合同关系,这样,ICP 就有义务向用户提供安全、合法的网络信息服务,否则就要依法承担合同责任。

ICP 承担的侵权责任,主要是因其通过网络向社会公众上传信息过程中,未经知识产权人的允许擅自利用他人的知识制作信息产品而引起的,其中最主要的是著作权侵权责任。法律在对 ICP 的侵权行为进行有效制裁时,也需要平衡各方利益，既能合理保护权利人的利益，同时又能够保证网络产业的健康发展。

我国最高人民法院于 2000 年出台了《关于审理涉及计算机网络著作权纠纷案件的适用法律若干问题的解释》，根据该解释第 5 条和第 6 条的规定：如果网络内容提供商明知信息源提供者通过网络实施侵犯他人权利的行为时，应与该信息源提供者承担共同侵权责任。如果网络内容提供商不知道信息源提供者的行为侵犯了他人的权利，但在权利人提出确有证据的警告后，若此时网络内容提供商仍不采取措施消除或减轻侵权后果，应与该信息源提供者承担共同侵权责任。

同时，著作权人发现侵权信息向网络服务提供者提出警告或者索要侵权行为人网络注册资料时，不能出示身份证明、著作权权属证明及侵权情况证明的，视为未提出警告或者未提出索要请求。如果网络内容提供商不知道信息源提供者实施侵犯他人权利的行为，权利人也没有提出确有证据的警告，则网络内容提供商不应承担侵权责任。著作权人出示上述证明后网络服务提供者仍不采取措施的，可以在提起诉讼时申请人民法院先行裁定停止侵害、排除妨碍、消除影响，人民法院应予准许。

3. 网络交易辅助服务提供商

电子商务活动是个系统工程，除上述服务主体之外，还包括为网络交易提供安全认证、在线金融服务及物流配送和交易保险等辅助服务的商家。

电子认证服务，是指为电子签名相关各方提供真实性、可靠性验证的活动，主要解决的是网络交易中双方对真实身份的顾虑。根据我国颁布的《电子认证服务管理办法》，电子认证服务提供商，是指为需要第三方认证的电子签名提供认证服务的机构（简称为 CA）。

网上金融服务商，也称为在线金融服务商，是指为网络交易的支付与安全提供专业性金融服务的机构。网络金融机构主要有两种形式：一是传统的金融服务商，逐渐开通网上银行，买卖双方只要有银行账号，就可以通过网络进行转账结算；二是新兴的虚拟金融服务，如支付宝等，它们以第三者的身份为网络交易提供安全保证。

知识链接

农业银行“领商 e 航”电子商务业务

农业银行“领商 e 航”电子商务业务为特约商户及支付客户提供电子渠道资金支付结算、信用中介以及相关的增值服务，支付渠道涵盖互联网、固定电话、移动终端、自助设备以及数字电视等各个电子渠道。它为特约商户提供了电子账单、B2C/B2B网上支付和电子商务信用支付服务,商户可通过它实现对其个人以及机构客户的在线账单处理、收款、查询、对账等操作,商户个性化需求均可通过开放式的技术接口量身定制。

B2C/B2B网上支付既支持客户证书支付,也支持无卡支付;电子商务信用支付产品可以通过设立交易资金专用账户,为充当信用中介的交易平台提供买卖双方网上交易资金的清算通道。目前,农行电子商务业务发展迅猛,作为传统实体商贸批发市场的一种创新和延伸,不仅为买卖双方提供了一个电子化和网络化的商务平台,改变了传统交易中一对一或一对多的模式,扩展成为多对多模式,而且创造了众多买卖双方聚集的在线交易空间。

2013年农行顺应互联网金融大潮推出"E商管家",为传统企业转型电商提供集供应链管理、多渠道支付结算、线上线下协同发展、云服务一体的定制化商务金融综合服务,能够全面打通实体渠道与网络销售、订单采集与资金收付、生产经营与市场营销,实现对自身以及供应链上下游财务结算、采购销售的全方位管理。

资料来源:http://miit.ccidnet.com/art/32559/20131225/5302809_1.html

END

第二节 网站设立法律制度

一、网站概述

(一)网站与域名

1. 网站

网站(Website),指的是因特网上的站点,通常是指Web服务器。网站是一种通讯工具,人们可以通过网站来发布自己想要公开的资讯,或者利用网站来提供相关的网络服务。人们可以通过网页浏览器来访问网站,获取自己需要的资讯或者享受网络服务。

电子商务活动离不开网站,电子商务交易中的双方都必须通过网站来发布、管理或获取商品及服务的资讯。可以说,网站是电子商务商家展示、经销其产品或服务的虚拟经营场所。随着互联网的发展,网站已经从最初的信息传递功能,发展到可以处理信息和传递信息的多种功能,电子商务主体间的信息发布、管理,信息交流以及市场营销活动、售后服务等都可以借助网站来进行。

2. 域名

域名(Domain Name),是由一串用点分隔的名字组成的互联网上某一台计算机或计算机组的名称,用于在数据传输时标识计算机的电子方位。网络是基于 TCP/IP 协议进行通信和连接的，每一台主机都有一个唯一的标识固定的 IP 地址，以区别在网络上的成千上万个用户和计算机。由于 IP 地址是数字标识，使用时难以记忆和书写，因此在 IP 地址的基础上又发展出一种符号化的地址方案，这个与网络上的数字型 IP 地址相对应的字符型地址，就被称为域名。

知识链接

IP 地 址

IP 地址用二进制数来表示，每个 IP 地址长 32 比特，由 4 个小于 256 的数字组成，数字之间用点间隔，例如 100.10.0.1 表示一个 IP 地址。

END

电子商务主体设立网站，首先必须取得一个域名。它是互联网上企业或机构间相互联络的网络地址。应该说，域名是电子商务主体在网络上的重要标识，起着识别作用，便于他人识别和检索其信息资源，另外在虚拟环境下，域名还可以起到引导、宣传和代表等作用。

（二）注册域名

注册域名是设立网站第一项工作。域名注册可自行办理，也可委托代理机构或 ISP 办理。1997 年 5 月 30 日中国互联网络信息中心（CNNIC）制定并颁布的《中国互联网络域名注册管理暂行办法》规定，在域名注册上我国采用国际通行的“先申请先注册原则”，因此，电子商务主体应尽早以自己的名称或具有代表性的产品或服务商标注册域名，以免被他人抢注。

1. 我国互联网络域名的体系结构

我国互联网络域名的体系结构分为三个层次，也就是顶级域名、二级域名和三级域名。中国在国际互联网络信息中心（InterNIC）正式注册并运行的顶级域名是 CN。中国互联网络二级域名分为“类别域名”和“行政区域名”两类。“类别域名”6 个，分别为：

AC—适用于科研机构；

COM—适用于工、商、金融等企业；

EDU—适用于教育机构；

GOV—适用于政府部门；

NET—适用于互联网络、接入网络的信息中心和运行中心；

ORG—适用于各种非营利性的组织。

“行政区域名”34 个，适用于我国的各省、自治区、直辖市，例如：BJ—北京市；SH—上海市；HB—河北省；TW—台湾；HK—香港；MO—澳门，等等。

以上两个层次的域名是由域名管理和注册机构来确定的,三级域名则由申请人自行确定。

知识链接

《".中国"等非英文域名后缀快速通道实施计划》

2009年10月30日在韩国闭幕的ICANN第三十六届会议上,国际互联网名称与数字地址分配机构(ICANN)表决通过了《".中国"等非英文域名后缀快速通道实施计划》。2009年11月4日,中国互联网络信息中心宣布,我国将正式申请注册".中国"为世界顶级域名"中国"有可能成为世界首个纯中文顶级域名,而这意味着今后网民在世界各地,都可以在电脑地址栏内输入全中文的域名来登录网站。

中文域名是含有中文字符的域名,同英文域名一样,是互联网上的门牌号。中文域名在技术上符合多语种域名国际标准。作为互联网上的基础资源服务,中文域名支持WWW、Email、FTP等应用服务。

END

2. 三级域名的命名原则

(1) 三级域名的命名原则主要有:

① 三级域名用字母(A—Z,a—z,大小写等价)、数字(0—9)和连接符(—)组成,各级域名之间用实点(.)连接,三级域名长度不得超过20个字符;

② 如无特殊原因,建议采用申请人的英文名(或者缩写)或者汉语拼音名(或者缩写)作为三级域名,以保持域名的清晰性和简洁性。

(2) 三级以下(含三级)域名命名的限制原则:

① 未经国家有关部门的正式批准,不得使用含有"CHINA""CHINESE""CN""NATIONAL"等字样的域名;

② 不得使用公众知晓的其他国家或者地区名称、外国地名、国际组织名称;

③ 未经各级地方政府批准,不得使用县级以上(含县级)行政区划名称的全称或者缩写;

④ 不得使用行业名称或者商品的通用名称;

⑤ 不得使用他人已在中国注册过的企业名称或者商标名称;

⑥ 不得使用对国家、社会或者公共利益有损害的名称。

3. 域名注册的管理机构

目前,我国国内域名注册统一由中国互联网络信息中心(CNNIC)进行管理,负责运行和管理国家顶级域名.CN中文域名系统及通用网址系统,以专业技术为全球用户提供不间断的域名注册、域名解析和 WHOIS[①] 查询等服务。CNNIC 是亚太互联网络信息中心(APNIC)的国家级 IP 地址注册机构成员(NIR)。以 CNNIC 为召集单位的 IP 地址分配联盟,负责为我国的网络服务提供商(ISP)和网络用户提供 IP 地址和 AS[②] 号码的分配管理服务。

国际上的域名管理机构是 ICANN(The Internet Corporation for Assigned Names and Numbers),中文名称是互联网名称与数字地址分配机构。它成立于 1998 年 10 月,是一个非营利性的国际组织,其主要职能包括管理因特网域名及地址系统,负责互联网协议(IP)地址的空间分配、协议标识符的指派、通用顶级域名(GTLD)以及国家和地区顶级域名(CCTLD)系统的管理以及根服务器系统的管理。

4. 域名注册的申请和审批

注册域名需提出申请,在提交申请书的同时,还要提交有关的文件和证书。注册申请人可以用电子邮件、传真、邮寄等方式提出注册申请,随后在 30 日内以其他方式提交所要求的全部文件。若申请注册的域名和提交的文件符合规定,域名管理单位应当在收到所需文件之日起的 10 个工作日内,完成批准注册和开通运行,并发放域名注册证。

各级域名管理单位不负责解决域名冲突引起的纠纷,由申请人自己负责处理并承担法律责任。注册的域名可以变更或撤销,但禁止转让或买卖。

知识链接

申请域名注册的,应当提交下列文件、证件

申请域名注册的,应当提交下列文件、证件:(一)域名注册申请表;(二)本单位介绍信;(三)承办人身份证复印件;(四)本单位依法登记文件的复印件。

END

5. 域名注册合同

域名注册合同是约定域名注册人与域名注册组织之间权利与义务的协议。域名注册合同对防止域名纠纷的发生,具有非常积极的作用。近年来,由于域名注册合同在预防域名纠纷方面的重要性开始突现出来,受到各种域名注册组织的关注。域名注册合同正逐渐发展成为一种被各类域名注册组织所普遍使

① WHOIS(读作"Who is",非缩写)是用来查询域名的 IP 以及所有者等信息的传输协议。简单说,WHOIS 就是一个用来查询域名是否已经被注册,以及注册域名的详细信息的数据库(如域名所有人、域名注册商等)。

② AS(Application server),中文是应用服务器,是指通过各种协议把商业逻辑暴露给客户端的程序。它提供了访问商业逻辑的途径以供客户端应用程序使用。

用的预防域名纠纷的措施。

知识链接

关于委任域名注册管理机构规则

世界知识产权组织(WIPO)于1999年4月公布的"互联网名称与地址管理中的知识产权问题"最终报告,以及互联网名称与数码分配公司(ICANN)于1999年3月公布的"关于委任域名注册管理机构规则的声明",都主张建立以域名注册合同为基础的域名纠纷预防措施。

2001年2月,世界知识产权组织在日内瓦举行的"与国家顶级域名有关的知识产权问题会议"上,公布了其起草的"国家顶级域名预防与解决知识产权纠纷的最佳措施",再次建议各国家顶级域名的注册、管理组织重视域名注册合同预防纠纷的作用。

END

二、网站的种类与法律管理制度

(一) 网站的种类

依据不同的标准,网站的种类划分也不同。例如,按网站主体性质的不同,可以将其分为政府网站、企业网站、商业网站、教育网站、科研机构网站、个人网站等类型;按网站的服务模式的不同,网站可以分为综合类门户网站和专业网站等。

《互联网信息服务管理办法》是我国目前对互联网信息服务进行管理的主要行政法规。《互联网信息服务管理办法》中所称互联网信息服务,是指通过互联网向上网用户提供信息的服务活动。其中,第3条规定:"互联网信息服务分为经营性和非经营性两类。经营性互联网信息服务,是指通过互联网向上网用户有偿提供信息或者网页制作等服务活动。非经营性互联网信息服务,是指通过互联网向上网用户无偿提供具有公开性、共享性信息的服务活动。"

(二) 网站管理法律制度

1. 对经营性网站实行许可制度

《互联网信息服务管理办法》第7条规定,从事经营性互联网信息服务,应当向省、自治区、直辖市电信管理机构或者国务院信息产业主管部门申请办理互联网信息服务增值电信业务经营许可证(以下简称经营许可证)。省、自治区、直辖市电信管理机构或者国务院信息产业主管部门应当自收到申请之日起60日内审查完毕,作出批准或者不予批准的决定。予以批准的,颁发经营许可证;不予批准的,应当书面通知申请人并说明理由。获得许可的,申请人应当持经营许可证向企业登记机关办理登记手续。

根据《电信条例》第 13 条的规定及《互联网信息服务管理办法》第 6 条的规定，经营性网站应当具备以下条件：

① 经营者为依法设立的公司；

② 有与开展经营活动相适应的资金和专业人员；

③ 有为用户提供长期服务的信誉或者能力；

④ 有业务发展计划及相关技术方案；

⑤ 有健全的网络与信息安全保障措施，包括网站安全保障措施、信息安全保密管理制度、用户信息安全管理制度；

⑥ 服务项目属于《互联网信息服务管理办法》第 5 条规定的从事新闻、出版、教育、医疗保健、药品和医疗器械等互联网信息服务范围的，已取得有关主管部门同意的文件；

⑦ 国家规定的其他条件。

2. 非经营性网站实行备案制度

《互联网信息服务管理办法》第 4 条规定，国家对非经营性网站实行备案制度，未履行备案手续的，不得从事互联网信息服务。第 8 条规定，从事非经营性互联网信息服务，应当向省、自治区、直辖市电信管理机构或者国务院信息产业主管部门办理备案手续。办理备案时，应当提交下列材料：

① 主办单位和网站负责人的基本情况；

② 网站网址和服务项目；

③ 服务项目属于本《互联网信息服务管理办法》第 5 条规定范围的，已取得有关主管部门的同意文件。

省、自治区、直辖市电信管理机构对备案材料齐全的，应当予以备案并编号。

3. 特殊互联网信息服务的审核、专项备案制度

《互联网信息服务管理办法》第 5 条规定，从事新闻、出版、教育、医疗保健、药品和医疗器械等互联网信息服务，依照法律、行政法规以及国家有关规定须经有关主管部门审核同意，在申请经营许可或者履行备案手续前，应当依法经有关主管部门审核同意。

《互联网信息服务管理办法》第 9 条规定，从事互联网信息服务，拟开办电子公告服务的，应当在申请经营性互联网信息服务许可或者办理非经营性互联网信息服务备案时，按照国家有关规定提出专项申请或者专项备案。

4. 互联网信息提供者的义务与责任

《互联网信息服务管理办法》中明确了互联网信息提供者法定的义务和责任，具体包括以下内容：

(1) 互联网信息服务提供者依法开展服务的义务。

《互联网信息服务管理办法》第11条规定,互联网信息服务提供者应当按照经许可或者备案的项目提供服务,不得超出经许可或者备案的项目提供服务。非经营性互联网信息服务提供者不得从事有偿服务。互联网信息服务提供者变更服务项目、网站网址等事项的,应当提前30日向原审核、发证或者备案机关办理变更手续。

未取得经营许可证,擅自从事经营性互联网信息服务,或者超出许可的项目提供服务的,根据《互联网信息服务管理办法》第19条规定,由省、自治区、直辖市电信管理机构责令限期改正,有违法所得的,没收违法所得,处违法所得3倍以上5倍以下的罚款;没有违法所得或者违法所得不足5万元的,处10万元以上100万元以下的罚款;情节严重的,责令关闭网站。未履行备案手续,擅自从事非经营性互联网信息服务,或者超出备案的项目提供服务的,由省、自治区、直辖市电信管理机构责令限期改正;拒不改正的,责令关闭网站。

(2) 互联网信息服务提供者标明其身份的义务。

《互联网信息服务管理办法》第12条规定,互联网信息服务提供者应当在其网站主页的显著位置标明其经营许可证编号或者备案编号。未在其网站主页上标明其经营许可证编号或者备案编号的,由省、自治区、直辖市电信管理机构责令改正,处5000元以上5万元以下的罚款。

(3) 互联网信息提供者所提供内容合法的义务。

《互联网信息服务管理办法》第13条规定,互联网信息服务提供者应当向上网用户提供良好的服务,并保证所提供的信息内容合法。第15条规定,互联网信息服务提供者不得制作、复制、发布、传播含有下列内容的信息:

① 反对宪法所确定的基本原则的;

② 危害国家安全,泄露国家秘密,颠覆国家政权,破坏国家统一的;

③ 损害国家荣誉和利益的;

④ 煽动民族仇恨、民族歧视,破坏民族团结的;

⑤ 破坏国家宗教政策,宣扬邪教和封建迷信的;

⑥ 散布谣言,扰乱社会秩序,破坏社会稳定的;

⑦ 散布淫秽、色情、赌博、暴力、凶杀、恐怖或者教唆犯罪的;

⑧ 侮辱或者诽谤他人,侵害他人合法权益的;

⑨ 含有法律、行政法规禁止的其他内容的。

制作、复制、发布、传播《互联网信息服务管理办法》第15条所列内容之一的信息,构成犯罪的,依法追究刑事责任;尚不构成犯罪的,由公安机关、国家安全机关依照《治安管理处罚法》《计算机信息网络国际联网安全保护管理办法》等有关法律、行政法规的规定予以处罚;对经营性互联网信息服务提供者,并由发证机关责令停业整顿直至吊销经营许可证，通知企业登记机关；对非经营性互联网信息服务提供者，并由备案机关责令暂时关闭网站直至关闭网站。

(4) 互联网信息提供者的记录义务。

《互联网信息服务管理办法》第14条规定，从事新闻、出版以及电子公告等服务项目的互联网信息服务提供者，应当记录提供的信息内容及其发布时间、互联网地址或者域名；互联网接入服务提供者应当记录上网用户的上网时间、用户账号、互联网地址或者域名、主叫电话号码等信息。互联网信息服务提供者和互联网接入服务提供者的记录备份应当保存60日，并在国家有关机关依法查询时，予以提供。

未履行以上规定的义务的，由省、自治区、直辖市电信管理机构责令改正；情节严重的，责令停业整顿或者暂时关闭网站。

(5) 互联网信息提供者停止非法信息传输并报告的义务。

互联网信息服务提供者发现其网站传输的信息明显属于该办法第15条所列内容之一的，应当立即停止传输，保存有关记录，并向国家有关机关报告。违反该义务的，由省、自治区、直辖市电信管理机构责令改正；情节严重的，对经营性互联网信息服务提供者，并由发证机关吊销经营许可证，对非经营性互联网信息服务提供者，并由备案机关责令关闭网站。

第三节 网上商店的认定

网上商店，也称为“虚拟商店”“网上商场”或“电子商场”，是建立在互联网上的商场。网上商店可分为以下两种情况。

(1) 由企业自己设立网站或网上商店直接利用网络进行产品销售活动，其实质是将传统商务模式中的商店直接搬到了网上，产品的制造商可以运营这种电子商务模式，中间商也可以运营这种电子商务模式。

(2) 企业利用网上已有的交易平台来开设自己的网上商店或专营店，以销售商品或服务，不需要自己去设立或管理网站，只需在交易网站拥有自己的网页即可实现网上交易。

知识链接

关于“网上商店”界定

商务部在《电子商务模式规范》中，提到“网上商店”(web store，B2C(Ⅱ))的概念，它特指在B2C模式下，企业(或其他组织机构)法人或法人委派的行为主体在互联网上独立注册网站、开设网上商店,出售实物或提供服务给消费者的电子商务平台。这应该是狭义的“网上商店”的概念,它还应包括法人或自然人租用第三方电子商务平台所开设的网上店铺。

因为在《电子商务模式规范》中是这样定义“网上商厦”的:网上商厦(web mall,B2C(Ⅰ)),指提供给企业(或其他组织机构)法人或法人委派的行为主体在互联网上独立注册开设网上商店,出售实物或提供服务给消费者的由第三方经营的电子商务平台。由此可见,在第三方电子商务平台上所开设的“虚拟商店”也应属于“网上商店”的范畴。

END

一、网上商店认定的意义

电子商务活动是在互联网上开展的交易活动,从网上了解商家及其商品或服务的相关信息,网上磋商、下订单,又从网上完成付款等流程,应该说电子商务活动为交易双方提供了很大的方便,节省了大量的人力、物力和财力。但同时由于网络的虚拟性,使得网上交易本身也存在着较大的风险性,当事人对商务活动缺少安全感,彼此之间缺乏信任。

从维护电子商务活动的健康、有序发展出发,对于网上商店的认定就显得非常重要。只有通过建立网上商店的实体认证机制,确保电子商务主体的真实性,使网上交易活动的法律后果现实地落实到具体的责任人,才能使交易双方的顾虑与不安得以消除。因此,需要建立电子商务主体认证制度。

知识链接

深圳推出电子商务主体身份认证平台

深圳市场监管局宣布,已推出能验身份、接受举报投诉的电子商务主体身份认证平台。消费信心不足的网民可到网上验“身份”。该局已经推出电子商务服务监管网,建立了深圳电子商务主体身份认证平台,解决网络交易中对看不见、摸不着对方的诚信担忧。在这个平台中,市场监管局建立公益服务平台,提供5种认证方式。从事电子商务的网站可以免费申请对其身份信息进行认证。在审核通过后,企业可以将“深圳市市场监管主体身份认证”电子标识悬挂在网站上。

市场监管局也对经过认证的企业建立数据库,市民可在这个平台上对企业进行免费查询。由于整个平台与企业注册登记信息查询接口共享,市民可查询到企业名称、工商注册号、企业地址、网址、注册资金、年检日期。目前,已有近60家电子商务企业通过“深圳市市场监管主体身份认证”。这个平台已经试运行了近半年时间，标识的公信力比较好。

在市场监管局随机的对通过认证企业的回访中，90%的企业认为是有公信力。“维权会有保障，降低交易成本”。此前，北京等地工商部门建立过类似的身份认证。这些地方大多是企业自行公布营业执照，网站的真实可靠性受到影响。深圳市市场监管局推出的身份认证平台则以用户、企业为中心，契合市场需要，通过公益服务的方式，解决市场交易过程中的诚信隐患。

资料来源：http://www.100ec.cn，2011.04.23日，中国电子商务研究中心网上资料改写

二、网上商店认定的原则

网上商店的认定须遵循以下三个基本原则。

1. 主体真实原则

主体真实原则，是指民事法律关系的主体必须是真实存在的。电子商务法律关系的实质也是一种民商事法律关系，这种法律关系的主体尽管是借助于网络开展交易活动的，但它们不应当是虚拟的，而应是一种现实的实体存在。这种实体存在可以是现实经济活动中的某个合法的经营实体，具备营业场所或实体商店、注册资本、组织机构及从业人员等，亦可以是某种纯粹的网络营销企业，但它仍然具有经营者、经营地址等现实要素。

2. 主体资格法定原则

商事主体资格必须依法确定。电子商务作为网上商事活动，也要符合主体法定的原则。根据我国有关民商事法律的规定，具有法人资格的企业以商事主体身份从事商事交易，必须进行企业登记，领取营业执照；不具有法人资格的独资企业、合伙企业或个体工商户等，只要取得营业执照或进行营业登记，也可以具有从事商事交易的主体资格。

电子商务活动的主体也应首先领取营业执照或进行营业登记，才能取得电子商务主体的法定资格，进而才能开展电子商务交易活动。

3. 主体公示原则

主体公示原则，就是要求网上商店的主体必须在网上真实地标注其身份。我国《互联网信息服务管理办法》第12条规定，互联网信息服务提供者应在其网站主页的显著位置标明其经营许可证编号或者备案编号。该规定就体现了国家法律对主体公示原则的确认。

主体公示，也意味着责任的承担者明晰化，保障了电子商务活动的安全性。尤其是在网络平台模式中，许多企业集中在一个网站交易平台的统一管理和经营下，以谁的名义进行交易就显得非常重要。在交易过程中，应当向交易相对人显示网上商店设立人或真实的交易主体，网络平台上显示的是谁，谁即成为

交易的主体。

如果网络平台不能向客户提供真实的、现实存在的交易主体的姓名或名称,那么即可推定该网站为合同的主体。所以,主体公示原则要求网上商店必须在网上显示其真实主体,这一点特别适用于在网络平台上开设网上商店的情形。

三、网上商店的认定

根据电子商务交易主体是否以独立的网站来开设网上商痁,其认定也有所不同。

1. 以独立网站开设网上商店的认定

电子商务主体以独立的网站来开设网上商店的,其性质显然属于经营性网站,应当满足我国《电信条例》及《互联网信息服务管理办法》中关于经营性网站的规定,依法向省、自治区、直辖市电信管理机构或者国务院信息产业主管部门申请办理互联网信息服务增值电信业务经营许可证(以下简称经营许可证)。申请人取得经营许可证后,应当持经营许可证向企业登记机关办理登记手续。

2. 在第三方电子商务平台开设网上商店的认定

对于借助第三方交易平台开设网上商店的认定,主要是对交易主体身份的认定,是通过对网络商品经营者和网络服务经营者的登记管理来进行的。

国家工商行政管理总局制定的《网络商品交易及有关服务行为管理暂行办法》(下称《暂行办法》)中所称的网络商品经营者,是指通过网络销售商品的法人、其他经济组织或者自然人。网络服务经营者,是指通过网络提供有关经营性服务的法人、其他经济组织或者自然人,以及提供网络交易平台服务的网站经营者。

《暂行办法》第10条规定,已经工商行政管理部门登记注册并领取营业执照的法人、其他经济组织或者个体工商户,通过网络从事商品交易及有关服务行为的,应当在其网站主页面或者从事经营活动的网页醒目位置公开营业执照登载的信息或者其营业执照的电子链接标识。通过网络从事商品交易及有关服务行为的自然人,应当向提供网络交易平台服务的经营者提出申请,提交其姓名和地址等真实身份信息。具备登记注册条件的,依法办理工商登记注册。

在电子商务活动中,作为交易平台的提供者会要求从事网络商品或服务交易的主体进行实名认证。一方面要求有意开网店者要注册并输入有关的身份信息,如企业或个体工商户的营业执照信息,如是自然人则需要输入个人的身份证信息。另一方面通过开通网上支付功能,要求输入个人的有关银行账户信息,经核实认证后才给予网上开店的资格。

复习思考题

1. 电子商务主体的特征有哪些？
2. 我国电子商务主体是如何分类的？
3. 我国网站的分类及法律管理制度是什么？
4. ISP 的法律责任有哪些？
5. ICP 的法律责任有哪些？
6. 电子商务第三方平台的法律责任有哪些？

第三章
电子合同法律制度

学习目标

1. 掌握电子合同的概念、特征和类型，理解电子合同和传统合同的区别。
2. 掌握电子合同的订立程序，理解电子合同要约和要约邀请的不同。
3. 识记电子合同的生效要件，熟悉电子合同的履行过程。

“互联网＋”的时代，电子网络越来越普及，很多事情都可以通过电子网络解决，签订合同也不例外。无论是商业领域，还是生活领域，使用电子合同的频率越来越高，通过电子合同完成的交易甚至超过了传统的合同形式。无纸化的电子合同与数字化的订立方式改变了传统合同形式，产生了新的法律问题，需要我们正视并合理解决。

但是，电子合同形式并未改变合同的基本法律制度，传统的合同法律制度仍然适用于电子合同，只不过需要结合合同的电子形式灵活适用。本章根据我国《民法总则》《合同法》《电子商务法》《消费者权益保护法》等法律法规的一般规定，结合网络交易的特点，对电子合同的相关法律问题进行讨论。

第一节　电子合同概述

一、电子合同的含义

电子合同，又称电子商务合同，是当事人之间通过计算机和互联网、以数据电文形式达成的设立、变更、终止财产性民事权利义务关系的协议。根据我国《电子签名法》第 3 条第 2 款规定，下列事项的设立不适用电子合同形式：

(1) 涉及婚姻、收养、继承等人身关系的。

(2) 涉及土地、房屋等不动产权益转让的。

(3) 涉及停止供水、供热、供气、供电等公用事业服务的。

(4) 法律、行政法规规定的不适用电子文书的其他情形。

数据电文是指经由电子手段、光学手段或者类似手段生成、储存或者传递的信息。数据电文包括但并不只限于电子数据交换、电子邮件、电报或者传真所传递的信息。在电子合同中，合同的文本是以可读形式存储在计算机磁性介质上的一组电子数据讯息，该讯息首先通过一方计算机键入内存，然后自动转发，经过互联网到达对方计算机中。

随着电子技术的发展，电子合同以其传输方便、节约等特点得到普遍认可。电子合同通过电子脉冲传递信息，不再以纸张为原始凭据，而只是一组电子信息。电子数据交换和电子邮件是电子合同的两种基本形式，两者以其各自的特点和优势在电子商务活动中占据越来越多的地盘。电子合同与传统相比，其本质是相同的，但是由于缔约方式和合同载体发生了革命性的变化，因此表现出与传统合同显著不同的特征。

知识链接

电子签名法生效后首份电子合同问世

《电子签名法》颁布后首份电子合同在北京正式签署。首份电子合同是顺天府超市与联合利华公司签署的，由北京书生国际信息技术有限公司智能文档和电子印章技术与天威诚信公司的数字签名技术联合开发成功。

据专家介绍，数字签名和电子印章可与合约文本捆绑，有利信息保密，具有不可更改、不可抵赖的特性，电子印章有双重密码，比纸质合同更安全。通过网络签约可提高企业效率。中国电子签名法的实施和电子合同系统的诞生将极大促进中国电子商务发展。

资料来源：人民网，2004 年 9 月 29 日

END

二、电子合同的特征

电子合同虽然与传统合同的本质相同，同样是合同当事人意思表示达成一致的协议。但因电子合同的载体和操作过程不同于传统的书面合同，所以电子合同具有以下特点：

（一）意思表示方式的电子化

电子合同的意思表示，无论是要约还是承诺都是以数据电文方式通过网络和计算机设备发出的，合同内容以数据电文的形式储存在电脑的终端设备中，不再以纸面的合同书为凭据，而只是一组一组的电子信息，人体感官不能直接

感知,须经机器解读后才能为人所感知和理解。这是电子合同和传统书面合同相区别的关键特征。

电子合同需要一系列的国际国内技术标准予以规范,如电子签名、电子认证,等等。这些具体的标准是电子合同存在的基础,如果没有相关的技术与标准电子合同是无法实现和存在的。

(二) 电子合同具有易改动性

电子合同的内容等信息纪录在计算机磁盘中介载体中,其修改、流转、储存等过程均在计算机内进行。电子数据以磁性介质保存,是无形物,订立合同无须签字,被称为"点击合同"。它的缺点是合同内容的改动、伪造不易留痕迹,不像纸面合同书的"白纸黑字"那样确定,所以必须通过完善电子签名和电子认证制度加以规范,以保证电子合同的安全。

(三) 订立合同的间接性

电子合同中的意思表示采用数据电文形式,必须通过计算机等终端设备发送,合同的谈判和签订过程中,当事人无须像传统合同那样通过面对面的方式进行,所以意思表示的表达和传递呈现出间接性。

(四) 电子合同的成本低、效率高

电子合同利用网络订立合同,不受时空限制,交易速度快,手续简便,交易费用大大降低。信息传递能够以光速在网络上进行,从而使订立电子合同需要的时间大大减少、空间被大大压缩。电子合同订立的整个过程采用电子形式,通过电子邮件、电子数据交换等方式进行电子合同的谈判、签订,大大节约了交易成本,提高了经济效益。

(五) 电子合同主体的虚拟性和广泛性

订立合同的各方当事人通过在网络上的运作,虽远隔千里,互不谋面,却可以进行谈判和签订各种各样的合同。因此可以说,电子合同的主体可以是世界上的任何自然人、法人或者其他组织,而且用于订立合同的名称不一定是真实的姓名或名称。这个特征是传统合同所不具备的。

知识链接

我国的电子合同立法

1999 年 3 月我国颁布的《合同法》中虽然首次明确了电子合同的合法地位,但有关电子合同的规定还只是粗线条的,实际操作起来比较困难。2000 年 3 月,全国人大代表在九届全国人大三次会议上,提交了"关于加紧中国电子商务法制定"的议案,将电子商务立法问题推上了前台。2018 年 8 月《电子商务法》获得通过。

另外，有关的法律法规有：1996 年 2 月 1 日颁布的《计算机信息网络国际联网管理暂行规定》；1999 年 2 月 1 日海关总署颁布的《海关舱单电子数据传输管理办法》；1999 年上海市制定的《国际经贸电子数据交换管理规定》；2004 年制定的《电子签名法》(2015 年修订)。

三、电子合同的类型

电子合同作为合同的形式之一，可以按照传统合同的分类方式进行划分，但基于其特殊性，又可以将电子合同分为以下几种类型。

(一) 利用电子数据交换订立的电子合同和利用电子邮件订立的电子合同

根据电子合同订立的具体方式，可分为利用电子数据交换订立的合同和利用电子邮件订立的合同。电子数据交换和电子邮件是电子合同订立的两种最主要的形式。

电子数据交换是使用统一的标准编制资料，利用电子方法形成结构化的事务处理或文档数据格式，将商业资料或者行政事务由一台独立的电脑应用程序，传送到其他独立电脑的应用程序。电子数据交换的特点是：电子数据交换可以产生纸张的书面单据，也可以被储存在磁的或者其他非纸张中介物上（如磁带、磁盘、激光盘等）。

知识链接

生产企业的电子数据交换

生产企业的电子数据交换系统，通过网络收到订单，该系统可以自动处理订单，检查订单是否符合要求，向订货方发确认报文，通知企业管理系统安排生产，向零配件供应商订购零配件，向交通部门预订货运集装箱，到海关、商检等部门办理出口手续，通知银行结算并开具电子数据交换发票，从而将整个订货、生产、销售过程贯穿起来。

相对于传统的交易方式，电子数据交换的突出价值在于取消了传统的书面贸易文件，代之以电子资料交换，大大节约了交易的时间和费用，使贸易流转更为迅速，从而实现了低费用、高效益的基本商业目的。

电子邮件是以网络协议为基础，从终端机输入信件、便条、文件、图片或者声音等，最后通过邮件服务器传送到另一终端机上的信息。电子邮件是互联网最频繁的应用之一。电子邮件具有快捷、方便、低成本的优势，在许多方面都超过了传统的邮件投递业务。

较之电子数据交换合同,以电子邮件方式所订立的合同更能清楚地反映订约双方的意思表示。但电子邮件在传输过程中易被截取、修改,故安全性较差。为此,在电子交易中,应当鼓励订约双方使用电子签名,以确保电子邮件的真实性。当然,对于现实生活中大量存在的双方在交易过程中均认可的未使用电子签名的邮件,仍应依当事人的约定确认其效力。

(二) 网络服务电子合同、软件授权电子合同、物流配送电子合同

从电子合同标的物的属性角度,可分为网络服务电子合同、软件授权电子合同、物流配送电子合同。

(三) 电子代理人订立的电子合同和合同当事人订立的电子合同

从电子合同当事人的角度,可分为电子代理人订立的电子合同和合同当事人订立的电子合同。

电子代理人是指在没有自然人参与的情况下,独立采取某种措施对某个电子信息作出反应的某个计算机程序、电子的或其他的自动手段。例如,EDI 交易就是交易双方事先约定交易的条件并以之为基础制作程序,通过网络的传输,一方向另一方发出订单,另一方的程序则自动审单,并向对方反馈,对方程序再自动化审阅,如此交替进行,直至完成交易。这些自动交易的执行者就是电子代理人。

电子代理人的出现使合同的缔结过程可以在无人控制的情况下自动完成。合同可通过双方电子代理人的交互作用形成,也可以通过电子代理人和自然人之间的交互作用形成。电子代理人的要约和承诺行为可以导致一个有约束力的合同产生。

(四) B-C 合同、B-B 合同和 B-G 合同

从电子合同当事人之间的关系角度,电子合同可分为 B-C 合同、B-B 合同和 B-G 合同。

B-C 合同是企业与个人在电子商务活动中订立的合同。

B-B 合同是企业之间从事电子商务活动中订立的合同。

B-G 合同是企业与政府在进行电子商务活动中订立的合同。

知识链接

国际电子合同立法

目前,国际社会和世界各国为了确保电子合同的顺利进行和发展,纷纷着手通过对电子商务立法的研究和制定来规范电子合同。其中,有代表性的包括 1996 年联合国国际贸易法委员会制定通过的《电子商务示范法》,1999 年 11 月

的美国《统一电子交易法》,以及2000年5月的欧盟《电子商务指令》。这一系列法律文件、法规的出台,为各国电子商务的立法提供了借鉴与依据,为电子合同的实际应用提供了规范与标准。

《电子商务示范法》采用了开放性的立法模式,为国际电子商务法提供了一个框架。在示范法制定之后,一些国际组织与国家纷纷加强合作,制订各种法律规范,形成了国际电子商务立法的高速发展期。近年来,国际商会也在抓紧制订有关电子商务的交易规则,以促进国际贸易的发展。国际商会已于1997年11月通过了《国际数字保证商务通则》(General Usage for International Digitally Ensured Commerce,GUIDEC),该通则试图平衡不同法律体系的原则,为电子商务提供指导性政策,并统一有关贸易术语。

案例 3-1

电子形式不影响合同效力

原告 HOTMAIL 公司是免费邮件提供商。任何用户在申请使用 HOTMAIL 提供的免费邮件时说,HOTMAIL 会自动向其提供一个服务协议,其中要求申请者必须接受禁止通过 HOTMAIL 提供的服务从事散发电子商业广告邮件的条款。

申请者只有用鼠标点击"同意"按钮,才能完成申请程序获得免费邮件账号。被告 VAN MONET PIE 公司正是通过这一程序向 HOTMAIL 申请的免费邮件账号,但却利用该账号向他人发送了商业广告邮件。而任何从 HOTMAIL 发出的邮件均会有标记,HOTMAIL 发现这一情况后,以 VAN MONEY PIE 公司违约为由提起诉讼。法院认为,该 HOTMAIL 协议是有效合同,被告公司同意接受不利用 HOTMAIL 电子邮件账号发送商业广告邮件的条款,却又从事这一行为,构成了违约。

评析:本案中的电子文本正是以交易为目的,通过计算机网络,以数据电文形式订立的合同,符合电子合同的特点。根据联合国《电子商务示范法》的规定,不得以合同记录是数据电文,而否认其法律效力。因此,该协议有效。

资料来源:http://www.btdcw.com/btd_1bof302pyx6trx0166dk_1.html

第二节 电子合同的订立

电子合同的订立是缔约人利用数据电文方式作出意思表示并通过互联网发出以达成合意的过程。电子合同的缔结过程和传统合同一样,也是通过要约、承诺的方式完成的,只不过作出要约、承诺的方式不同而已。

《电子商务法》第50条规定,电子商务经营者应当清晰、全面、明确地告知用户订立合同的步骤、注意事项、下载方法等事项,并保证用户能够便利、完整地阅览和下载。电子商务经营者应当保证用户在提交订单前可以更正输入错误。

一、电子要约

1. 要约和电子要约的概念

要约是希望和他人订立合同的意思表示,又称订约提议、发盘、发价、出价等。在要约关系中,发出要约的一方称为要约人,接受要约的一方称为受要约人。要约一般向特定对象发出,有时也向非特定对象发出(如悬赏广告等)。电子要约,是指缔约方以缔结合同为目的,通过网络向对方当事人作出希望订立合同的意思表示。

关于电子要约的形式,联合国的《电子商务示范法》第11条规定:"除非当事人另有协议,合同要约及承诺均可以通过电子意思表示的手段来表示,并不得仅仅以使用电子意思表示为理由否认该合同的有效性或者是可执行性"。电子要约的形式,既可以是明示的,也可以是默示的。

2. 电子要约的生效

电子要约通常都具有特定的形式和内容,一项电子要约要发生法律效力,必须具备以下有效要件。

(1) 电子要约须由有订约能力的特定人作出。

电子要约人必须有订立合同的相应的民事行为能力。无民事行为能力人或者限制民事行为能力人发出要约,签订电子合同,属于效力待定的电子合同。

(2) 电子要约须有订立合同的意思表示。

电子要约人发出要约的目的是订立合同。只有以订立合同为目的的意思表示,才构成要约。如果一方向对方发出提议,但该提议并不能发生订立合同的法律后果,该提议就不是电子合同的要约。

(3) 电子要约须向受要约人发出。

电子要约人只有向受要约人发出要约,要约才能成立。

(4) 电子要约内容须明确具体。

电子要约必须包括能够决定合同成立的主要内容,因为要约具有一经受要约人承诺,合同即告成立的效力。

(5) 电子要约须送达受要约人。

电子要约到达受要约人时生效。电子要约到达受要约人前,要约人可以撤回要约,但撤回要约的通知必须在要约到达受要约人之前或者与要约同时到达受要约人。

电子要约一旦生效，对要约人具有法律约束力。电子要约人必须按照要约的内容履行电子合同，否则要承担相应的法律责任。

3. 电子要约邀请

与电子要约容易混淆的是电子要约邀请。电子要约邀请是指希望他人向自己发出要约的意思表示。要约邀请在内容上不具体、不明确，只是希望对方发出要约，因此被作为要约引诱，没有法律约束力。在电子商务活动中，从事电子交易的商家在互联网上发布广告的行为属于电子合同的要约邀请。但是，如果这些广告所包含的内容是具体确定的，如包括价格、规格、数量等完整的交易信息的就应当视为电子要约。

4. 电子要约的撤回和撤销

要约可以撤回。撤回要约的通知应当在要约到达受要约人之前或者与要约同时到达受要约人。

要约到达受要约人生效后，可以有条件地撤销。撤销要约的通知应当在受要约人发出承诺通知之前到达受要约人。但有下列情形之一的，要约不得撤销：(1)要约人确定了承诺期限或者以其他方式明示要约不可撤销；(2)受要约人有理由认为要约是不可撤销的，并已经为履行合同作出了准备工作。

电子要约撤回或者撤销，应严格遵守合同法的规定，否则要约人必须承担违约责任。我国《合同法》第 18 条规定："要约到达受要约人时生效"。由于电子交易采取电子方式进行，电子要约的内容表现为数字信息在网络传播，往往要约在自己的计算机上按下确认键，对方计算机几乎同时收到要约的内容，这种技术改变了传统交易中的时间和地点观念。

为了明确电子交易中要约的到达标准，《合同法》第 16 条第 2 款规定："采用数据电文形式订立合同，收件人指定特定系统接收数据电文的，该数据电文进入该特定系统的时间，视为到达时间，未指定特定系统的，该数据电文进入收件人的任何系统的首次时间，视为到达时间。"至于收件人何时实际检索识别，在所不问。这些规定的实质是一致的。因为电子要约的发送具有点击即到的特点，所以电子合同缔结过程中要约的撤回或撤销在实际操作中有别于传统合同，特别是电子要约的撤回，几乎是不可能的。

5. 电子要约的失效

根据合同法的有关规定，有下列情形之一的，电子要约失效(即消灭)：

(1) 拒绝要约的通知到达要约人。

(2) 要约人依法撤销要约。

(3) 承诺期限届满，受要约人未作出承诺。

(4) 受要约人对要约的内容作出实质性变更。

二、电子承诺

1. 承诺和电子承诺的概念

我国《合同法》第21条规定:“承诺是受要约人同意要约的意思表示”。电子承诺,是指受要约人以数据电文方式通过互联网作出的,接受要约并愿意与要约人缔结合同的意思表示。

电子承诺是针对网络上发出的电子要约而作出的。电子承诺人既可以用电子邮件的形式,也可以用点击的方式作出承诺。如果仅仅只是在网上进行谈判,在网下通过面对面的签约或者以电话、电报等方式作出承诺,仍然属于传统合同订立中的承诺,而不是在订立电子合同中作出的承诺。

2. 电子承诺的生效

以数据电文方式作出的意思表示是否构成承诺需具备以下几个要件:

(1) 电子承诺须由受要约人作出。

受要约人是要约人选定的,只有受要约人才有权作出承诺,受要约人以外的第三人没有承诺的资格,不能对要约作出承诺。即使第三人向要约人作出同意要约的意思表示,也不是承诺,而是新的要约。

(2) 电子承诺的内容须与电子要约的内容一致。

电子承诺的内容与电子要约的内容一致,并非所有的内容都一致,只要实质内容一致即可。承诺只要在实质内容上与要约的内容一致,电子合同即可成立。受要约人对要约的内容作出实质性变更的,为新要约。承诺对要约的内容作出非实质性变更的,除要约人及时表示反对或者要约表明承诺不得对要约的内容作出任何变更的以外,该承诺有效,合同的内容以承诺的内容为准。

承诺对有关合同标的、数量、质量、价款或者报酬、履行期限、履行地点和方式、违约责任和解决争议方法等的变更,是对要约内容的实质性变更。

(3) 电子承诺在承诺期限内作出。

电子要约如果规定了承诺期限,受要约人应在承诺期限内作出承诺。电子要约没有规定承诺期限的,承诺应当在合理期限内作出,当事人另有约定的从其约定。

(4) 电子承诺须送达受要约人。

电子承诺到达要约人时生效。按照《合同法》的规定:“采用数据电文形式订立合同,收件人指定特定系统接收数据电文的,该数据电文进入该特定系统的时间,视为到达时间,未指定特定系统的,该数据电文进入收件人的任何系统的首次时间,视为到达时间。”

3. 电子承诺的撤回

电子承诺的撤回是指受要约人在发出承诺通知以后,在承诺正式生效之前撤回承诺。根据《合同法》第 27 条的规定:"承诺可以撤回。撤回承诺的通知应当在承诺通知达到要约人之前或者与承诺通知同时达到要约人。"因此,撤回电子承诺的通知必须在承诺到达要约人之前到达要约人,或者与承诺通知同时到达要约人,撤回才能生效。

如果承诺通知已经生效,合同已经成立,受要约人不能再撤回承诺。而作为数据电文形式的承诺具有点击即时到达的特点,所以实践中电子承诺的撤回几乎是不可能的。

案例 3-2

通过发送电子邮件订货是否构成承诺?

喜丰收农场于 2009 年 6 月 16 日向多家果品加工企业寄送了水果品种介绍和价目表。健食罐头厂于 6 月 19 日收到喜丰收农场的水果品种介绍和价目表后,立即回复电子邮件同意按照价目表所列杨梅价格 8000 元/吨,要求购买杨梅 3.5 吨,并在一周内运至健食罐头厂原料仓库。喜丰收农场当日收到电子邮件,此后的第三日装车发货,于 6 月 24 日将杨梅运至健食罐头厂原料仓库。

此时,杨梅已经降价至 5000 元/吨,健食罐头厂遂要求喜丰收农场按 5000 元/吨销售,喜丰收农场拒绝变更价格,健食罐头厂也拒不收货,造成 3.5 吨杨梅全部腐烂变质。喜丰收农场遂起诉健食罐头厂赔偿杨梅腐烂变质的全部经济损失。

评析:喜丰收农场以价目表的形式发出了要约邀请,健食罐头厂对该要约邀请发生兴趣,发出电子邮件明确了价格、数量、交货时间、交货地点等合同的必要条款,构成要约。喜丰收农场虽然没有书面或电子回复,但其以实际行为在要约规定的时间、地点交付约定数量的货物,属于通过行为作出承诺,即合同成立。因此,喜丰收农场诉请健食罐头厂赔偿杨梅腐烂变质的损失符合法律规定,应予支持。

资料来源:http://www.110.com/ziliao/article—156833.html,2010.1.8

END

三、电子合同的成立

电子合同的成立是指当事人以数据电文作出的意思表示通过互联网发送后彼此达成意思表示一致的状态。《电子商务法》第 49 条第 1 款规定:电子商务经营者发布的商品或者服务信息符合要约条件的,用户选择该商品或者服务并提交订单成功,合同成立。当事人另有约定的,从其约定。

电子合同成立的时间和地点对电子合同当事人有着重大的意义。电子合同成立的时间决定电子合同效力的起始和法律关系的确立。电子合同成立的地点对诉讼时管辖法院的确定也有着重大的影响。

(一) 电子合同成立的时间

电子合同成立的时间是指电子合同开始对当事人产生法律约束力的时间。与传统合同一样,受要约人发出的电子承诺生效时,电子合同就成立。

由于各种法律制度的差异,加上受到通讯手段的限制,因此,对合同的成立时间,因各国合同法律制度的不同而存在差异。《联合国国际货物买卖合同公约》确定了到达生效原则,即:不论何种传递,只有在被对方适当地"收到了",才具有法律意义。这就要求传递的信息必须能够进入对方在协议中指定的数据终端。

在电子数据交换中,"收到"的意义也与各国法律的规定一致,即当传递进入接收方的数据终端时,即为收到,而不管接受方是否已了解其内容。至于由于接收方自身的原因,延误对进入信息的反应而产生的风险责任则由接收方承担。

知识链接

有关接受生效时间规定

对于接受的生效时间,英美法和法国法均采取"投邮主义",德国法则采取所谓的"到达主义",《联合国国际货物买卖合同公约》对接受生效原则上采取到达生效原则。

END

我国《合同法》的规定和联合国《电子商务示范法》基本相同。《合同法》第26条规定,承诺通知到达要约人时生效。承诺不需要通知的,根据交易习惯或者要约的要求作出承诺的行为时生效。

采用数据电文形式订立合同的,承诺到达的时间适用《合同法》第16条第2款的规定。收件人为接收数据电文而指定了某一信息系统,该数据系统进入该特定系统的时间,视为收到时间。收件人没有指定某一特定信息系统的,则数据电文进入收件人的任一信息系统的时间为收到时间。

对于什么是"进入",一项数据电文进入某一信息系统,其时间应是在该信息系统内可投入处理的时间,而不管收件人是否检查或者是否阅读传送的信息内容。

(二) 电子合同成立的地点

针对合同成立的地点,联合国国际贸易法委员会《电子商务示范法》第15条规定:"除非发端人与收件人另有协议,数据电文应以发端人设有营业地的地点为其发出地点,而以收件人设有营业地的地点视为其收到地点。"

如发端人或者收件人有一个以上的营业地，应以对基础交易具有最密切联系的营业地为准；如果并无任何基础交易，则以其主要营业地为准；如发端人或者收件人没有营业地，则以其惯常居住地为准。之所以以“营业地”作为发出或者收到地，主要是基于使合同等行为与行为地有实质的联系，从而避免以“信息系统”作为发出或者收到地可能造成的不稳定性。

我国《合同法》第 34 条第 2 款与示范法的规定颇为相似，规定：“采用数据电文形式订立合同的，收件人的主营业地为合同成立的地点；没有主营业地的，其经常居住地为合同成立的地点。当事人另有约定的，按照其约定。”根据以上规定，采用数据电文形式订立合同成立的地点，首先受制于当事人意思自治原则，由当事人予以约定，在缺乏约定时，以主营业地为第一标准，以经常居住地为替代标准。

（三）实际履行与合同成立的关系

合同法规定了两种特殊情况下对合同成立的确认。第一，法律、行政法规规定或者当事人约定采用书面形式订立合同，当事人未采用书面形式，但一方已经履行主要义务，对方接受的，该合同成立。第二，法律、行政法规规定或者当事人约定采用合同书形式订立合同，在签字或者盖章之前，当事人一方已经履行主要义务，对方接受的，该合同成立。此外，最高人民法院司法解释规定，商品房的认购、定购、预购等协议具备《商品房销售管理办法》规定的商品房买卖合同的主要内容，并且出卖人已经按照约定收受购房款的，该协议应当认定为商品房买卖合同。这些规定在电子合同中也适用。

（四）输入错误的更正和撤回

根据《电子商务法》的规定，电子合同当事人使用自动交易信息系统订立或者履行合同的行为对使用该系统的当事人具有法律效力。在使用自动交易系统时，在人机互动中用户发生输入错误，电子商务经营者应当保证用户在提交订单前可以更正输入错误。

如果系统未提供更正错误的方式，用户有权获得适当的救济。比如，同时符合以下要求的，用户有权撤回输入错误的部分：(1)该用户在发生错误后立即通知对方当事人有输入错误发生；(2)该用户没有从对方当事人处获得实质性的利益或者价值。

四、电子合同的内容

1. 电子合同的一般条款

电子合同的订立与传统合同一样，也应当遵循当事人意思自治原则，《合同法》对合同内容和条款没有作强制性规定。但根据合同主要内容应当具体确定到能够履行的原则，电子合同一般包括以下条款：(1)当事人的名称或者姓名和住所;(2)标的;(3)数量;(4)质量;(5)价款或者报酬;(6)履行期限、地点和方式;(7)违约责任;(8)解决争议的方法。

2. 格式合同或格式条款

(1) 概念。

格式合同是指当事人(特别是一些垄断性企业)为了重复使用而预先拟定,并在订立合同时未与对方协商并不允许对其内容进行修改的合同条款。

(2) 对格式合同的法律限制。

由于格式合同或格式条款是单方面提供的,未经双方平等协商,与合同法平等、自愿、意思表示真实等基本原则有所不合,但是格式合同或格式条款的使用能够大大提高订立合同的效率,所以合同法并不禁止使用,只是对其法律效力做了一些限制,以平衡合同当事人之间的利益关系:

第一,提供格式条款的一方应当遵循公平原则确定当事人之间的权利和义务,并采取合理方式提请对方注意有关格式条款的内容;

第二,提供格式条款的一方免除其责任、加重对方责任、排除对方主要权利的,该条款无效;

第三,对格式条款的理解发生争议的,应当按照通常理解予以解释。对格式条款有两种以上理解的,应当作出不利于提供格式条款一方的解释。格式条款和非格式条款不一致的,应当采用非格式条款。

五、电子合同的形式

合同的形式是指合同的外在表现形式,是合同内容的载体。合同的电子形式,也称为数据电文形式,是指以电子形式、光学形式或类似形式表达合同内容的合同表现形式。电子技术的发展和电子合同的出现,改变了“书面形式”的传统含义。

《合同法》第 11 条规定:“书面形式是指合同书、信件和数据电文(包括电报、电传、传真、电子数据交换和电子邮件)等可以有形地表现所载内容的形式。”我国《电子签名法》第 4 条规定:“能够有形地表现所载内容,并可以随时调取查用的数据电文,视为符合法律、法规要求的书面形式。”

可见,随着科技的发展,作为合同载体的方式的变革,立法与时俱进,已经认可了电子合同的书面性质。合同的书面形式实际上是确定合同内容的比较确实可靠的证据而已,因此,司法实践中只认可合同原件的法律效力,因为复制件的真实性难以认定。

那么,电子合同的原件问题怎么确定呢?《电子签名法》第 5 条规定:符合下列条件的数据电文,视为满足法律、法规规定的原件形式要求:(1)能够有效地表现所载内容并可供随时调取查用;(2)能够可靠地保证自最终形成时起,内容保持完整、未被更改。但是，在数据电文上增加背书以及数据交换、储存和显示过程中发生的形式变化不影响数据电文的完整性。电子合同的原件价值也得到了立法的认可。

六、缔约过失责任

缔约过失责任，是指一方当事人在订立合同过程中，因为过错给对方当事人造成损失时应当承担的责任。它发生在合同成立之前，所以不能以违约责任对待。缔约过失主要包括以下情形：

（1）假借订立合同，恶意进行磋商。

（2）故意隐瞒与订立合同有关的重要事实或者提供虚假情况（如未经登记注册的企业主体资格、财产状况、履约能力、瑕疵、性能、使用方法等）。

（3）有其他违背诚实信用原则的行为（如违反要约或要约邀请、初步协议或许诺；因一方过错合同被宣告无效或撤销；无权代理等）。

（4）当事人在订立合同过程中知悉的商业秘密，无论合同是否成立，不得泄露或者不正当地使用。否则，给对方造成损失的，应当承担损害赔偿责任。

知识链接

电子合同生效与传统合同的区别

电子合同生效的方式、时间和地点与传统合同有所不同。

传统合同一般以当事人签字或者盖章的方式表示合同生效，而在电子合同中，传统的签字盖章方式被电子签名所代替。传统合同的生效地点一般为合同成立的地点，而采用数据电文等形式所订立的电子合同，以收件人的主营业地为电子合同成立的地点；没有主营业地的，以其经常居住地为电子合同成立的地点。

传统合同一般以要约到达受要约人作为要约生效的时间，以承诺通知到达要约人作为合同生效的时间，而采用数据电文形式订立的电子合同，收件人指定特定系统接收数据电文的，该数据电文进入该特定系统的时间，视为到达时间（即生效时间）；未指定特定系统的，该数据电文进入收件人的任何系统的首次时间，视为到达时间。

END

第三节　电子合同的效力

合同的效力问题就是指合同是否具有法律约束力的问题。一般来说，合同成立后，其法律后果可能有以下四种情况：有效合同；效力待定合同；可变更、可撤销合同;无效合同。电子合同也不例外。

一、有效的电子合同

1. 合同作为民事法律行为之一种,其生效的一般条件包括:

(1) 行为人具有相应的民事行为能力。

(2) 意思表示真实。

(3) 内容不违反法律或者社会公共利益。

2. 合同的生效

(1) 依法成立的合同,自成立时生效。

(2) 法律、行政法规规定应当办理批准、登记等手续的,依照其规定。如《担保法》规定,房屋抵押合同自办理登记手续之日起生效。

(3) 附条件的合同。附生效条件的合同,自条件成就时生效;附解除条件的合同,自条件成就时失效。当事人为自己的利益不正当地阻止条件成就的,视为条件已成就;不正当地促成条件成就的,视为条件不成就。

(4) 当事人对合同的效力可以约定附期限。附生效期限的合同,自期限届至时生效;附终止期限的,自期限届满时失效。

3. 电子合同的生效要件

电子合同的成立意味着当事人之间已经就合同内容的意思表示达成了一致,但电子合同的成立并不等于电子合同的生效,电子合同能否产生法律效力,是否受法律保护还需要看它是否符合法律规定的生效要件。电子合同的生效须同时具备以下几个条件。

(1) 电子合同的订约主体必须具有相应的民事行为能力。

电子合同的订约主体是指实际订立电子合同的当事人,既可以是电子合同的履约方,也可以是电子合同当事人的代理人。电子合同的订约主体必须具有相应的民事行为能力,就是要求订立电子合同的当事人必须具备正确理解自己行为的性质和后果,独立地表达自己意思的能力。

由于电子合同订立是利用终端机、通过互联网以点击的方式完成的,合同当事人不能面对面判断对方的民事行为能力状况,如果非拘泥于以传统的方式确定对方当事人的民事行为能力才订立合同,会大大降低电子商务活动的效率,甚至使电子商务活动无法进行。所以《电子商务法》第 48 条规定,在电子商务中推定当事人具有相应的民事行为能力。但是,有相反证据足以推翻的除外。

作为民事法律行为生效要件之一,如果事后有证据证明当事人不具备相应民事行为能力的,应当对其所做电子商务行为的效力作出否定性评价,以维护民事法律关系的公正性。

案例 3-3

未成年人订立的电子合同是否有效

一刚上小学二年级的男童，在某购物网站以他父亲李某的身份证号码注册了客户信息，并且订购了一台价值 1000 元的小型打印机。但是当该网站将货物送到李某家中时，曾经学过一些法律知识的李某却以“其子未满 10 周岁，是无民事行为能力人”为由，拒绝接收打印机并拒付货款。由此交易双方产生了纠纷。

李某主张，电子商务合同订立在虚拟的世界，但却是在现实社会中得以履行，应该也能够受现行法律的调控。而依我国现行《民法通则》第 12 条第 2 款和第 55 条的规定，不满 10 周岁的未成年人是无民事行为能力人，不能独立进行民事活动，应该由他的法定代理人代理民事活动。其子刚刚上小学二年级，未满 10 周岁，不能独立订立货物买卖合同，所以该打印机的网上购销合同无效；其父母作为其法定代理人有权拒付货款。

对此，网站主张：由于该男童是使用其父亲李某的身份证登录注册客户信息的，从网站所掌握的信息来看，与其达成打印机网络购销合同的当事人是一个有完全民事行为能力的正常人，而并不是此男童。由于网站是不可能审查身份证来源的，也就是说网站已经尽到了自己的注意义务，不应当就合同的无效承担民事责任。

评析：李某的未满 10 周岁的男孩在网络上订立了买卖合同。根据我国《民法通则》的规定，对于一个未满 10 周岁的儿童来说，他是无民事行为能力者。无民事行为能力人订立的合同无效，所以李某拒付货款的行为本来也无可厚非。但是，由于孩童是以其父的身份证登录客户信息，如果网站有充分的证据证明其已经尽到了必要的注意义务，那么完全无视网站利益受到侵害的事实则有失公平。

而另一方面，李某作为其子的监护人和其身份证的合法持有人，没有尽到相应的管教义务和保管义务，导致其子滥用其身份证进行登录注册，应当对合同无效给网站造成的损失承担赔偿责任。所以，应该认定购物网站有权要求李某承担货物的往返运费和其他交易费用。

资料来源：https://wenku.baidu.com/view/07cfbb8e700abb68a882fb45.html

END

(2) 电子意思表示真实。

电子意思表示真实是指利用数据电文形式而为的意思表示是当事人真实的意思表示。电子意思表示的形式是多种多样的，包括但不限于电话、电报、电传、传真、电子邮件、电子数据交换和互联网数据等，通过封闭型的电子数据交换网络,局域网与互联网连接开放型的互联网或者传统的电信进行电子交易信息的传输。

随着科技的进步,当事人可能运用机械的或者自动化的方式来为要约或者承诺作出意思表示。在网络日益发达的今天,计算机程序或者主机在其程序设计的范围内自行"意思表示",而当事人则完全不介入意思表示的过程,此为"电子代理人"。电子代理人应当独立代表个人的意思表示或者接受意思表示,其所代表的个人应该承担相应的法律责任。如果通过技术手段能够证明电子要约或承诺不是当事人真实的意思表示,则应当允许撤销。

(3) 不违反法律或者社会公共利益。

有效的电子合同不仅要符合法律的规定,而且在电子合同的内容上不得违反社会公共利益。根据法律规定需要批准登记的,电子合同还需到有关部门办理批准登记手续后才能生效。

知识链接

如何签订电子合同?

签订电子合同是一个简单快捷的过程:首先要使用智能文档设计工具,编辑合同内容(也可以从 word 文档直接导入),签约双方填写相关合同信息,并确认后,甲方先用电子印章(将一个类似于 U 盘大小的物体插入电脑,两次输入密码后,用鼠标点击电子文件下方空白处,一个红色的公司印章就印在指定位置)。之后,甲方用网络将合同传输到乙方,乙方用同样的方法盖上电子印章,传输给甲方。这样,一份具有法律效力的电子合同就成立了。

END

二、效力待定的电子合同

效力待定合同,是指合同虽然已经成立,但因其不完全符合合同的生效要件,因此其效力能否发生,尚未确定,一般须经有权人表示承认才能生效,如果在法定的时限内有权决定的人不表示认可或者拒绝认可,则合同归于无效。根据合同法的规定,以下几种情况下订立的电子合同效力待定。

(1) 限制民事行为能力人订立的合同,经法定代理人追认后,该合同有效,但纯获利益的合同或者与其年龄、智力、精神健康状态相适应而订立的合同,无须经法定代理人追认即为有效。电子合同的订立方式决定了合同当事人各方互不见面,无从直观地判断对方的行为能力状况,所以这种情形更容易出现。

合同相对人可以催告法定代理人在一个月内予以追认。法定代理人未作表示的,视为拒绝追认。合同被追认前,善意相对人有撤销的权利。撤销应当以通知的形式作出。

(2) 行为人没有代理权、超越代理权或者代理权终止后以被代理人订立合同,未经被代理人追认,对被代理人不发生效力,由行为人承担责任。但是相对人有理由相信行为人有代理权的,该代理行为有效,即表见代理,如法人或其他组织的法定代表人、负责人的越权合同行为对善意相对人来说就容易构成表见代理。

相对人可以催告被代理人在一个月内予以追认。被代理人未作意思表示的,视为拒绝追认。合同被追认之前,善意相对人有撤销的权利。撤销应以通知的方式作出。

(3) 无处分权的人处分他人财产的合同效力待定,经权利人追认或者无处分权的人订立合同后取得处分权的,该合同有效。

三、可变更或者可撤销的电子合同

可变更或可撤销的合同,是指合同成立后,存在法定事由,当事人有权请求人民法院或者仲裁机构变更有关内容或撤销的合同。当事人请求变更的,人民法院或仲裁机构不得撤销;当事人请求撤销的,人民法院或仲裁机构可酌情变更或撤销。被撤销的合同,自始无效。

1. 申请变更或撤销合同的法定事由

(1) 因重大误解订立的合同。

(2) 在订立合同时显失公平的。

(3) 一方以欺诈、胁迫的手段或者乘人之危,使对方在违背真实意思的情况下订立的合同。

电子合同的当事人如果遇到上述情形之一,就可以向人民法院或共同选定的仲裁机构申请变更或撤销合同。

2. 撤销权的消灭

依法享有撤销请求权的一方,如果有下列情形之一,撤销权即消灭。

(1) 具有撤销权的当事人自知道或者应当知道撤销事由之日起1年内没有行使撤销权的。

(2) 具有撤销权的当事人明示或以自己的行为放弃撤销权的。

四、无效电子合同

无效合同是指不发生法律效力的合同。电子合同一旦被确认为无效,从订立时起就没有法律效力,不受法律保护,即自始无效。合同尚未履行的不再履行;正在履行的停止履行;已经履行的恢复原状,不能恢复原状的,根据各自的责任折价补偿或者承担其他法律后果。

合同无效区分为全部无效和部分无效。合同部分无效,不影响其他部分效力的,其他部分仍然有效。《合同法》规定,下列合同无效:

(1) 一方以欺诈、胁迫的手段订立的合同,损害国家利益。

(2) 恶意串通,损害国家、集体或者第三人利益。

(3) 以合法形式掩盖非法目的。

(4) 损害社会公共利益。

(5) 违反法律、行政法规的强制性规定。

《合同法》规定,下列免责条款无效:

(1) 造成对方人身伤害的。

(2) 因故意或者重大过失造成对方财产损失的。

《电子商务法》第49条第2款规定:电子商务经营者不得以格式条款等方式约定消费者支付价款后合同不成立;格式条款等含有该内容的,其内容无效。

合同无效的情形是法定的,除了人民法院依法确认符合上述情形的合同无效外,其他任何组织无权确认或宣布当事人签订的合同无效。

电子合同被依法确认为无效合同,或者电子合同被依法撤销后的法律后果如下:

(1) 返还财产或折价补偿。

(2) 赔偿损失。过错方应当赔偿对方因此所受到的损失。双方都有过错的,依过错大小各自承担相应的主次责任。

(3) 追缴。当事人恶意串通,损害国家、集体或者第三人利益的,因此取得的财产收归国家所有或者返还集体、第三人。

(4) 合同无效或者被撤销后,合同中解决争议方法条款的效力不受影响。

第四节　电子合同的履行

电子合同的履行是指电子合同规定义务的执行。任何电子合同规定义务的执行,都是电子合同的履行行为。凡是不执行电子合同规定义务的行为,都是电子合同的不履行。当电子合同的义务执行完毕,电子合同也就履行完毕。

一、电子合同履行的基本原则

根据我国《合同法》的规定,电子商务合同的当事人应当按照约定全面履行自己的义务。在合同履行的过程中,当事人应当遵循诚实守信原则,根据合同的性质、目的和交易习惯履行通知、协助、保密等义务。

(一)适当履行原则

适当履行原则是指当事人应依合同约定的标的、质量、数量,由适当主体在适当的期限、地点,以适当的方式,全面完成合同义务的原则。这一原则要求:

(1) 履行主体适当。履行主体适当是指当事人必须亲自履行合同义务或接受履行,不得擅自转让合同义务或合同权利让其他人代为履行或接受履行。

(2) 履行标的物及其数量和质量适当。履行标的物及其数量和质量适当是指当事人必须按合同约定的标的物履行义务,而且还应依合同约定的数量和质量来给付标的物。

(3) 履行期限适当。履行期限适当是指当事人必须依照合同约定的时间来履行合同,债务人不得迟延履行,债权人不得迟延受领;如果合同未约定履行时间,则双方当事人可随时提出或要求履行,但必须给对方必要的准备时间。

(4) 履行地点适当。履行地点适当是指当事人必须严格依照合同约定的地点来履行合同。

(5) 履行方式适当。履行方式包括标的物的履行方式以及价款或酬金的履行方式,当事人必须严格依照合同约定的方式履行合同,如果没有约定,履行方式应当符合惯例。

(二)协作履行原则

协作履行原则是指在合同履行过程中,双方当事人应互助合作共同完成合同义务的原则。合同是双方民事法律行为,不仅仅是债务人一方的事情,债务人实施给付,需要债权人积极配合受领给付,才能达到合同目的。由于在合同履行的过程中,债务人比债权人更多地应受诚实信用、适当履行等原则的约束,协作履行往往是对债权人的要求。

协作履行原则也是诚实信用原则在合同履行方面的具体体现。协作履行原则具有以下几个方面的要求:(1)债务人履行合同债务时,债权人应适当受领给付。(2)债务人履行合同债务时,债权人应创造必要条件、提供方便。(3)债务人因故不能履行或不能完全履行合同义务时,债权人应积极采取措施防止损失扩大,否则,应就扩大的损失自负其责。

(三)经济合理原则

经济合理原则是指在合同履行过程中,应讲求经济效益,以最少的成本取得最佳的合同效益。在市场经济社会中,交易主体都是理性地追求自身利益最大化的主体,因此,如何以最少的履约成本完成交易过程,一直都是合同当事人所追求的目标。由此,交易主体在合同履行的过程中应遵守经济合理原则是必然的要求。

(四)情势变更原则

所谓情势,是指合同成立后出现的不可预见的情况,即影响及于社会全体或局部之情势，并不考虑原来法律行为成立时为其基础或环境之情势。所谓变更，是指合同赖以成立的环境或基础发生异常变动。我国学者一般认为，变更指的是构成合同基础的情势发生根本的变化。

在合同有效成立之后、履行之前，如果出现某种不可归责于当事人原因的客观变化会直接影响合同履行结果时，若仍然要求当事人按原来合同的约定履行合同，往往会给一方当事人造成显失公平的结果，这时，法律允许当事人变更或解除合同而免除违约责任的承担。这种处理合同履行过程中情势发生变化的法律规定，就是情势变更原则。

二、电子合同内容约定不明确时的履行

合同法规定，合同生效后，当事人就有关内容没有约定或约定不明确的，可以协议补充，不能达成补充协议，按照合同有关条款或者交易习惯仍不能确定的，适用下列规定：

(1) 质量要求不明确的，按照国家标准、行业标准；没有国家标准、行业标准的，按照通常标准或者符合合同目的的特定标准履行。

(2) 价款或者报酬不明确的，按照订立合同时履行地的市场价格履行；依法应当执行政府定价或指导价的，依其规定。

(3) 履行地点不明确，给付货币的，在接受货币一方所在地履行；交付不动产的，在不动产所在地履行；其他标的，在履行义务一方所在地履行。

(4) 履行期限不明确的，债务人可以随时履行，债权人也可以随时要求履行，但应当给对方必要的准备时间。

(5) 履行方式不明确的，按照有利于实现合同目的的方式履行。

(6) 履行费用的负担不明确的，由履行义务方负担。

执行政府定价或者指导价的，在合同约定的交付期限内政府价格调整时，按照交付时的价格计价。逾期交付标的物的，遇价格上涨时，按照原价格执行；价格下降时，按照新价格执行。逾期提取标的物或者逾期付款的，遇价格上涨时，按照新价格执行；价格下降时，按照原价格执行。

三、电子合同履行中的抗辩权

1. 概念

合同履行中的抗辩权，是指在双务合同中，一方当事人有依法对抗对方要求或者否认对方要求的权利。

2. 抗辩权的种类

(1) 同时履行抗辩权。当事人互负债务，没有先后履行顺序的，应当同时履行。一方在对方履行之前有权拒绝其履行有权。一方在对方履行债务不符合

约定时，有权拒绝其相应的履行要求。

(2) 顺序履行抗辩权(先履行抗辩权)。当事人互负债务，有先后履行顺序，先履行一方未履行的，后履行一方有权拒绝其履行要求。先履行一方履行债务不符合约定的，后履行一方有权拒绝其相应的履行要求。

(3) 不安抗辩权。应当履行债务的当事人，有确切证据证明对方有下列情形之一的，可以中止履行：①经营状况严重恶化；②转移财产、抽逃资金，以逃避债务；③丧失商业信誉；④有丧失或者可能丧失履行债务能力的其他情形。

当事人行使不安抗辩权中止履行的，应当及时通知对方。对方提供适当担保时，应当恢复履行。中止履行后，对方在合理期限内未恢复履行能力并且未提供适当担保的，中止履行的一方可以解除合同。当事人没有确切证据中止履行的，应承担违约责任。

四、电子合同履行中的代位权和撤销权

(1) 代位权。代位权是指债务人怠于行使(应行使且能行使而不行使)其到期债权，对债权人造成损害的，债权人可以向人民法院请求以自己的名义代位行使债务人的债权，但该债权专属于债务人自身的除外。

(2) 撤销权。撤销权是因债务人放弃其到期债权或者无偿转让财产，对债权人造成损害；或者债务人以明显不合理的低价转让财产，对债权人造成损害，并且受让人知道该情形的，债权人可以请求人民法院撤销债权人的行为。撤销权自债权人知道或者应当知道撤销事由之日起 1 年内行使。自债务人的行为发生之日起 5 年内没有行使撤销权的，该撤销权消灭。

代位权、撤销权的行使范围以债权人的债权为限。债权人行使代位权、撤销权的必要费用，由债务人承担。

五、电子合同的履行

从我国当前电子商务开展的情况来看，电子合同履行的方式基本有三种：一是在线付款，在线交付。二是在线付款，离线交付。三是离线付款，离线交付。

在线交付合同的标的一般是信息产品，例如音频、视频的在线下载等。合同标的为采用在线传输方式交付的，合同标的进入对方当事人指定的特定系统并且能够检索识别的时间为交付时间。合同标的为提供服务的，生成的电子凭证或者实物凭证中载明的时间为交付时间；前述凭证没有载明时间或者载明时间与实际提供服务时间不一致的，实际提供服务的时间为交付时间。

当然，信息产品也可以选择离线交付。采用在线付款和在线交货方式完成电子合同履行的，与离线交货相比，其履行环节比较简单。合同当事人对交付

方式、交付时间另有约定的,从其约定。

《电子商务法》规定,电子商务当事人可以约定采用电子支付方式支付价款。

电子支付服务提供者为电子商务提供电子支付服务,应当遵守国家规定,告知用户电子支付服务的功能、使用方法、注意事项、相关风险和收费标准等事项,不得附加不合理交易条件。电子支付服务提供者应当确保电子支付指令的完整性、一致性、可跟踪稽核和不可篡改。电子支付服务提供者应当向用户免费提供对账服务以及最近3年的交易记录。电子支付服务提供者提供电子支付服务不符合国家有关支付安全管理要求,造成用户损失的,应当承担赔偿责任。

用户在发出支付指令前,应当核对支付指令所包含的金额、收款人等完整信息。支付指令发生错误的,电子支付服务提供者应当及时查找原因,并采取相关措施予以纠正。造成用户损失的,电子支付服务提供者应当承担赔偿责任,但能够证明支付错误非自身原因造成的除外。

电子支付服务提供者完成电子支付后,应当及时准确地向用户提供符合约定方式的确认支付的信息。

用户应当妥善保管交易密码、电子签名数据等安全工具。用户发现安全工具遗失、被盗用或者未经授权的支付的,应当及时通知电子支付服务提供者。未经授权的支付造成的损失,由电子支付服务提供者承担;电子支付服务提供者能够证明未经授权的支付是因用户的过错造成的,不承担责任。电子支付服务提供者发现支付指令未经授权,或者收到用户支付指令未经授权的通知时,应当立即采取措施防止损失扩大。电子支付服务提供者未及时采取措施导致损失扩大的,对损失扩大部分承担责任。

六、快递物流与交付

如果电子合同标的是有形商品,就不可能在线交货,必须选择线下物流的方式交货。离线交付往往要选择快递物流的方式。

(一) 快递物流服务提供者

根据我国《邮政法》的规定,快递物流业的经营实行许可制度。经营快递业务,应当取得快递业务经营许可;未经许可,任何单位和个人不得经营快递业务。

申请快递业务经营许可,应当具备下列条件:(1)符合企业法人条件;(2)在省、自治区、直辖市范围内经营的,注册资本不低于人民币50万元,跨省、自治区、直辖市经营的,注册资本不低于人民币100万元,经营国际快递业务的,注册资本不低于人民币200万元;(3)有与申请经营的地域范围相适应的服务能力;(4)有严格的服务质量管理制度和完备的业务操作规范;(5)有健全的安全保障制度和措施;(6)法律、行政法规规定的其他条件。

申请快递业务经营许可,在省、自治区、直辖市范围内经营的,应当向所在地的省、自治区、直辖市邮政管理机构提出申请,跨省、自治区、直辖市经营或者经营国际快递业务的,应当向国务院邮政管理部门提出申请;申请时应当提交申请书和有关申请材料。受理申请的邮政管理部门应当自受理申请之日起45日内进行审查,作出批准或者不予批准的决定。

予以批准的,颁发快递业务经营许可证;不予批准的,书面通知申请人并说明理由。邮政管理部门审查快递业务经营许可的申请,应当考虑国家安全等因素,并征求有关部门的意见。申请人凭快递业务经营许可证向工商行政管理部门依法办理登记后,方可经营快递业务。外商不得投资经营信件的国内快递业务。国内快递业务,是指从收寄到投递的全过程均发生在中华人民共和国境内的快递业务。

邮政企业以外的经营快递业务的企业(以下称快递企业)设立分支机构或者合并、分立的,应当向邮政管理部门备案。快递物流服务提供者以加盟方式为电子商务提供服务的,在加盟地域和业务范围内均应当具备经营资质,并签订书面协议约定权利义务。加盟,是指两个以上快递物流服务提供者依照有关法律、行政法规的规定采用统一的商标、商号或者运单等,共同组成服务网络,遵守共同的服务约定提供快递物流服务的行为。

(二)快递物流服务范围

快递物流服务提供者应当向社会公示服务承诺事项。服务承诺事项发生变更的,应当及时公示。快递物流服务提供者进行作业时,应当加强服务信息化、网络化和标准化建设,规范数据处理和数据管理程序,保证作业信息准确和可追溯。

快递企业不得经营由邮政企业专营的信件寄递业务,不得寄递国家机关公文。快递企业经营邮政企业专营业务范围以外的信件快递业务,应当在信件封套的显著位置标注信件字样。快递企业不得将信件打包后作为包裹寄递。

经营国际快递业务应当接受邮政管理部门和有关部门依法实施的监管。邮政管理部门和有关部门可以要求经营国际快递业务的企业提供报关数据。

(三)快递企业的物流义务和责任

快递物流服务提供者应当建立并严格实施作业技术规范,确保作业过程的安全性。快递物流服务提供者在揽收电子商务交易物品时应当履行查验义务,不得违法揽收国家规定的禁止和限制寄递、运输的物品。

快递物流服务接受者应当如实填写快递物流运单。快递物流服务提供者应当核对运单信息,对于运单填写不完整或者信息填写不实的,不予揽收。

对于与快递物流服务接受者有特殊约定或者提供代收货款服务的，快递物流服务提供者应当与快递物流服务接受者在合同中明确电子商务交易物品交付验收的权利义务。快递物流服务提供者在提供快递物流服务的同时，可以接受电子商务经营者的委托提供代收货款服务。快递物流服务提供者提供代收货款服务的，应当建立严格的现金管理、安全管理和风险管控制度。

快递物流服务提供者应当与电子商务经营主体签订协议，对收费标准、服务方式、争议处理等作出约定。所谓代收货款，是指快递物流服务提供者利用服务网络和资源，在提供快递物流服务的同时，为电子商务经营主体代收货款并结算的快递物流增值业务。

电子商务经营主体向消费者专项收取的快递物流服务费用不得高于快递物流服务提供者公示的服务价格，不得利用自身经营优势限定消费者选择快递物流服务提供者的范围。

电子合同的标的为交付商品并采用快递物流方式交付的，以快递物流服务接受者签收时间为交付时间。快递物流服务提供者在交付商品时，应当提示收货人当面查验；交由他人代收的，应当经收货人同意。迟延交付的，依据物流合同约定承担违约责任。

如果物流合同是快递物流服务提供者与电子商务经营主体之间签订的，由快递物流服务提供者向电子商务经营主体承担违约责任，电子商务经营主体向电子合同的购买方承担违约责任。这种情况下，快递物流服务提供者与电子商务合同的购买方之间不存在合同关系。

快递物流服务提供者在服务过程中，电子商务交易物品发生延误、丢失、损毁或者短少的，应当依法赔偿。以加盟方式提供快递物流服务的，加盟方与被加盟方承担连带赔偿责任。

快递物流服务提供者应当按照规定使用环保包装材料，实现包装材料的减量化和再利用。

快递企业停止经营快递业务的，应当书面告知邮政管理部门，交回快递业务经营许可证，并对尚未投递的快件按照国务院邮政管理部门的规定妥善处理。

复习思考题

1. 简述电子合同与传统合同的区别和联系。
2. 简述电子合同的类型。
3. 简述电子合同的订立程序。
4. 简述电子合同的生效要件。
5. 简述电子合同的书面性质和原件价值。

第四章 电子签名和电子认证法律制度

学习目标

1. 了解签名在商务活动的功能及其重要性，理解电子签名的法定含义、特征。
2. 了解电子认证的含义与作用，掌握我国《电子签名法》中所规定的基本制度。
3. 了解我国对于电子认证机构设立条件以及设立程序的规定。
4. 掌握我国法律对于电子认证活动的基本规定。

在传统的信息传递领域中，书面形式是一种主要的意思表达方式，当事人以书面文本为意思表示，并以签名或印章进行确认。可以说，签名已经成为大多数社会活动的法定要件。但是，意思表示的电子形式的出现，使以纸面形式作为依托的签名失去了存在的依据。因此，如何从技术上保障电子意思表示签名的可靠性、从法律上确认电子签名的效力，就必须建立电子签名法律制度和电子认证法律制度，这是电子商务活动能够正常开展和发展的基础性制度。

第一节 电子签名概述

一、签名的概念和功能

（一）签名的概念

传统上，签名是指一个人用手亲笔在一份文件上写下名字或留下印记、印章或其他特殊符号，以确定签名人的身份，并确定签名人对文件内容予以认可。在物理世界中，传统的信息传递方式主要有口头形式和纸面形式，在录音录像技术出现以前，口头形式无法保存和重复，也无法签署。而纸面形式既可以以有形的方式保存,也可以在需要的时候反复拿出来再现,还可以通过有关当事人签署以防止篡改。

《美国统一商法典》对签名的范围作了扩大规定,从当事人的姓名扩大到任何符号,即当事人为鉴别某书面文书而作成或采用的任何符号,都视为签名。传统上,一个有效的签名应同时具备三方面要求:一是正确的名字或符号,二是书面形式,三是本人亲手书写。实践中,签名方式还扩大到盖印章、捺指印,以及特殊场合只要签署姓、名、别号、商号、堂名等文字即可。

《1978 年联合国海上货物运送公约》第 14 条规定:"于不抵触海运提单签发国法律的情况下,海运提单的签名可以手写、传真、影印、打孔、印章、代号等方式,或以任何其他机械或电子方法作出。"总而言之,只要能确认文件签署人的身份,并且从法律上能够足以将文件责任归属于其人的符号,都可以认定为有效的签名。

(二) 签名的功能

签名是把被签署的文件及其内容与签名人联系起来的一种法律制度。签名主要具有以下三项功能:

(1) 表明签名人对文件内容的确认。签名人在纸面文件上亲手签署自己的姓名或约定的特殊符号,意味着其对文件内容的认可,这是签名的基本含义。

(2) 能够表明文件的来源,即识别签名人。传统的纸面签名都由当事人亲手为之,由于每个人的书写习惯具有独一无二的特殊性,通过这种特殊性可以鉴定、确定签名人。

(3) 防止文件内容被篡改。纸面形式的文件加上当事人各方亲手书写的独特的签名,相互制约,足以防止文件被篡改。

以上三项功能相结合,能够构成签名人对文件内容的真实性、完整性的确认并承担法律责任的根据。

二、电子签名的概念和种类

传统的签名必须依附于纸张等有形的介质,当民事活动进入电子网络空间,在电子交易过程,文件是通过数据电文发送、交换、传输、储存来形成的,没有有形介质,数据电文非经电脑等设备转化,人体感官不能直接感受和识别,这就需要通过一种技术手段来识别交易当事人、保证交易安全,以达到与传统的手写签名相同的功能,这种技术手段就是电子签名。

作为电子签名,在技术上,它是一种加密技术,能够确保不能被篡改,或者被篡改后能够被及时发现。在法律上,具有能够确认主体身份和文件真实、完整并确定责任归属的可靠性。自从竹简、木简、纸张等书写发明以来,在漫长的社会发展过程中,这些书写工具逐渐被赋予了法律意义,世界各国法律大都要求文件须具备“书面”“原本”“原件”“签名”等形式或要素才认可其法律效力，不具备这些条件的，法律会否认其效力。

随着电子商务的出现，文件的数据电文形式和电子签名也必须被赋予特定的法律效力，电子商务才能开展下去。2001 年联合国国际贸易法委员会通过了《电子签名示范法》，在国际领域赋予电子签名以法律意义。2004 年 8 月 28 日，《电子签名法》的出台，使电子签名在我国也成为一个法律概念，电子签名及其相应的社会关系开始接受法律的调整。

（一）电子签名的概念

电子签名的概念有广义和狭义之分。广义的电子签名包括使用各种电子手段的电子签名，是从功能等同的角度进行界定的，而不考虑签名是以什么技术形式出现。狭义的电子签名是指以一定的电子签名技术为特定手段的签名，通常是指数字签名。

联合国国际贸易法委员会《电子签名示范法》规定，电子签名“系指在数据电文中，以电子形式所含、所附或在逻辑上与数据电文有联系的数据，它可用于鉴别与数据电文相关的签名人和表明签名人认可数据电文所含信息”。美国《统一电子交易法》对电子签名的定义是：“是指由意图签署一项纪录的人实施或采用的，附属于或逻辑上与该电子记录相联系的电子声音、符号或过程”。

我国《电子签名法》第 2 条规定，所谓电子签名，是指数据电文中以电子形式所含、所附用于识别签名人身份并表明签名人认可其中内容的数据。数据电文，是指以电子、光学、磁或者类似手段生成、发送、接收或者储存的信息。由此可见，我国对电子签名的概念的规定与联合国电子签名示范法相类似，都采取的是广义电子签名的概念。据此，电子签名的概念包含以下内容：

(1) 电子签名是以电子形式出现的数据。这种电子形式的数据非借助机械的转化不能为人体感官所感知。

(2) 电子签名是附着于数据电文的。电子签名可以是数据电文的一个组成部分，也可以是数据电文的附属，与数据电文具有某种逻辑关系、能够使数据电文与电子签名相联系。

(3) 电子签名必须能够识别签名人身份并表明签名人认可与电子签名相联系的数据电文的内容。

（二）电子签名与传统签名的区别

电子签名具有非直观性。与传统的纸质材料上的签名不同，电子签名作为一种签字方式，所表现出来的是一组数码，通过计算机来记录、传输、保存，并通过计算机处理后才能够被识别，它不像手写签名那样可以直接被人们识别。电子签名与传统的在纸面上的手书签名的主要区别有：

(1) 传统签名应用于物理空间,电子签名是网络空间的签名。以人的感官为标准衡量,可以说传统签名是有形的,电子签名是无形的。

(2) 电子签名是一种跨越地理空间的远距离认证方式,传统的签名不具备这种特点。电子签名的传递和识别不受物理空间的限制,签名人在点击发送签名的瞬间,无论位于多么遥远位置的对方可以即时收到并识别。

(3) 传统的手书签名一般都是签署者自己的姓名或其他特定的符号,每个人都会养成其特有的书写习惯,不会有大幅度的改变,也不会被忘记,同时,手书签名不可能每次都写得完全一样,但这种差异性在实践中并不影响其法律效力。电子签名是一组数字、字母或者符号构成的,是一种计算机程序,因此签名者每次录入其签名内容时,必须保证完全相同,否则就不能完成签名。除非通过解密程序得到签名者签名的数字内容,一般不能被仿冒。而传统的手书签名,因为是一种有形字体,所以有可能被仿冒得很相似,从这个意义上说,手书签字、印章的可靠性只是相对的,比如笔迹鉴定的可靠性。

(4) 传统的手书签名可直接通过人的肉眼感知,电子签名不能直接通过人的肉眼观看,只有通过机器的转化显示后人眼才能感知、识别,所以电子签名可靠性的验证也只能通过电子技术和机器手段的认证才能确定。

电子签名虽然与传统手书签名的形式存在着很大的差异,但这种差异不影响电子签名在社会关系和法律调整中发挥与手写签名相同的功能。这是因为电子技术确保了网络空间的电子签名能够满足签名所应当具备的基本条件,即:

(1) 电子签名人事后不能否认自己签名的事实。电子签名可以把该信息与信息的发出者联系起来,证明信息是从何处发出的,从而可以有效地防止拒绝承认的问题。

(2) 任何其他人无法伪造其签名。通过电脑作出的电子签名与所发送信息相联系,一方面保证所发出的信息没有被篡改,另一方面保证签名本身没有被篡改,两方面相结合,以保证信息的完整性、真实性。

(3) 签名能够由第三方通过技术手段公正地验证其真伪。电子签名的真伪可以由依法设立的机构通过电子计算机技术加以验证。电子签名是由掌握电子签名的认证机构指令计算机系统通过数据比较来认证的。电子签名存在的一个特殊问题是,电子签名和电子签名认证系统容易受到“黑客”的攻击,维护其安全性是一个持久的技术课题和法律课题。

由于电子签名是数据,所以在传统的证据法规则适用方面存在一定的困难。但是,电子签名作为网络空间的一种特殊签名手段,只要能够起到与传统手写签名一样的功能,就应该享有与传统手写签名相同的法律地位。电子签名法所解决的正是电子签名的法律效力问题。

（三）电子签名的种类

1. 电子化签名

电子化签名是把手写签名与数字化技术结合起来的签名，使用者在特别设计的感应板上用笔手写输入其亲自签写的名字，由计算机程序加以识别，并作出反应后再经过密码化处理，然后将该签名资料与其所要签署的文件相结合，以完成原先以纸面为媒介物的情况下亲手签名所要完成的签署及证明动作。

电子技术的发展使得这种电子签名只要签署一次，存入电脑，以后就可以重复使用。电子化签名与被签署的文件相结合，在未经授权的情况下，他人无法看到签名。这种电子化签名经过特殊的加密处理，使他人无法轻易复制签名或修改已经签署过的文件，如果遭到修改，就会留下记录，通过计算机技术可以被发现，安全性比较高。电子化签名的伪造或欺诈，与传统手写签名被仿冒的问题相似，如果遭到仿冒的嫌疑，仍需利用传统的笔迹鉴定技术。

2. 生理特征签名

生理特征签名，是利用每个人的指纹、声波纹、视网膜结构、脑波等生理特征各不相同的特征，以使用者的指纹、声波纹、视网膜结构以及脑波等生理特征作为辨别使用者的工具的签名。由于每个人的指纹、声波纹、视网膜结构、脑波等生理特征各不相同，所以只要技术上可以将其存储在一定的资料库，这样通过对比就可以用来识别相应的主体，发挥与传统签名一样的功能。但是，建立这种资料库的成本高昂，使用起来程序烦琐，加之有被复制的可能，所以没有得到推广。

3. 数字签名

数字签名是指以对称密钥加密、非对称加密、数字摘要等加密方法产生的电子签名。数字签名产生于 1978 年，在 20 世纪 90 年代后被大量采用。与电子签名的其他种类相比较，数字签名发展较为迅速并且也较为成熟，是电子签名的主要形式，也是电子签名法调整的重点对象。

知识拓展

在 ISO7498－2 标准中，数字签名被定义为："附加在数据单元上的一些数据，或是对数据单元所作的密码变换，这种数据和变换允许数据单元的接收者用以确认数据单元来源和数据单元的完整性，并保护数据，防止被人（例如接收者）进行伪造"。

美国电子签名标准（DSS，FIPS186－2）对数字签名解释为："利用一套规则和一个参数对数据计算所得的结果，用此结果能够确认签名者的身份和数据的完整性"。

END

三、各国关于电子签名的立法

(一) 各国关于电子签名法律的立法

世界上第一部电子签名法是美国犹他州1995年制定的《犹他州电子交易法》。该法规定:电子签名符合手写签名的要求,并且可在法院诉讼中接纳为证据,电子合同得以强制执行。此后,有关电子商务和电子签名的法律开始在各个国家陆续制定。

2000年10月美国国会通过《全球和国内商业法中的电子签名法案》,并由总统克林顿以电子方式签署为法律。它是一项重要的电子商务立法,其突出特点是,采纳了"最低限度"模式来推动电子签名的使用。该《法案》将重点放在查证签名人的意图上,并赋予电子签名、电子合同和电子记录与传统形式和手写签名相同的法律效力和可执行力。它不但承认了"数字签名技术",而且也授权在未来可使用其他任何类型的签名技术。

新加坡于1998年颁布了《电子交易法》,对数据电文、电子签名、电子商务合同和认证机构等电子交易中的重点问题都进行了规定。该法关于电子签名的内容占据了大量篇幅,是该法的核心内容。该法还赋予数据电文和电子签名与书面形式和传统签名同等的法律效力。

日本在2000年5月颁布《电子签名及认证业务的法律》,并颁布与之相配套的《电子签名法的实施》《电子签名法有关指定调查机关的省令》和《基于商业登记的电子认证制度》等相关法律,对电子签名的立法原则、立法宗旨、电子签名的效力、认证机关等做出明确的规定。2000年6月,又颁布了《数字化日本之发端——行动纲领》,该纲领重申了电子签名认证系统对发展电子商务的重要意义,并分析了几类具体认证系统及日本应采取的态度,行动纲领建议立法要明确"电子签名"的法律地位、保障"电子签名"所使用技术的中立性等。

德国在2001年5月16日公布了《关于电子签名框架的立法》,对电子签名效力的规定严格遵循了技术中立性的原则,规定了"高级电子签名"和"合格电子签名"。所谓"高级电子签名"主要用于识别签名人的身份并表明其认可所签署文件的内容。所谓"合格电子签名"是指其生成时以有效合格证书为基础或者以安全签名制成单位生成的先进电子签名,被视为"合格电子签名"的电子签名必须符合一定条件。

知识链接

"高级电子签名"与"合格电子签名"

根据《关于电子签名框架的立法》,"高级电子签名"是指符合下列条件的电子签名：

(1) 只属于签名密钥持有人；

(2) 可用于鉴别签名密钥持有人；

(3) 可通过签名密钥持有人单独控制的手段制作；并且

(4) 与相关的数据相联系，使得它可辨别数据的任何嗣后变化。

根据《关于电子签名框架的立法》，“合格电子签名”是指符合下列条件的电子签名：

(1) 该签名的制作以有效合格证书为依据，并且

(2) 由安全的签名制作单位制作。

END

1996 年联合国国际贸易法委员会推出的《电子商务示范法》，其中第 7 条对“签字”问题做了具体规定。由于《电子商务示范法》的规定过于简单，缺乏可操作性，联合国国际贸易法委员会于 2001 年通过《电子签名示范法》。该法共有 12 条，对电子签名的一般效力、签名各方当事人的义务、可靠系统等方面内容作了规定。

欧盟委员会 1997 年 4 月提出《欧洲电子商务行动方案》之后，欧盟各国又于同年 7 月在波恩召开了有关全球信息网络的部长级会议，并通过了支持电子商务发展的部长宣言。随着电子商务的发展，为了在欧洲的层面上制定一个统一的电子签名法律框架，欧盟委员会于 1999 年 12 月 13 日制定了《关于建立电子签名共同法律框架的指令》。

目前，世界上已有 60 多个国家和地区制定了相关的法律法规，这些立法对规范电子签名活动，保障电子安全交易，维护电子交易各方的合法权益，促进电子商务的健康发展起到了重要作用。

2004 年 8 月 28 日，中华人民共和国第十届全国人大常委会第十一次会议通过了《电子签名法》，这是我国电子商务领域的第一部法律，被业界人士看作“中国首部真正意义上的信息化法律”。《电子签名法》的颁布，对商务、政务活动都产生了深远的影响，并大大促进了我国电子商务的发展。

（二）各国主要电子签名法律的立法模式

世界各国关于电子签名的立法，大致可以分为三种类型。

1. 技术特定型立法模式

技术特定型立法模式是指由法律指定某种特定的技术作为电子签名的法定技术，并且只赋予由这种技术所产生的电子签名的法律地位。这种模式的立法将数字签名技术作为电子签名的法定技术，只承认数字签名的法律地位，规定只有通过非对称密钥加密技术作出的电子签名才具有与传统手写签名同等的法律效力，实际上是数字签名的立法。

技术特定型立法模式起源于美国犹他州的《数字签名法》,该法明确规定,以数字方式签署的文件如同纸面书写的一样有效。采用这种立法模式的还有意大利、俄罗斯、马来西亚等国。

2. 技术中立型立法模式

技术中立型立法模式主要关注签名相应的功能以及这些功能所借以转化为技术应用的方法,是对广义范围的电子签名给予法律承认,也称为功能等同方式。这种立法模式没有具体确定实现电子签名的技术方案,而是规定只要达到一定的要求,任何电子签名技术手段都享有与传统手写签名同等的法律地位。

技术中立型立法模式的代表是联合国国际贸易法委员会制定的《电子签名示范法》。该法的第 3 条规定,该法任何条款的适用概不排除、限制或剥夺满足一定要求或者符合适用法律要求的制作电子签名的任何方法的法律效力。采用这种立法模式的国家有澳大利亚、美国、加拿大等国。

3. 折中型立法模式

技术特定型立法模式和技术中立型立法模式都存在一定的局限性,折中型立法模式主要是试图解决以上两种立法模式存在的缺陷。折中型立法模式一方面对电子签名规定了技术要求,对使用数字签名或以数字签名为代表的安全电子签名的效力做出具体规定,规定了有关当事人的权利义务关系,另一方面规定了广义电子签名的一般效力,为新的技术发展留下空间,使立法更加具有持久性。

技术中立型立法模式的代表是新加坡的《电子交易法》。采用这种立法模式的还有欧盟、我国的台湾地区等。

各国和地区通过以上方法,对电子签名方式提出了法律上的要求,使电子签名具有某种最低法律地位,同时,又赋予某种电子认证技术更大的法律效力。

四、我国电子签名法的立法概况

2004 年 8 月 28 日,第十届全国人民代表大会常务委员会第十一次会议通过了《电子签名法》,自 2005 年 4 月 1 日起施行。2015 年 4 月 24 日,第十二届全国人民代表大会常务委员会第十四次会议第一次修正。《电子签名法》共五章:第一章总则,第二章数据电文,第三章电子签名与认证,第四章法律责任,第五章附则。

在立法上,电子签名有广义和狭义之分。广义的电子签名,是指不限定技术形式和技术范围的电子签名,包括电子化签名、生理特征签名和数字签名等。狭义的电子签名,只限定于数字签名。联合国《电子签名示范法》和我国《电子签名法》采取的都是广义电子签名的立场。世界上第一部电子签名法美国犹他州《数字签名法》就采取了狭义电子签名的立场，即仅针对数字签名立法调整。

（一）我国《电子签名法》的立法目的

我国《电子签名法》的第1条开宗明义阐明其立法目的："为了规范电子签名行为，确立电子签名的法律效力，维护有关各方的合法权益，制定本法。"

在各国关于电子签名的立法中，一般都首先明确规定其立法目的。综合来看主要有以下几个方面：承认数据电文以及电子签章的法律地位，保障电子交易安全，维护各方当事人的合法权益，并且通过电子签名立法来推动电子商务的发展。

小贴士

新加坡《电子交易法》阐明的立法目的

新加坡《电子交易法》在序言部分阐明了立法目的：

1. 通过可靠的电子记录便利电子信息的交流；

2. 便利电子商务、消除电子交易中因书面形式、签字要求产生的不确定性，并促进保障实施电子商务所必须的法律和商业设施的发展；

3. 便利向政府和法定代表人进行文件的电子备案，并通过可靠记录的方式促进政府提供高效服务；

4. 较少伪造电子记录、故意或非故意的更改记录以及在电子商务和其他电子交易中欺诈的发生；

5. 帮助建立关于电子记录的确定性和完整性的统一的规则、规定和标准；

6. 促进各种建立对电子记录和电子商务的完整性与可靠性的自信心，通过使用电子签字给予相应的任何形式的电子媒介以确定性和完整性，推动电子商务的发展。

END

（二）我国《电子签名法》的适用范围

《电子签名法》第3条规定："民事活动中的合同或者其他文件、单证等文书，当事人可以约定使用或者不使用电子签名、数据电文。当事人约定使用电子签名、数据电文的文书，不得仅因为其采用电子签名、数据电文的形式而否定其法律效力。"但是，以下文书不适用《电子签名法》：

（1）涉及婚姻、收养、继承等人身关系的。

（2）涉及土地、房屋等不动产权益转让的。

（3）涉及停止供水、供热、供气、供电等公用事业服务的。

（4）法律、行政法规规定的不适用电子文书的其他情形。

这是因为涉及人身关系、不动产权益转让和共用服务事业的领域事关重大,而且电子商务的普及还远远未达到对全社会的覆盖,还有相当一部分国民并不适应电子签名这种新兴事物,而且电子技术还存在不稳定性的问题,所以在这些事关重大的领域排除电子签名的使用,在当前是适宜的。至于在将来,随着电子技术的发展和普及,法律会随着社会需求的变化和技术的发展而修改的。

另外,《电子签名法》第 35 条规定:“国务院或者国务院规定的部门可以依据本法制定政务活动和其他社会活动中使用电子签名、数据电文的具体办法。”随着信息化水平的提高,在政府部门实施的经济、社会管理活动中,也开始使用电子手段,如电子报关、电子报税、电子年检等,依据行政许可法规定而采用数据电文方式所提出的行政许可申请等活动,都涉及电子签名的法律效力问题。

第二节 数字签名

一、数字签名的概念

数字签名,是指以非对称加密方法进行的电子签名。新加坡的《电子交易法》规定:“数字签名是由利用非对称性加密系统、杂凑函数所转换的电子记录。”德国《多媒体法》规定:“数字签名,为一以秘密金钥对数字资料制作的封印,该封印以一相配属的公开金钥解密后,得以辨识该签名金钥之拥有人及该资料之未篡改性。”

美国犹他州的《数字签名法》规定:“数字签名,是某人欲以一串比特字节签署,而生成相关的清晰的标志信息。该信息是通过单项汉书运算,然后对生成的信息摘要,以非对称性加密术和其私钥进行加密的。”①

二、电子签名的可靠性和法律效力

(一) 电子签名的可靠性

电子签名的法律效力即通过法律规定或当事人约定,赋予电子签名合法性、有效性,从而对当事人发生法律拘束力。电子签名要取得与传统签名同等的法律地位,可以通过立法、司法、合同约定等途径来实现,其中最重要的是立法途径。《电子签名法》第 14 条规定:“可靠的电子签名与手写签名或者盖章具有同等的法律效力。”《电子签名法》第 13 条规定,可靠电子签名需要满足以下条件:

(1) 电子签名制作数据用于电子签名时,属于电子签名人专有。

---

① 参见齐爱民:《电子商务法原论》,120 页,武汉,武汉大学出版社,2010。

（2）签署时电子签名制作数据仅由电子签名人控制。

（3）签署后对电子签名的任何改动能够被发现。

（4）签署后对数据电文内容和形式的任何改动能够被发现。

当事人也可以选择使用符合其约定的可靠条件的电子签名。

伪造、冒用、盗用他人的电子签名，构成犯罪的，依法追究刑事责任；给他人造成损失的，依法承担民事责任。

小贴士

新加坡《电子交易法》阐明的立法目的

联合国《电子签名示范法》第 6 条规定，凡法律规定要求有一人的签名时，如果根据各种情况，包括根据任何有关协议，所用电子签名既适合生成或传送数据电文所要达到的目的，而且也同样可靠，则对于该数据电文而言，即满足了该项签名要求。符合下列条件的电子签名视作可靠的电子签名：

1. 签名制作数据在其使用的范围内与签名人而不是还与其他任何人相关联。

2. 签名制作数据在签名时处于签名人而不是还处于其他任何人的控制之中。

3. 凡在签名后对电子签名的任何更改均可被觉察。

4. 如果签名的法律要求目的是对签名涉及的信息的完整性提供保证，凡在签名后对该信息的任何更改均可被觉察。

END

（二）数据电文效力的法律规定

1. 数据电文的法律效力

《电子签名法》的第二章规定了“数据电文”，确认了数据电文为符合法律法规要求的书面形式。《电子签名法》第 2 条规定：“能够有形地表现所载内容，并可以随时调取查用的数据电文，视为符合法律、法规要求的书面形式。”

在我国《合同法》中，规定合同当事人订立合同，可以采用书面形式、口头形式和其他形式。《合同法》明确规定，合同的书面形式是指合同书、信件和数据电文（包括电报、电传、传真、电子数据交换和电子邮件）等可以有形地表现所载内容的形式。

2. 数据电文的证据效力

数据电文的证据效力对于电子商务具有十分重要的意义。《电子签名法》《合同法》确认了数据电文为书面形式，还明确了数据电文不得仅因为其是以电子、光学、磁或者类似手段生成、发送、接收或者储存的而被拒绝作为证据使用。

按照我国有关证据的法律规定,以书面形式存在的文件属于书证的范畴。而书证作为证据提交时,必须提交原件。数据电文最原始的形式是储存在计算机内的磁性介质中的电子数据。随着计算机与网络技术的发展和应用,电子信息的安全性大大增强了,数据电文已经具备与书面文件相同的一些技术特征。

数据电文的"原件"可以保留在初始磁性介质中,网络文件可以被复制到硬盘或软盘上,保证数据文件可以像书面文件一样通过签字来进行核记。

《电子签名法》第 5 条规定,符合下列条件的数据电文,视为满足法律、法规规定的原件形式要求:

(1) 能够有效地表现所载内容并可供随时调取查用。

(2) 能够可靠地保证自最终形成时起,内容保持完整、未被更改。在数据电文上增加背书以及数据交换、储存和显示过程中发生的形式变化不影响数据电文的完整性。

关于数据电文的保存,《电子签名法》第 6 条规定,符合下列条件的数据电文,视为满足法律、法规规定的文件保存要求:

(1) 能够有效地表现所载内容并可供随时调取查用。

(2) 数据电文的格式与其生成、发送或者接收时的格式相同,或者格式不相同但是能够准确表现原来生成、发送或者接收的内容。

(3) 能够识别数据电文的发件人、收件人以及发送、接收的时间。

电子签名人应当妥善保管电子签名制作数据。电子签名人知悉电子签名制作数据已经失密或者可能已经失密时,应当及时告知有关各方,并终止使用该电子签名制作数据。

电子签名人知悉电子签名制作数据已经失密或者可能已经失密未及时告知有关各方、并终止使用电子签名制作数据,未向电子认证服务提供者提供真实、完整和准确的信息,或者有其他过错,给电子签名依赖方、电子认证服务提供者造成损失的,承担赔偿责任。

根据有关证据的法律规则,证据必须具有真实性。认定数据电文具有证据的效力,还必须依据法律的规定进行认定。我国《电子签名法》第 8 条规定,审查数据电文作为证据的真实性,应当考虑以下因素:

(1) 生成、储存或者传递数据电文方法的可靠性。

(2) 保持内容完整性方法的可靠性。

(3) 用以鉴别发件人方法的可靠性。

(4) 可以证明数据电文可靠、完整的其他相关因素。

三、数据电文的发送与接收

(一) 数据电文的发送

数据电文发送的法律问题主要是解决如何确定数据电文发送人的身份和

责任归属。我国《电子签名法》规定，有下列情形之一的，视为发件人发送：

(1) 经发件人授权发送的。

(2) 发件人的信息系统自动发送的。

(3) 收件人按照发件人认可的方法对数据电文进行验证后结果相符的。

当事人对以上规定的事项另有约定的，从其约定。

数据电文进入发件人控制之外的某个信息系统的时间，视为该数据电文的发送时间。

(二) 数据电文的接收

《合同法》对于数据电文到达的规定是：采用数据电文形式订立合同，收件人指定特定系统接收数据电文的，该数据电文进入该特定系统的时间，视为到达时间；未指定特定系统的，该数据电文进入收件人的任何系统的首次时间，视为到达时间。

《电子签名法》规定，收件人指定特定系统接收数据电文的，数据电文进入该特定系统的时间，视为该数据电文的接收时间；未指定特定系统的，数据电文进入收件人的任何系统的首次时间，视为该数据电文的接收时间。两部法律的规定是一致的。根据当事人意思自治原则，当事人对数据电文的发送时间、接收时间另有约定的，从其约定。

法律、行政法规规定或者当事人约定数据电文需要确认收讫的，应当确认收讫。发件人收到收件人的收讫确认时，数据电文视为已经收到。

(三) 数据电文的发送地点和接收地点

我国电子签名法规定，发件人的主营业地为数据电文的发送地点，收件人的主营业地为数据电文的接收地点。没有主营业地的，其经常居住地为发送或者接收地点。当事人对数据电文的发送地点、接收地点另有约定的，从其约定。

案例 4-1

电子签名纠纷第一案

2004 年 1 月，杨先生结识了韩女士。同年 8 月 27 日，韩某发短信给杨先生，说："我需要 5000，刚回北京做了眼睛手术，不能出门，你汇到我卡里"。杨先生随即将钱汇给了韩某。后杨先生再次收到韩某的短信，又借给韩某 6000 元。

杨先生因向韩某催要还款未果，于是起诉至海淀法院，要求韩某归还其 11000 元钱，并提交了银行汇款单存单两张，还提交了自己使用的号码为"1391166****"的飞利浦移动电话一部，其中记载了部分短信息内容。但韩某却称这是杨先生归还以前欠她的欠款。经法官核实，杨先生提供的发送短信的手机号码拨打后接听者是韩某本人。而韩某本人也承认，自己使用这个手机号码。

法庭判决:法院经审理认为,韩女士在第一次庭审中明确表示承认"1391173****"的移动电话号码由韩女士使用,在第二次法庭辩论终结前韩女士委托代理人撤回承认,但其变更意思表示未经杨先生同意,亦未有充分证据证明其承认行为是在受胁迫或者重大误解情况下作出,原告杨先生对该手机号码是否为被告所使用不再承担举证责任,而应由被告对该手机其没有使用过承担举证责任,而被告未能提供相关证据,故法院确认该号码系韩女士使用。

依据《电子签名法》中的规定,移动电话短信息符合电子签名、数据电文的形式。同时移动电话短信息能够有效地表现所载内容并可供随时调取查用;能够识别数据电文的发件人、收件人以及发送、接收的时间。

经法院对杨先生提供的移动电话短信息生成、储存、传递数据电文方法的可靠性;保持内容完整性方法的可靠性;用以鉴别发件人方法的可靠性进行审查,可以认定该移动电话短信息内容作为证据的真实性。根据证据规则的相关规定,录音录像及数据电文可以作为证据使用,但数据电文可以直接作为认定事实的证据,还应有其他书面证据相佐证。

2004年8月29日中国工商银行个人业务凭证中显示杨先生给韩女士汇款5000元;2004年9月8日中国工商银行个人业务凭证中显示杨先生给韩女士汇款6000元。2004年9月15日至2005年1月韩女士屡次向杨先生承诺还款。杨先生提供的通过韩女士使用的号码发送的移动电话短信息内容中载明的款项往来金额、时间与中国工商银行个人业务凭证中体现的杨先生给韩女士汇款的金额、时间相符,且移动电话短信息内容中亦载明了韩女士偿还借款的意思表示,两份证据之间相互印证,可以认定韩女士向杨先生借款的事实。

资料来源:李俊平、曾芳芳:《电子商务纠纷案例与实务》,1版,北京,清华大学出版社,2015。

END

第三节 电子认证法律制度

一、电子认证概述

(一)电子认证的概念

电子认证是指电子认证服务机构为电子签名相关各方提供真实性、可靠性验证的活动。广义上的电子认证包括认证机构、电子认证行为和数字证书等法律制度。狭义上的电子认证仅指电子认证行为,即由认证机构采用电子方法证明电子签名人真实身份或者电子信息真实性的行为。我国《电子认证服务管理办法》第 2 条规定，电子认证服务是指为电子签名相关各方提供真实性、可靠性验证的公众服务活动。

许多国家或地区都通过立法的形式对电子认证及认证机构作出规定。关于电子认证的法律规范一般与电子签名规定在同一部法律文件中。联合国《电子签名示范法》、欧盟《电子签名共同框架指令》、新加坡《电子交易法》等对于电子签名和电子认证进行了规范。新加坡在 1999 年又通过了《新加坡电子交易(认证机构)规则》和《新加坡认证机构安全方针》，对于认证机构相关的事项作出规定。

日本电子商务促进委员会于 1998 年发布《认证机构指南》以及《交叉认证指南》。1999 年决定建立政府主管的企业间网络交易电子认证制度，并在 2001 年开始实施《电子签名及认证业务相关法律》。

为了贯彻实施《电子签名法》，规范电子认证服务活动，调整与电子认证服务活动有关的社会关系，中华人民共和国信息产业部于 2005 年 1 月 28 日通过了《电子认证服务管理办法》，于 2005 年 4 月 1 日起施行。2009 年 2 月 18 日，工业和信息化部公布了新制定的《电子认证服务管理办法》，原办法废止，2015 年 4 月对部分条款做了修订。

该《办法》分总则，电子认证服务机构，电子认证服务、电子认证服务的暂停、终止，电子签名认证证书，监督管理，罚则，附则共 8 章 43 条。中华人民共和国工业和信息化部依法对电子认证服务机构和电子认证服务实施监督管理。

小贴士

电子签名人与电子签名依赖方

我国《电子签名法》规定了电子签名人与电子签名依赖方等用语的含义。

电子签名人，是指持有电子签名制作数据并以本人身份或者以其所代表的人的名义实施电子签名的人。电子签名依赖方，是指基于对电子签名认证证书或者电子签名的信赖从事有关活动的人。

END

(二) 电子认证的特征

(1) 电子认证的目的在于验证一个电子信息发送者的声明身份是否属实。

(2) 电子认证只用于电子签名活动，在传统的签名活动中用不到，因此也称为“电子签名认证”。

(3) 电子认证机构是依法设立的中立第三方，它不参与交易，不是运用电子签名进行交易活动的一方当事人，它只为电子签名相关各方提供有关电子签名真实性、可靠性的验证。

(4) 电子认证是一种信用认证。认证机构向电子签名信赖各方提供的是经过一定技术手段核实的、有关电子签名人的基本信息,是一种信用服务。认证机构的这种服务是面向社会公众提供的,认证机构也是一种独立的社会服务机构,政府职能部门应加强对认证活动的监管,以防止虚假的认证活动对公众合法权益产生损害,导致社会信用危机。

(三) 电子认证的作用

当事人身份确认直接关系到合同当事人权利、义务的分配以及发生纠纷后的求偿对象。在传统的经营活动中,经营者身份的确认主要通过工商管理机关的登记实现。在网络空间,电子商务经营者的身份确认不能通过查看工商登记机关的登记材料完成,而通过网络账号和电子邮件地址并不能确定在网络空间从事某项经营活动的人就是物理空间中的"那个人"。

电子签名是通过两个环节将合同权利义务归属于某个特定主体的:首先,电子签名将电子合同的权利义务与一个特定的签名符号相联系;其次,电子签名的独特性将签名归属于一个特定的主体,从而达到将合同权利与义务归属于这个特定主体的目的,这一目的就是通过电子认证对签名主体的身份认定实现的。具体来说,电子认证的作用主要有以下两个方面:

1. 防止欺诈

在电子商务环境下,交易双方当事人可能互不相见,特别是跨国交易的当事人相距甚远,难以形成信赖关系,容易发生欺诈行为,而且在发生欺诈事件后,当事人开展救济的难度比较大,救济方法也非常有限,救济成本很高,甚至会高于损失。所以,事先对各种欺诈予以防范,才是最经济的选择。

电子认证可以起到减少或防止欺诈的作用。认证机构通过向其用户提供可靠的在线证书状态查询,保证其证书上的用户和公钥是正确的,满足用户实时证书验证的要求,从而解决了可能被欺骗的问题。

认证机构的在线证书目录提供证书公开信息服务,其中包括用户姓名、公开密钥、电子邮件地址、证书有效期以及其他信息的数字化的文件。认证机构还对每个证书都附加有电子签名,以证明证书的内容是可靠的。

如果用户的私有密钥丢失或被盗,就不能再用来加密信息。为了应付这种危险状况,大多数认证机构都能提供作废证书表,以维护广大用户的合法权益不受侵犯。

电子签名人知悉电子签名制作数据已经失密或者可能已经失密未及时告知有关各方、并终止使用电子签名制作数据,未向电子认证服务提供者提供真实、完整和准确的信息,或者有其他过错,给电子签名依赖方、电子认证服务提供者造成损失的,承担赔偿责任。

2. 防止否认

在电子交易领域中，当事人也应当遵循诚实信用原则，不得否认一项交易事实。电子签名具有不可否认性，具体包括数据信息的发送、接收及其内容的不可否认，这既是技术要求，也是对交易双方当事人的行为规范。

认证机构通过提供有效认证服务，在技术上防止通信方否认已经发生的通信。特别是在当事人双方发生纠纷的情况下，提供有效的认证，信息发送人难以否认其信息发送行为及法律责任，而信息接收人不能否认其已经接收到信息的事实，这就为交易当事人在技术上提供了预防性保护，避免一方当事人试图否认曾发送或接收到某一数据信息而欺骗另一方当事人的行为发生。行为规范上的不得否认，是以一定的组织保障和法律责任为基础的，其作用的实现，既依赖于合同条款、技术手段、认证机构所提供的认证服务，也依赖于立法、司法制度的保障。

（四）电子认证的效力

电子认证的效力，是指电子认证对电子签名各方的拘束力，以及司法实践中法院对其拘束力的认定。电子认证的效力来源，一般有两种情况：

（1）各方当事人的约定，当事人通过协议约定如何确认电子签名的效力，如何选择技术方案，以及由谁来做第三方认证机构，这种方式确认的电子认证的效力相对薄弱，在发生纠纷的情况下，以及涉及第三方的情况下，其效力可能要接受法院的审查和认定。

（2）法律的规定，由立法机关制定法律或授权政府主管部门制定具有普遍约束力的规则，以立法方式保障电子认证的效力具有法律依据，其效力更强。

二、电子认证机构的设立

（一）电子认证机构的设立条件

电子认证机构是电子商务活动中专门从事颁发认证证书的机构。提供电子认证是一项复杂的技术工程，需要有专门技术人才从事电子认证工作。同时，作为具有权威性的第三方认证机构还需要具有相应的人力、物力、管理等条件。

我国《电子签名法》规定，提供电子认证服务的认证机构，应当具备下列条件：

1. 具有与提供电子认证服务相适应的专业技术人员和管理人员

认证机构人员素质的高低，直接影响着认证行为的效果，对证书用户或信赖证书的交易影响重大。法律法规规定了认证人员必须具备的条件。我国《电子认证服务管理办法》规定，电子认证服务机构中从事电子认证服务的专业技术人员、运营管理人员、安全管理人员和客户服务人员不少于30名。

2. 具有与提供电子认证服务相适应的资金和经营场所

认证机构必须具备一定的资金作为营业财产。根据《电子认证服务管理办法》规定,电子认证服务机构的注册资本不低于人民币3000万元,具有固定的经营场所和满足电子认证服务要求的物理环境。

3. 具有符合国家安全标准的技术和设备

认证机构开展业务必须具有的设备,包括硬件和软件两个方面。《电子认证服务管理办法》规定,电子认证服务机构具有符合国家有关安全标准的技术和设备。

4. 具有国家密码管理机构同意使用密码的证明文件

为保障信息安全,保障国家、社会以及其他合法权益,我国法律法规规定,电子认证服务机构应当具有国家密码管理机构同意使用密码的证明文件。

5. 法律及行政法规规定的其他条件

根据《电子签名法》的这一规定,《电子认证服务管理办法》第5条作了更具体的规定,电子认证服务机构应当具备下列条件:

(1) 具有独立的企业法人资格。

(2) 具有与提供电子认证服务相适应的人员。从事电子认证服务的专业技术人员、运营管理人员、安全管理人员和客户服务人员不少于30名,并且应当符合相应岗位技能要求。

(3) 注册资本不低于人民币3000万元。

(4) 具有固定的经营场所和满足电子认证服务要求的物理环境。

(5) 具有符合国家有关安全标准的技术和设备。

(6) 具有国家密码管理机构同意使用密码的证明文件。

(7) 法律、行政法规规定的其他条件。

(二) 电子认证服务的行政许可和登记

1. 行政许可的概念和特征

所谓行政许可,是指国家行政机关根据公民、法人或其他组织的申请,经依法审查,准予其从事特定活动的行为。

行政许可有以下特征:

(1) 行政许可需要公民、法人或者其他组织提出书面申请。

(2) 行政许可是行政管理主体实施的行政行为,是一项重要的行政权力。

(3) 行政许可针对的对象是申请人。

(4) 行政许可的内容是准予申请人从事其所申请的特定活动。

2. 电子认证机构设立的申请、受理与审批

我国《电子签名法》和《电子认证服务管理办法》规定,从事电子认证服务,应当向国务院信息产业主管部门提出申请,并提交符合法律规定条件的相关材料。可见，从事电子认证服务活动属于行政许可的范围。

《电子认证服务管理办法》第 6 条规定，申请电子认证服务许可的，应当向工业和信息化部提交下列材料：(1)书面申请；(2)人员证明；(3)企业法人营业执照副本及复印件；(4)经营场所证明；(5)国家有关认证检测机构出具的技术、设备、物理环境符合国家有关安全标准的凭证；(6)国家密码管理机构同意使用密码的证明文件。

工业和信息化部对提交的申请材料进行形式审查。申请材料齐全、符合法定形式的，应当向申请人出具受理通知书。申请材料不齐全或者不符合法定形式的，应当当场或者在 5 日内一次告知申请人需要补正的全部内容。

工业和信息化部对决定受理的申请材料进行实质审查。需要对有关内容进行核实的，指派 2 名以上工作人员实地进行核查。工业和信息化部对与申请人有关事项书面征求中华人民共和国商务部等有关部门的意见。

工业和信息化部应当自接到申请之日起 45 日内作出准予许可或者不予许可的书面决定。不予许可的，应当书面通知申请人并说明理由；准予许可的，颁发《电子认证服务许可证》，并公布下列信息：(1)《电子认证服务许可证》编号。(2)电子认证服务机构名称。(3)发证机关和发证日期。

电子认证服务许可相关信息发生变更的，工业和信息化部应当及时公布。申请人应当持电子认证许可证书依法向工商行政管理部门办理企业登记手续。电子认证服务机构在《电子认证服务许可证》的有效期内变更公司名称、住所、法定代表人、注册资本的，应当在完成工商变更登记之日起 15 日内办理《电子认证服务许可证》变更手续。

《电子认证服务许可证》的有效期为 5 年。许可证有效期届满，电子认证服务机构要求延续的，应当在许可证有效期届满 30 日前向工业和信息化部申请办理延续手续。并自办结之日起 5 日内公布相关信息。

电子认证服务机构不得倒卖、出租、出借或者以其他形式非法转让《电子认证服务许可证》。未取得电子认证经营许可证的任何组织和个人不得从事电子认证活动。

取得认证资格的电子认证服务机构，在提供电子认证服务之前，应当通过互联网公布下列信息：(1)机构名称和法定代表人；(2)机构住所和联系办法；(3)《电子认证服务许可证》编号；(4)发证机关和发证日期；(5)《电子认证服务许可证》有效期的起止时间。

三、电子认证服务

电子认证服务机构应当按照工业和信息化部公布的《电子认证业务规则规范》等要求，制定本机构的电子认证业务规则和相应的证书策略，在提供电子认证服务前予以公布,并向工业和信息化部备案。电子认证业务规则和证书策略发生变更的,电子认证服务机构应当予以公布,并自公布之日起30日内向工业和信息化部备案。电子认证服务机构应当按照公布的电子认证业务规则提供电子认证服务。

(一) 电子认证服务内容

电子认证服务机构应当保证提供下列服务:(1)制作、签发、管理电子签名认证证书。(2)确认签发的电子签名认证证书的真实性。(3)提供电子签名认证证书目录信息查询服务。(4)提供电子签名认证证书状态信息查询服务。

(二) 电子签名认证证书

电子认证服务提供者签发的电子签名认证证书应当准确无误,并应当载明下列内容:(1)签发电子签名认证证书的电子认证服务机构名称。(2)证书持有人名称。(3)证书序列号。(4)证书有效期。(5)证书持有人的电子签名验证数据。(6)电子认证服务机构的电子签名。(7)工业和信息化部规定的其他内容。

有下列情况之一的,电子认证服务机构应当对申请人提供的证明身份的有关材料进行查验,并对有关材料进行审查:(1)申请人申请电子签名认证证书。(2)证书持有人申请更新证书。(3)证书持有人申请撤销证书。

(三) 电子签名认证证书的撤销

有下列情况之一的,电子认证服务机构可以撤销其签发的电子签名认证证书:(1)证书持有人申请撤销证书。(2)证书持有人提供的信息不真实。(3)证书持有人没有履行双方合同规定的义务。(4)证书的安全性不能得到保证。(5)法律、行政法规规定的其他情况。

(四) 境外电子签名认证证书的认可

经工业和信息化部根据有关协议或者对等原则核准后,中华人民共和国境外的电子认证服务机构在境外签发的电子签名认证证书与依照本办法设立的电子认证服务机构签发的电子签名认证证书具有同等的法律效力。

四、电子认证服务机构的义务

(一) 告知义务

电子认证服务机构在受理电子签名认证证书申请前,应当向申请人告知下列事项:

(1) 电子签名认证证书和电子签名的使用条件。

(2) 服务收费的项目和标准。

(3) 保存和使用证书持有人信息的权限和责任。

(4) 电子认证服务机构的责任范围。

(5) 证书持有人的责任范围。

(6) 其他需要事先告知的事项。

(二) 签订合同的义务

电子认证服务机构受理电子签名认证申请后,应当与证书申请人签订书面合同,明确双方的权利义务。签订合同是电子认证服务机构的义务,不是申请人的义务,如果未签订合同,法律责任应由电子认证服务机构承担。

电子认证服务合同是证书持有人和认证机构就对其电子签名进行认证而缔结的合同,认证的目的是由认证机构对证书持有人的电子签名及相应的身份属性作出有效证明,使他人基于对认证机构及其提供的专业信用服务的信任相信该证明,并基于此等信任行事。由此可见,认证合同虽然是证书持有人与认证机构缔结的,它的目的却主要是实现证书信赖人的信赖利益,因此,电子认证服务合同是涉他合同,认证机构对证书的信赖人负有保证以至赔偿义务。

根据电子认证服务活动是一种持续性服务,因此,电子认证服务合同是持续性合同。

(三) 提供持续认证服务的义务

电子认证服务机构在提供认证服务过程中应当履行下列义务:

(1) 保证电子签名认证证书内容在有效期内完整、准确。

(2) 保证电子签名依赖方能够证实或者了解电子签名认证证书所载内容及其他有关事项。

(3) 妥善保存与电子认证服务相关的信息。

(四) 保密义务

电子认证服务机构应当遵守国家的保密规定,建立完善的保密制度。电子认证服务机构对电子签名人和电子签名依赖方的资料,负有保密的义务。

(五) 完善内部管理的义务

电子认证服务机构应当建立完善的安全管理和内部审计制度。

电子认证服务机构应当对其从业人员进行岗位培训。

取得电子认证服务许可的电子认证服务机构,在电子认证服务许可的有效期内不得降低其设立时所应具备的条件。

(六) 接受监管的义务

电子认证服务活动作为行政许可事项,应当主动接受工业和信息化部的监督管理。电子认证服务机构应当如实向工业和信息化部报送认证业务开展情况报告、财务会计报告等有关资料。

电子认证服务机构有下列情况之一的,应当及时向工业和信息化部报告:(1)重大系统、关键设备事故。(2)重大财产损失。(3)重大法律诉讼。(4)关键岗位人员变动。

五、电子认证服务的暂停和终止

电子商务交易活动具有连续性,电子认证服务提供者暂停或者终止电子认证服务的,将会影响到交易双方当事人的合法权益。因此,电子认证服务提供者暂停或者终止电子认证服务应当履行以下义务:

(1) 应当在暂停或者终止服务 90 日前,就业务承接及其他有关事项通知有关各方。

(2) 应当在暂停或者终止服务 60 日前向工业和信息化部报告。经过批准以后才可以停止经营活动。

(3) 应当与其他电子认证服务提供者就业务承接进行协商,作出妥善安排。

(4) 电子认证服务提供者未能就业务承接事项与其他电子认证服务提供者达成协议的,应当申请工业和信息化部安排其他电子认证服务提供者承接其业务。

电子认证服务提供者被依法吊销电子认证许可证书的,其业务承接事项的处理按照工业和信息化部的规定执行。

六、对电子认证机构的监督管理

工业和信息化部对电子认证服务机构进行定期、不定期的监督检查,监督检查的内容主要包括法律法规符合性、安全运营管理、风险管理等。工业和信息化部对电子认证服务机构实行监督检查,不得妨碍电子认证服务机构正常的生产经营活动,不得收取任何费用。工业和信息化部对电子认证服务机构实行监督检查时,应当记录监督检查的情况和处理结果,由监督检查人员签字后归档。公众有权查阅监督检查记录。

工业和信息化部根据监督管理工作的需要,可以委托有关省、自治区和直辖市信息产业主管部门承担具体的监督管理事项。

工业和信息化部对电子认证服务机构进行年度检查并公布检查结果。年度检查采取报告审查和现场核查相结合的方式。审查的内容主要有:(1)资产和财务状况。(2)信息披露与保密情况。(3)义务开展情况及业务处理与业务要求是否相符。(4)安全系统运行情况。(5)信息行政管理部门认为应当审查的其他情况。

为了加强对国内电子商务认证机构的管理,工业和信息化部成立了国家电子商务认证机构管理中心,并由信息化推进司负责对管理中心的业务指导和管理。管理中心的主要职责有:

(1) 统筹规划我国电子商务认证机构的总体布局,规范国内电子商务认证机构的建设。

（2）组织研究和提出有关电子商务认证的法规和技术标准，为制定电子商务认证法规和技术标准提出建议。

（3）组织制定国内电子商务认证机构的有关管理、运行和安全等规章制度，管理和监督我国境内的电子商务认证机构。

（4）组织协调国内电子商务认证机构之间的交叉认证。

（5）承办工业和信息化部交办的其他事项。

七、电子认证服务机构的法律责任

电子签名人或者电子签名依赖方因依据电子认证服务提供者提供的电子签名认证服务从事民事活动遭受损失，电子认证服务提供者不能证明自己无过错的，承担赔偿责任。

电子认证服务提供者不遵守认证业务规则、未妥善保存与认证相关的信息，或者有其他违法行为的，由工业和信息化部责令限期改正；逾期未改正的，吊销电子认证许可证书，其直接负责的主管人员和其他直接责任人员10年内不得从事电子认证服务。吊销电子认证许可证书的，应当予以公告并通知工商行政管理部门。

案例 4-2

电子认证助力当事人胜诉

原告王某系被告公司人力资源及人事服务部经理，被告决定年度裁员，并制订了裁减60名员工的计划表。但在此期间，有部分员工收到了部门经理下发的续签劳动合同征询表，员工们欣然应允，并签字续约。公司宣布裁减计划后，员工们甚为不满，纷纷向公司讨说法。公司无奈，只好以增加经济补偿金和加法工资来平息此事。

事后，公司经调查，认定造成这一后果的主要原因是原告王某违反公司操作监督程序，将续签劳动合同征询表直接下发给了不知情的部门经理，公司以严重失职为由将原告解雇。原告不服诉至上海市浦东新区法院。原告认为，关于人事经理的工作流程，公司并无明确的章程规范，因此自己谈不上违反操作程序，不构成失职。被告认为，公司虽然没有指定明确的规章，但有关人事经理的工作程序事实上已在过去的工作中形成，原告也应当清楚。

为此，被告提交了近两年原告在工作中接收和发放的多份电子邮件打印件。公司认为这些电子邮件充分证明了上述续签合同的操作监督程序。原告则称这些电子邮件是公司蓄意伪造、恶意陷害他的伪证。被告出具了有浦东公安局公共信息网络安全监察处作出的意见书来证明这些电子邮件的真实可靠性。

法院认定了被告提交的电子邮件证据的真实性,判决王某败诉。

资料来源:李俊平、曾芳芳:《电子商务纠纷案例与实务》,1版,66页,北京,清华大学出版社,2015。

复习思考题

1. 什么是签名?签名具有什么功能?什么是电子签名?
2. 我国《电子签名法》的适用范围有何规定?
3. 我国《电子签名法》规定可靠电子签名需要满足哪些条件?
4. 我国《电子签名法》对数据电文的证据效力有什么规定?
5. 电子认证的主要作用是什么?
6. 电子认证机构设立需要具备哪些条件?
7. 电子认证证书包含的主要内容有哪些?

第五章 电子支付法律制度

学习目标

1. 掌握电子支付的概念、特征、电子支付工具的特点及使用规定。
2. 掌握电子支付系统的安全标准、支付步骤,避免支付风险的方法。
3. 了解网上支付工具的效力及电子现金的法律地位。
4. 理解防止并惩治网上支付违法活动的主要措施。
5. 了解美国、欧盟和国际组织电子立法概况。
6. 掌握我国《电子商业汇票业务管理办法》的主要内容。
7. 掌握我国《银行卡收单业务管理办法》的主要内容。
8. 理解我国《电子支付指引(第一号)》的主要内容。

第一节　电子支付概述

随着电子商务的发展,传统的支付方式已不能适应其需求,电子货币应运而生。它的流通速度远远快于传统货币,可以加快货币周转,提高资金使用效率,促进商品经济的发展。由于电子货币通过微机转账系统处理各项业务,减少了印刷开支,节约了流通费用。对消费者而言,使用简单方便,安全可靠,不受任何营业时间限制,可以享受更多的金融服务,促进商品交易的实现。

一、电子支付概念及特征

(一) 电子支付的概念

电子支付,亦称在线支付,是指付款人与收款人为电子商务活动的需要,通过电子形式的支付指令实现货币资金转移的行为。《电子商务法》规定,“电子商务当事人可以约定采用电子支付方式支付价款。”电子支付服务提供者为电子商务提供电子支付服务,应当遵守法律法规的规定。

电子支付的类型按电子支付指令发起方式分为网上支付、电话支付、移动支付、销售点终端交易、自动柜员机交易和其他电子支付。

在电子支付中,主要当事人是从事电子商务交易的单位和个人,主要中介机构是银行等金融机构。通过电子终端,以电子计算机及其网络为手段,传递的信息是载有特定信息的电子数据,最终的目的是付款人直接或间接向银行业金融机构发出支付指令,实现具有实时支付效力的货币支付与资金转移。

(二)电子支付的特征

与传统的支付方式相比,电子支付具有下面几个特征。

1. 电子支付具有较强的技术性

这是电子支付不同于传统支付方式的基本特征。电子支付是采用先进的技术通过电子数据流转来完成信息传输,其各种支付方式都是采用数字化的方式进行的,而传统支付方式则是通过现金的流转、票据的转让及银行的汇兑等物理实体形态完成。

2. 电子支付的工作环境是一个开放性的系统平台

电子支付系统是由客户、银行等金融机构、系统经营主体、通信线路提供者、计算机软件或硬件供应商、电力公司等主体构成的复杂的网络支付系统,是电子技术发展的产物。通过该系统,债务人可不受时空限制地实现向债权人给付金钱的行为,而传统支付方式则是在一个较为封闭的系统中运行。

3. 电子支付具有方便、快捷、高效、经济的优点

电子支付使用的是先进的网络和通信等手段,具有不受时空限制的功能,它以电子商务为商业基础,以商业银行为主体,为网上交易的客户提供的电子结算手段,诸如支票、票据等金融交易的进行实行无纸化作业,而传统支付使用的是传统通信媒介,往往会受到时空的限制,因此,电子支付具有方便、快捷、高效、经济的优点。

二、电子支付系统的产生与发展

支付是为了清偿债权债务关系而将资金从付款人账户转移到收款人账户的过程,支付工具和支付系统的演变和发展是与人类文明的演变过程相一致的。20 世纪 50 年代末,当计算机在银行业务中得到应用后,发达国家的一些银行利用计算机、终端机、电子信息网络等电子通讯设备建立了高速划拨资金的电子支付系统。

电子支付系统改变了传统的支付结算方式,降低了成本,提高了效益,从而得到迅速发展。各国相继建立了大额电子支付系统和主要为消费者服务的

POS 系统、ATM 系统。货币作为支付工具在历经了实物、贵金属和纸张载体之后，在支付领域最引人注目的电子货币出现了。

电子货币的出现极大地突破了现实世界的时空限制。因特网在人们生活和工作中的广泛应用使人们可以利用电子货币更快地处理经济事务。新的支付工具和支付系统在给人们带来高效的同时，也对传统法律制度形成了强烈的冲击，世界各国和国际组织对电子货币和电子支持系统予以密切关注，并颁发了相应的法律。

三、电子支付系统的构成

电子支付合同法律关系涉及当事人众多，一般包括客户、银行等金融机构、系统经营主体、通信线路提供者、计算机软件或硬件供应商、电力公司等。主要当事人有：

（一）电子支付服务提供者

在电子支付法律关系中，涉及的电子支付服务提供者包括银行等金融机构，按其在电子支付中的作用，可以分为以下几种类型。

(1) 付款人银行、收款人银行、中介银行。付款人银行指直接接受付款人支付指令的银行。收款人银行，指直接向收款人支付资金的银行。中介银行指位于付款人银行和收款人银行之间的银行。

(2) 始发银行、接收银行、终端银行。始发银行指在一系列付款指令中，第一个向其他银行发出指令的银行。接收银行指接受指令人的指令支付或接受资金的银行。终端银行指在一系列付款指令中，最后收到其他银行指令的银行。

(3) 发卡人、接单银行。发卡人(发卡银行等金融机构)指发行信用卡的银行等金融机构。接单银行指特约商户的开户银行，接受特约商户的消费者(持卡人)的付款——电子资金划拨。电子支付交易中的银行一般是 CHIPS 或 CNAPS 等系统的成员。

（二）电子支付服务接受者

电子支付服务接受者即客户，是在银行开有账户并通过银行与第三方进行交易的自然人、法人及其他组织，在交易中即为购买方或销售方。购买方是付款方，在电子支付中第一个发出资金支付指令的人，在电子支付中又被称为持卡人。销售方也就是收款方，在电子支付中支付资金的最终受益人，在电子支付中又称为特约商店。

（三）电子资金划拨系统

小额资金划拨系统主要有：销售点终端设备(POS)、自动柜员机(ATM)、居家银行服务（HB）、自动清算所（ACH）。大额资金划拨系统主要有联邦电划系统（CHIPS）、清算所银行间支付系统（SWIFT）、环球银行间金融电讯协会（CNAPS）。

电子支付的当事人因电子支付方式的不同而有差别。例如网上支付的当事人往往涉及发出电子支付指令的客户（又称买家）、接受电子支付指令的客户、提供电子支付网络环境服务的经营商、银行等；移动支付的当事人一般会涉及发出电子支付指令的客户、提供移动通信服务的经营商、银行等。

银行与其他机构合作开展电子支付业务的，其合作机构的资质要求应符合有关法律、法规的规定。也就是说，非银行机构参与电子支付结算活动的，只有符合一定条件，并经过有关主管部门认定，才能从事该项服务。国家有关主管部门拟将非银行机构纳入支付清算组织进行监督管理，并对其机构性质、业务开办资质、注册资本金、审批程序、机构风险控制等作出相应规定。

知识链接

电子支付关系中银行的作用

在电子支付关系中，银行仍然起着支付结算和资金清算中介机构的作用，一般而言，接受客户委托发出电子支付指令的发起银行称为“发起行”，电子支付指令接受人的开户银行或接受人未在银行开立账户而电子支付指令确定的资金汇入银行称为“接受行”。

如果银行自身提供了电子支付的网络环境，一般就不涉及提供该项服务的经营商，否则，银行只有与提供电子网络环境的经营商合作，才能完成电子支付行为。

END

四、电子支付各方的义务和责任

按照我国金融法律制度的规定，中国人民银行和国务院银行业监督管理机构应当依法对电子支付服务提供者进行监督管理。

（一）电子支付服务提供者的义务和责任

1. 提供安全支付服务的义务

电子支付服务提供者应当提供安全的支付服务，应当确保电子支付指令的完整性、一致性、可跟踪稽核和不可篡改。电子支付服务提供者提供电子支付服务不符合国家有关支付安全管理要求，造成用户损失的，应当承担赔偿责任。电子支付服务提供者应当向电子支付服务接受者免费提供对账服务以及最近 3 年的交易记录。

2. 账户实名制管理的义务

电子支付服务提供者为电子支付服务接受者开立账户的，应对账户实行实名制管理，不得开立匿名、假名账户。

3. 提供公开透明服务的义务

电子支付服务提供者应当告知电子支付服务接受者电子支付服务的功能、使用方法、注意事项、相关风险和收费标准等事项，不得附加不合理交易条件。

4. 确认支付的义务

由于电子支付不像传统的面对面的货币交付，电子支付服务接受者通过电子网络以点击的方式支付后，不能通过感官感知资金是否从自己账户中支付出去，是否到达收款方账户，所以，电子支付服务提供者完成电子支付后，应当及时准确地向电子支付服务接受者提供符合约定方式的确认支付信息。电子支付指令未能成功执行的，电子支付服务提供者应当及时提示电子支付服务接受者，采取必要的补救措施。

如果由于支付系统的原因导致支付指令发生错误的，电子支付服务提供者应当及时查找原因，并采取相关措施予以纠正。造成电子支付服务接受者损失的，电子支付服务提供者应当承担赔偿责任，但能够证明支付错误非自身原因造成的除外。

5. 采取措施防止损失扩大的义务

电子支付服务提供者发现支付指令未经授权，或者收到电子支付服务接受者支付指令未经授权的通知时，应当立即采取措施防止损失扩大。电子支付服务提供者未及时采取措施导致损失扩大的，对损失扩大部分承担责任。

电子支付服务提供者有义务维护电子支付系统的安全，如果未经授权发生了支付，很可能是电子支付服务系统被违法犯罪行为人攻击并利用了，所以，未经授权的支付造成的损失，由电子支付服务提供者承担，除非其他法律另有规定。但是，能够证明未授权支付是因电子支付服务接受者的过错造成的，且电子支付服务提供者能够证明自己没有过错的，电子支付服务提供者不承担责任。如果双方都有过错，根据过错的大小，分担损失。

6. 电子支付服务提供者不得挪用备付金

电子支付服务接受者可以按照约定要求电子支付服务提供者将其备付金划转至本人结算账户，电子支付服务提供者不得设置障碍或者收取不合理的费用。所谓备付金，是指非银行支付机构作为电子支付服务提供者，办理电子支付服务接受者委托的支付业务而实际收到的预收待付货币资金。

（二）电子支付服务接受者的义务和责任

（1）电子支付服务接受者应当向电子支付服务提供者提供真实有效的身份信息和联系信息，并在相关信息变更后及时通知电子支付服务提供者。

(2) 合理使用、妥善保管。电子支付服务接受者应当按照与电子支付服务提供者的约定,在合法范围内使用电子支付服务、支付服务费用,妥善保管交易密码、电子签名数据等安全工具。电子支付服务接受者发现安全工具遗失、被盗用或者其他未授权交易的,应当及时通知电子支付服务提供者。

(3) 电子支付服务接受者应当对所发出的支付指令的正确性负责,在发出支付指令前应当核对支付指令所包含的金额、收款人等完整信息。因电子支付服务接受者的过错造成的损失,且电子支付服务提供者能够证明自己没有过错的,由电子支付服务接受者自行承担责任。

五、主要的电子支付工具

在电子商务环境下,传统支付方式已不能适应商务活动电子化的要求,而必须由全新的电子支付方式来代替。由于使用的传输网络、传输协议和支付程序的不同以及不同的相互组合方式,在实践中衍生出多种电子支付工具。

(一) 信用卡(Credit Card)

信用卡是银行向可信赖的客户提供无抵押的短期周转信贷的一种手段。由银行或其他财务机构签发给那些资信状况良好的人,用于在指定的商家购物和消费,或在指定银行机构存取现金的特制卡片,是一种特殊的信用凭证,具有转账结算功能、消费借贷功能、储蓄功能和汇兑功能。银行为信用卡用户提供不限地域存取现金、支付、结算的服务。

信用卡支付关系一般涉及持卡人(买方)、商家(卖方)、发卡人(信用卡公司或银行)和银行。在线信用卡电子支付基本流程是:交易完成后,持卡人就其所传送的信息先进行电子签名加密,然后将信息本身和电子签名经认证机构的认证后,连同数字证书一并传送至商家,商家通过银行从持卡人的信用卡账户上划拨走这笔交易的费用。

(二) 智能卡(Master Card)

随着信息技术的进步,信用卡逐渐发展成为能够读写大量数据、更加安全可靠的智能卡。智能卡中一般有硬件的逻辑保护,以密码加密形式来保护其存储内容不被非法更改。智能卡提供了一种简便的方法,可用来存储和解释私人密钥和数字证书,非常好地解决了与电子商务的结合问题。智能卡上存放的证书使持卡人的身份得到认证,并直接在每一次网上购物时签上客户的电子签名。

由于智能卡内安装了嵌入式微型控制器芯片,因而可储存并处理数据。卡上的价值受用户的个人识别码(PIN)保护,因此只有用户能访问它。多功能智能卡内还嵌有高性能的、独立的基本软件,能够像个人电脑那样自由地增加和改变功能。

这种智能卡还设有“自爆”装置，如果违法分子想打开智能卡非法获取信息，卡内软件上的内容将立即自动消失。智能卡是目前最常用的电子支付工具，可在商场、饭店、车站、互联网等许多场所使用，可采用刷卡记账、结账、提取现金、网上结算等方式进行支付。

（三）电子支票（Electronic Check）

电子支票是纸基支票的电子替代品，它借鉴纸基支票转移支付的优点，利用数据电讯方式将钱款从一个账户转移到另一个账户。这种电子支付方式是在与商家及银行相连的网络上以密码方式传递的，多数使用公用密钥加密签名或使用个人身份证号码代替手写签名。网络银行和大多数银行金融机构，通过建立电子支票支付系统，在各个银行之间发出和接收电子支票，向用户提供电子支付服务。

用电子支票支付，事务处理费用较低，而且银行也能为参与电子商务的商家提供标准化的资金信息，是一种很有效率的电子支付手段。

电子支票支付过程包含三个实体：即购买方、销售方以及金融机构。在电子支票支付方式中，购买方通过计算机系统从金融机构那里获得一个电子方式的付款证明，这个以电子流为表现形式的付款证明表明购买方账户中欠金融机构的钱，购买方把这个付款证明交给销售方，销售方再转交给金融机构，整个处理过程如同传统的支票。电子支票今后的发展趋势是逐步过渡到互联网上进行传输，即采用电子资金转账（Electronic Fund Transfer）或网上银行（Electronic Banking）方式。

（四）电子现金（Electronic Cash /Digital Money）

电子现金是一种以数据形式流通的货币。它把现金数值转换成为一系列的加密序列数，通过这些序列数来表示现实中各种金额的市值，用户在开展电子现金业务的银行开设账户并在账户内存钱后，就可以在接受电子现金的商店购物了。

电子现金的优势在于完全脱离了实物载体，无须直接与银行信息系统连接便可使用，支付过程更加方便。一般适用于小额交易。仅从技术层面上讲，各个商家都可以发行电子现金，如果不加以规范控制，可能会带来相当严重的经济金融问题。

（五）其他电子支付工具

除了上述的信用卡、智能卡、电子现金和电子支票外，还有电子零钱、安全零钱、在线货币等。这些支付工具的共同特点都是将现金或货币数字化和电子化，利于在网络中传输、结算和支付，利于网络银行使用，利于实现电子支付或在线支付。

六、电子支付安全标准

电子支付安全标准是为了满足电子支付的安全性要求而开发出的集加密技术、电子签名和信息摘要技术、安全认证技术于一体的各种安全技术措施或者安全技术协议。目前国际上常用的两种电子支付的安全标准是 SSL 和 SET 协议。

(一) 安全套接层协议(SSL)

安全套接层协议(Secure Socket Layer)是一种保护 Web 通讯的工业标准,主要目的是提供互联网上的安全通信服务,能够对信用卡和个人数据、电子商务提供较强的加密保护,是国际上最早应用于电子商务的一种网络安全协议。在网络上普遍使用,能保证双方通信时数据的完整性、保密性和互操作性,在安全要求不太高时可用。

SSL 协议运行的基点是商家对客户信息保密的承诺,客户的信息首先传到商家,商家阅读后再传到银行。这样,客户资料的安全性便受到威胁。另外,整个过程只有商家对客户的认证,缺少了客户对商家的认证。在电子商务的初始阶段,由于参加电子商务的公司大都是信誉较好的公司,这个问题没有引起人们的重视。随着越来越多的公司参与电子商务,对商家认证的问题也就越来越突出,SSL 的缺点完全暴露出来,SSL 协议也逐渐被新的 SET 协议所取代。

(二) 安全电子交易协议(SET)

安全电子交易协议(Secure Electronic Transaction)是由 Visa 和 MasterCard 两大信用卡组织提出的以信用卡为基础的电子付款系统规范,用来确保在开放网络上持卡交易的安全性。SET 规范使用了公开密钥体系对通信双方进行认证,并利用 Hash 算法鉴别信息的真伪,以维护在任何开放网络上的个人金融资料的安全性。

SET 体系中的核心技术包括电子签名和信息摘要、数字证书的签发、电子信函、公开密钥的加密等。其中还有一个关键的认证机构(CA),负责发布和管理数字证书。SET 协议规定发给每个持卡人一个数字证书。持卡人(客户)选中一个口令,用它对数字证书和私钥、信用卡号以及其他信息加密存储。

七、电子支付的步骤

根据 SET 协议的工作流程图,可将整个工作程序分为下面七个步骤。

第一步,消费者填写网上购物信息。消费者利用自己的计算机通过互联网选订所要购买的物品,并在计算机上输入订货单,订货单上需包括在线商店、购买物品名称及数量、交货时间及地点等相关信息。

第二步,在线商店对消费者填写的网上购物信息作出应答。通过电子商务服务器与有关在线商店联系，在线商店做出应答，告诉消费者所填订货单的货物单价、应付款数、交货方式等信息是否准确，是否有变化。

第三步，消费者选择付款方式，确认订单，签发付款指令。此时 SET 开始介入。

第四步，在 SET 中，消费者必须对订单和付款指令进行电子签名。此处利用双重签名技术保证商家看不到消费者的账号信息。

第五步，在线商店接受订单后，向消费者所在银行请求支付认可。信息通过支付网关到收单银行，再到电子支付工具的发行公司确认。批准交易后，返回确认信息给在线商店。

第六步，在线商店发送订单确认信息给消费者。消费者端软件可记录交易日志，以备将来查询。

第七步，在线商店发送货物或提供服务，并通知收单银行将钱从消费者的账号转移到商店账号，或通知发卡银行请求支付。在认证操作和支付操作中间一般会有一个时间间隔，例如，在每天的下班前请求银行结一天的账。

在整个电子支付过程中，前两步与 SET 无关，从第三步开始 SET 起作用，一直到第七步，在处理过程中，通信协议、请求信息的格式、数据类型的定义等都有明确的规定。在操作的每一步，消费者、在线商店、支付网关都通过 CA 来验证通信主体的身份，以确保通信的对方不是冒名顶替。所以，也可以简单地认为，SET 协议充分发挥了认证中心的作用，以维护在任何开放网络上的电子商务参与者提供信息的真实性和保密性。

小贴士

据有关机构研究报告显示，我国 2005 年电子商务交易额达到 7400 亿元人民币，较 2004 年增长了 54.2%。到了 2016 年第四季度，中国第三方移动支付市场规模达到 12.8146 万亿元，环比增长 41.72%。市场份额方面，支付宝和财付通的份额分别为 54.1%和 37.02%，二者合计达 91.12%，已经占据绝对主导地位。

八、强化安全意识，避免电子支付风险

用户在网络上进行电子交易时，要强化安全意识，须注意以下几点：

(1) 确保网站网址的正确，网站的知名度较高。中国的电子交易网站一般都是链接到银行进行交易，不要在不明来历的商户网站直接输入账号信息。

(2) 查看网站是否有 ICP 号，ICP 号是否正确，国家规定经营性网站必须在当地的通信管理局登记。

(3) 查看网站是否有工商局的标志,标志是否登记。对于北京的经营性网站,必须到工商局办理网站备案登记,该标志是一个红色的盾牌,点击网站界面上的红盾,会自动链接到工商局的网站上,显示出该网站的登记信息,可以查看该信息与网站实际情况是否一致。

(4) 正规电子交易网站在传输用户账号信息时都要加密,此时地址是以"https"而不是通常的"http"开头的。加密传输时,浏览器下面会出现一个小锁,点击小锁会显示证书,只能相信权威机构颁发的证书。目前我国电子交易常用的证书包括由中国金融认证中心(CFCA)颁发的证书和各个银行自己颁发的证书。

案例 5-1

张某诉工商银行营业部储蓄存款合同案

原告张某在工商银行某营业部储蓄所开设活期储蓄账户,同时办理了牡丹灵通卡,该卡性质是借记卡,不可透支,张某为存折和灵通卡设定了密码。牡丹灵通卡可在全国工商银行储蓄网点柜面办理存取款业务和查询业务,并可在银行自动柜员机 ATM 上办理取款业务、查询业务。某日下午,原告在被告设在南京的 ATM 机上两次取款共 3000 元,同日下午该账户在福建厦门市 ATM 机被两次支取 1000 元,并收取异地取款手续费各 10 元,原告与被告联系解决未果,故诉至人民法院要求处理。

法院审理认为,电子签名的拥有者,负有妥善保护其电子签名不被泄露、不被滥用的义务。作为金融机构负有保障储户存款安全的义务,但保障存款安全的义务是双方的,且安全是一个相对的,是与当时的科学技术相适应的安全,不是绝对的安全。在这一前提下,如果金融机构没有违约行为,就不承担责任。故驳回原告诉讼请求。

评析

本案所涉 4 笔交易均是通过牡丹灵通卡进行的 ATM 交易,是电子商务的一种方式,此种电子数据交易是通过私人密码的设密和运用进入自动交易系统从而完成交易行为的,作为电子商务中广泛运用的私人密码,具有三个基本功能:

一是私人密码的使用表明对交易者身份的鉴别以及对交易内容的确认,从而起到电子签名的功能;

二是私人密码的使用表明本人进行了交易行为,在交易中,信息发送者和接收者都不能对此予以否认,这就是电子商务行为的不可抵赖性;

三是私人密码的使用表明交易是在保密状态下进行的。

基于这三项功能,产生了私人密码的使用效力规则,即本人行为原则,其含义是只要客观上在交易中使用了私人密码，如无免责事由，则视为交易者本人使用私人密码从事了交易行为，本人对此交易应承担相应的责任。

当然，这一规则只适用于民事领域，对于计算机犯罪等形式的刑事犯罪领域则不能适用，即如果原告在两地的取款是犯罪分子所为，则应由犯罪分子承担刑事责任和相应的民事责任。

资料来源：李俊平、曾芳芳：《电子商务纠纷案例与实务》（第 1 版），71 页，北京，清华大学出版社，2015

END

第二节　电子支付的相关法律问题

电子商务发展势头迅猛，网上支付也日益频繁。但法律相对于现实发展总是存在一定的滞后性。我国现有的网络立法仅仅停留在计算机及网络的建设、运营、域名注册、网络安全等网络发展初期的层面上，有关用于网络交易、网上支付的立法还比较欠缺。

由于缺少法律的规范，更加限制了网上支付的进行，除了技术方面及社会配套设施建设等，仅从法律方面来说，网上支付主要存在两个问题，一是支付手段的效力问题，另一个是利用网络从事违法活动的防范和惩治问题。

一、网上支付工具的效力问题

现在，使用银行卡进行支付已经比较普遍，其效力已经得到充分认可。网上银行，实质上是现实银行在网络上业务的拓展和延伸。随着网络技术的逐渐成熟，网上银行变得更快捷，方便安全，广大零散个人客户更倾向采取这种方法。

对于银行而言，随着个人收入的提高，个人客户与企业客户已经逐渐占到了同等重要的地位，面对如此巨大的个人金融市场，网上银行是最节约、最有效、最能接近小额零售业务客户的一种手段。

但对于电子支票和电子现金，因为其与传统法律有一定的抵触，其效力存在一定的争议。电子支票使用数字签名技术，把支票的纸质载体完全抛弃，从而可以在网络上直接传输。我国现在电子支票的应用还很少，甚至可以说是一片空白，是因为中国金融电子化程度较低，市场需求不旺，更主要的原因是电子支票的法律地位难以得到确认，主要是受到《票据法》的制约，使银行望而却步。

《票据法》第 4 条规定，“票据出票人制作票据，应当按照法定条件在票据上签章”；第 7 条又规定，“票据上的签章，为签名、盖章或者签名加盖章”。《票据法》中其他有关签章的规定，以及《票据管理实施办法》《支付结算办法》的相关内容的规定,其基本含义都是一样的。

目前,我国国内银行在其所辖的分支机构和联网分行之间,为客户提供通存通兑服务,为了实现通存通兑,各个银行一般规定,出票人必须在支票上使用数码印鉴,原来加盖在支票上的图章印鉴不再作为识别出票人的标记,电子计算机只按照数码印鉴确认出票人授权指令的有效性。因此,如果因为某一支票没有数码签字,被机器拒收,造成支付迟延或其他侵权行为;而客户以票据法关于签章规定作为抗辩,控告银行,银行就处在非常不利的地位。因此,如何在《票据法》中承认数字签名的合法性是一个非常紧迫的问题。

电子支票虽然被称为支票,但是它同传统票据毕竟有很大的区别。从其功能和运作上来,电子支票更接近于 ATM 卡类的支付工具。美国目前调整信用卡的法规为《Z 条例》,而调整 ATM 卡等支付工具的法规为《E 条例》,适用于所有使用卡或者其他手段实现客户账户资金转移的支付工具,主要调整对象是 ATM 卡和借记卡。

1996 年,美国联邦储备委员会提出建议,一方面对该条例进行修改,另一方面也建议将该条例适用于类似于电子支票和电子现金这样的网络支付工具。在我国,需要通过修订《票据法》或者制定专门的《电子票据法》,对电子票据,尤其是电子支票的相关问题进行规范和调整。

二、电子现金的法律地位

目前,电子现金的应用很少,但因其既具有现金的一般特点,又有网络属性,发展前景可观。而且,电子现金比较适于零散的小笔交易,随着上网人数增加,网上 B2C、B2B 的电子商务发展已经成为必然,电子现金正是顺应了这一潮流。

电子现金的实质与现实货币一般无二,是一般等价物的一种表现形式。但是,电子现金的法律地位一直难以确定。按照货币的实质和网络无国界性来推断,各国中央银行的地位都将受到挑战。因为任何一个有实力的,有信誉的全球性跨国公司,都可以发行购买其产品或服务的数字化等价物,从而避开银行的烦琐交易手续和税收。

例如:某公司的软件可以以某公司只要确定其电子现金与其他法定货币的汇率,并进行汇兑,就可以完成在其他领域的流通。当然,这些都只是理论的设想,任何国家都不会允许这种扰乱金融秩序的行为的存在,但是电子现金的成熟技术和优势是任何力量都无法阻挡的,而且电子现金有高度流通性,这也是网络交易的基础,尤其是在小额交易中,电子现金要比信用卡和借记卡支付更方便、更节省。

我国在这方面也已经开始行动,在"中国金融 IC 卡规范"颁布之后,人民银行正在组织北京、上海、长沙的联合试点，试点完成后，将会进一步推动电子现金直接在网上的支付。并且，在法律方面也应相应作出调整，改变金融管理政策和法律。

1. 限制电子现金的发行人

只允许银行发行电子现金，这样，许多现行的货币政策和法规可以应用于电子现金，而无须太大的改动。欧盟正是持这种态度，美国则反对这样的做法，认为限制电子现金的发行人，无疑是限制了竞争，对电子货币技术发展将产生不利影响。

当然，完全排斥网络服务提供商及一些大公司的参与，而由银行担当电子现金唯一的发行人已经不合时宜，否则电子现金在发行及流通中很难得到技术保障，其生命力及影响力都会大打折扣，但同时对于参与电子现金发行工作的大公司及网络服务提供商需要严格审定其资格，尤其是在实力和信誉方面的审核。

2. 建立合理的货币识别制度

整个网络发行统一的电子现金肯定是不可能。因此，在有不同的电子现金存在的情况下，货币识别制度显得尤为重要。因此，不同的电子现金之间会存在转化，兑换问题，甚至要对一些电子现金进行识别认证。只有建立合理的货币识别体系和制度，国家才能保证其控制经济杠杆的权力。

三、对网上支付违法犯罪活动的防范与惩治

随着科技的发展和社会经济、生活方式的变革，货币形式以及货币流通方式必将发生变革，与金钱流动相关的犯罪形态也会发生变化。

电子商务产生的时间不长，但是其发展迅速。这是因为现实生活中的电子商务从理论到实践已经比较成熟了。但事物总是有其两面性，伴随着电子商务的发展，尤其是逐渐开始采取互不见面的网上支付的形式之后，违法或犯罪活动似乎更加猖獗。违法犯罪行为既有传统的方式：如洗钱等违法交易，也有一些新的形式，如黑客攻击等。

1. 与网上支付有关的洗钱

网上支付逐渐出现后，客观上为洗钱活动提供了更多的机会和更大的空间。网上支付工具有着体积小、适合远距离传输、匿名性等性质。对于犯罪分子而言，这都是可乘之机。洗钱，就是犯罪分子通过一定的方法和手段，将非法所得黑钱，变成合法资金。在网络上，犯罪分子可以更安全、放心地利用网上支付，让自己的黑钱多经过几个商家或其他机构的流动，最后，变成合法收入。

随着网上支付的普遍化，网上洗钱将会变得更加猖獗，尤其是网上支付工

具在有密码保护,加密技术的使用的前提下,使现有的法律不能适应对付犯罪活动的需要。加密技术为的是网上支付工具更加安全,并保护客户的隐私权,但对执法者调查和惩治犯罪带来了严重的障碍。因此使执法机构在一定条件下,获得有关的密钥成为了一种必然要求。

为更加有效地打击违法犯罪行为,保障网上交易安全,维护交易秩序,可以建立一定的密钥托管机制,使政府在特定条件下能够获得密码技术中的私人密钥,作为预防洗钱等违法犯罪行为的措施,许多国家已开始了这种做法。

2. 违法交易的法律责任分担问题

银行卡是目前消费者经常使用的支付工具,与其支付有关的法律也已比较成熟。其核心是:未经授权使用的银行卡支付所造成的损失,是商家承担?还是发卡银行承担?还是消费者承担?网络上的银行卡支付也必须考虑到这一问题。

如果某一客户信息被其他人得到,并利用来进行诈骗活动,且诈骗行为得逞,则损失由谁来承担?由于网上支付的许多信息都是通过国际互联网传递的,而互联网是一个开放的网络,如何保护这些信息不被非法利用已经成为了一个新的法律问题。

在这种责任分担中,消费者往往处在受害者地位。消费者多为个人,各国法律虽不尽相同,但大都偏重于保护消费者。消费者承担的责任有限,如以美国为例,调整银行卡使用人、商家和银行之间关系的法律是《Z条例》。该条例作出了对消费者有利的规定:消费者承担责任有限;调查的责任由发卡银行承担;发卡行要进行一定的信息披露。在网上支付中,引进了认证中心和电子签名,其合法性在很多国家和地区都得到了认可。但认证商家和银行之间的关系仍需进一步规范。

3. 黑客攻击网络安全问题

黑客现在已经成了一个尽人皆知的名词,不少网站曾被黑客攻击,以致停顿。黑客们对网上支付也构成了巨大的威胁,消费者的个人信息存储于银行,如果银行的网络遭到攻击,很可能使所有的私人信息泄露,如果补救不及时,很可能给消费者造成巨大损失。我国已先后出台了一系列法律,约束和惩治黑客的行为。但是巨大的利益诱惑往往使不法分子铤而走险。因此,网络技术上进一步完善也是必不可少的。

网上支付还存在着其他一些问题,如电子证据的法律效力,电子签名的承认与否等,我国合同法对此作出了一些规定,肯定了电子证据、电子签名的效力,为电子商务的发展在一定程度上扫清了障碍,但进行有关专门性立法的需要也已经迫在眉睫。

第三节 中国电子支付立法概况

近年来，随着我国金融电子化水平的不断提高和金融基础设施的完善，在银行票据业务方面，银行汇票、银行本票和支票都不同程度地实现了电子化，安全性和效率得到极大改善和提高。2007 年，全国支票影像交换系统的建立，实现了纸质支票处理的部分电子化；2008 年，银行本票和华东三省一市银行汇票的业务通过小额支付系统进行清算，实现了电子化处理。

为进一步推动国内票据业务和票据市场发展，便利企业支付和融资，支持商业银行票据业务创新，在充分调研论证的基础上，中国人民银行在 2009 年 10 月 28 日建成了电子商业汇票系统并投入运行。《电子商务法》对电子支付问题做了规定。

一、《电子商业汇票业务管理办法》的主要内容

从法律层面来看，电子商业汇票与纸质商业汇票的法律关系均由《票据法》《票据管理实施办法》和《支付结算办法》等法律法规调整，所规定的权利义务关系完全一致。但是，作为一种新兴票据形式，电子商业汇票又有其特殊性。

为规范电子商业汇票行为和票据业务操作，中国人民银行在商业汇票现有法律框架下，制定了《电子商业汇票业务管理办法》等一系列制度，并对《支付结算办法》涉及的商业汇票有关规定进行了必要调整。

《电子商业汇票业务管理办法》共六章，85 条，自 2012 年 12 月 20 日起施行，其主要内容如下。

（一）《电子商业汇票业务管理办法》总则

1. 立法目的

为规范电子商业汇票业务，保障电子商业汇票活动中当事人的合法权益，促进电子商业汇票业务发展，依据《中国人民银行法》《票据法》《电子签名法》《物权法》《票据管理实施办法》等有关法律法规，制定《电子商业汇票业务管理办法》。

2. 基本概念

（1）电子商业汇票

电子商业汇票是指出票人依托电子商业汇票系统，以数据电文形式制作的，委托付款人在指定日期无条件支付确定金额给收款人或者持票人的票据。分为由银行业金融机构、财务公司承兑的电子银行承兑汇票和由金融机构以外的法人或其他组织承兑电子商业承兑汇票两类。

(2) 电子商业汇票系统

电子商业汇票系统是经中国人民银行批准建立,依托网络和计算机技术,接收、存储、发送电子商业汇票数据电文,提供与电子商业汇票货币给付、资金清算行为等相关服务的业务处理平台。

3. 参与电子商业汇票业务的主要主体

(1) 接入机构,指直接接入电子商业汇票系统的金融机构。

(2) 被代理机构,指通过接入机构办理电子商业汇票业务的金融机构。

(3) 金融机构以外的法人及其他组织。

4. 基本原则与规则

(1) 诚实信用原则

电子商业汇票各当事人应本着诚实信用原则,按照本办法的规定作出票据行为。

(2) 业务必须通过电子商业汇票系统办理

电子商业汇票的出票、承兑、背书、保证、提示付款和追索等业务,必须通过电子商业汇票系统办理。

(3) 票据当事人必须具有相应的代码

电子商业汇票系统对不同业务主体分配不同的类别代码。票据当事人办理电子商业汇票业务应具备中华人民共和国组织机构代码。被代理机构、金融机构以外的法人及其他组织应通过接入机构办理电子商业汇票业务,并在接入机构开立账户。

(4) 接入机构应尽的义务

接入机构提供电子商业汇票业务服务,应对客户基本信息的真实性负审核责任,并依据《电子商业汇票业务管理办法》及相关规定,与客户签订电子商业汇票业务服务协议,明确双方的权利和义务。接入机构应按规定向客户和电子商业汇票系统转发电子商业汇票信息,并保证内部系统存储的电子商业汇票信息与电子商业汇票系统存储的相关信息相符。

此外,电子商业汇票系统运营者由中国人民银行指定和监管,电子商业汇票信息以电子商业汇票系统的记录为准。电子商业汇票以人民币为计价单位。

(二)《电子商业汇票业务管理办法》的基本规定

1. 有关电子商业汇票类型和付款期限的规定

电子商业汇票为定日付款票据,即该类汇票在开具汇票时就确定付款日期,因此这种汇票不需要提示承兑以确定到期日。电子商业汇票的付款期限自出票日起至到期日止,最长不得超过1年。

2. 有关电子商业汇票签章的规定

票据当事人在电子商业汇票上的签章,为该当事人可靠的电子签名。电子签名所需的认证服务应由合法的电子认证服务提供者提供。

可靠的电子签名应符合四个条件:(1)电子签名制作数据用于电子签名时,属于电子签名人专有;(2)签署时电子签名制作数据仅由电子签名人控制;(3)签署后对电子签名的任何改动能够被发现;(4)签署后对数据电文内容和形式的任何改动能够被发现。

3. 有关电子签名制作数据和电子签名认证证书的规定

客户开展电子商业汇票活动时,其签章所依赖的电子签名制作数据和电子签名认证证书,应向接入机构指定的电子认证服务提供者的注册审批机构申请。接入机构为客户提供电子商业汇票业务服务或作为电子商业汇票当事人时,其签章所依赖的电子签名制作数据和电子签名认证证书,应向电子商业汇票系统运营者指定的电子认证服务提供者的注册审批机构申请。

4. 有关电子商业汇票接收和发送的规定

电子商业汇票系统应实时接收、处理电子商业汇票信息,并向相关票据当事人的接入机构实时发送;接入机构应实时接收、处理电子商业汇票信息,并向相关票据当事人实时发送。

5. 关于电子商业汇票签发、背书、质押解除的基本规定

出票人签发电子商业汇票,应将其交付收款人;电子商业汇票背书的,背书人应将电子商业汇票交付被背书人;电子商业汇票质押解除,质权人应将电子商业汇票交付出质人。

6. 关于委托接入机构代为签收或驳回的基本规定

收款人、被背书人可与接入机构签订协议,委托接入机构代为签收或驳回行为申请,并代理签章。商业承兑汇票的承兑人应与接入机构签订协议,由接入机构代为签收或驳回提示付款指令,并代理签章。

7. 关于记载“不得转让”的电子商业汇票的基本规定

出票人或背书人在电子商业汇票上记载了“不得转让”事项的,电子商业汇票不得继续背书。

8. 关于票据当事人行使撤销行为的条件与限制

票据当事人通过电子商业汇票系统作出行为申请,行为接收方未签收且未驳回的,票据当事人可撤销该行为申请。电子商业汇票系统是行为接收方的,票据当事人不得撤销。

知识链接

电子商业汇票主要票据行为日期确定的基本规定

电子商业汇票出票日是指出票人记载在电子商业汇票上的出票日期;电子

商业汇票的提示付款日是指提示付款申请的指令进入电子商业汇票系统的日期；电子商业汇票的拒绝付款日是指驳回提示付款申请的指令进入电子商业汇票系统的日期。

电子商业汇票追索行为的发生日是指追索通知的指令进入电子商业汇票系统的日期。承兑、背书、保证、质押解除、付款和追索清偿等行为的发生日是指相应的签收指令进入电子商业汇票系统的日期。

END

9. 关于电子商业汇票责任解除前的接入机构义务的基本规定

电子商业汇票责任解除前，电子商业汇票的承兑人不得撤销原办理电子商业汇票业务的账户，接入机构不得为其办理销户手续。接入机构终止提供电子商业汇票业务服务的，应按规定由其他接入机构承接其电子商业汇票业务服务。

（三）电子商业汇票主要票据行为

1. 出票

（1）出票人应满足的条件

电子商业汇票的出票人必须为金融机构以外的法人或其他组织；电子银行承兑汇票的出票人应在承兑金融机构开立账户。

（2）电子商业汇票出票必须记载的事项

电子商业汇票出票必须记载的事项有：①表明“电子银行承兑汇票”或“电子商业承兑汇票”的字样；②无条件支付的委托；③确定的金额；④出票人名称；⑤付款人名称；⑥收款人名称；⑦出票日期；⑧票据到期日；⑨出票人签章。

（3）电子商业汇票出票可以记载的事项

出票人可以在电子商业汇票上记载自身的评级信息，并对记载信息的真实性负责，但该记载事项不具有票据上的效力。评级信息包括评级机构、信用等级和评级到期日。

（4）出票人办理票据未用退回的条件及交付票据的要求

出票人在电子商业汇票交付收款人前，可以办理票据的未用退回。出票人不得在提示付款期后将票据交付收款人。

2. 承兑

（1）关于电子银行承兑汇票承兑人的规定

电子银行承兑汇票由真实交易关系或债权债务关系中的债务人签发，并交由金融机构承兑。

（2）关于电子商业承兑汇票承兑人的规定

电子商业承兑汇票可以：①由真实交易关系或债权债务关系中的债务人签发并承兑；②由真实交易关系或债权债务关系中的债务人签发，交由第三人承兑；③第三人签发，交由真实交易关系或债权债务关系中的债务人承兑；④收款人签发，交由真实交易关系或债权债务关系中的债务人承兑。

（3）出票人在申请承兑时的义务

电子银行承兑汇票的出票人，应向承兑金融机构提交真实、有效、用以证实真实交易关系或债权债务关系的交易合同或其他证明材料，并在电子商业汇票上作相应记录。

（4）承兑人在承兑时的义务

承兑金融机构应负责审核出票人提交证实真实交易关系或债权债务关系的交易合同或其他证明材料；承兑人应在票据到期日前，承兑电子商业汇票；承兑人承兑电子商业汇票时，必须记载表明“承兑”的字样、承兑日期和承兑人签章等事项。

（5）承兑人在承兑时可以记载的事项

承兑人可在电子商业汇票上记载自身的评级信息，并对记载信息的真实性负责，但该记载事项不具有票据上的效力。评级信息包括评级机构、信用等级和评级到期日。

3. 转让背书

转让背书应当基于真实、合法的交易关系和债权债务关系，或以税收、继承、捐赠、股利分配等合法行为为基础。转让背书必须记载的事项包括：①背书人名称；②被背书人名称；③背书日期；④背书人签章。票据在提示付款期后，不得进行转让背书。

4. 贴现、转贴现和再贴现

（1）贴现、转贴现和再贴现的概念

贴现是指持票人在票据到期日前，将票据权利背书转让给金融机构，由其扣除一定利息后，将约定金额支付给持票人的票据行为。

转贴现是指持有票据的金融机构在票据到期日前，将票据权利背书转让给其他金融机构，由其扣除一定利息后，将约定金额支付给持票人的票据行为。

再贴现是指持有票据的金融机构在票据到期日前，将票据权利背书转让给中国人民银行，由其扣除一定利息后，将约定金额支付给持票人的票据行为。

（2）贴现、转贴现和再贴现的分类

按照交易方式不同，贴现、转贴现和再贴现可以分为买断式和回购式。

买断式是指贴出人（转让票据权利的票据当事人）将票据权利转让给贴入人（受让票据权利的票据当事人），不约定日后赎回的交易方式。

回购式是指贴出人将票据权利转让给贴入人，约定日后赎回的交易方式。

（3）办理回购式贴现、回购式转贴现和回购式再贴现的规定

电子商业汇票当事人在办理回购式贴现、回购式转贴现和回购式再贴现业

务时,应明确赎回开放日、赎回截止日。

在赎回开放日前,原贴出人、原贴入人不得作出除追索外的其他票据行为。

回购式贴现、回购式转贴现和回购式再贴现业务的原贴出人、原贴入人应按照协议约定,在赎回开放期赎回票据。

在赎回开放期未赎回票据的,原贴入人在赎回截止日后只可将票据背书给他人或行使票据权利,除票据关系以外的其他权利义务关系由双方协议约定。

(4) 贴出人和贴入人在贴现时的义务

持票人申请贴现时,应向贴入人提供用以证明其与直接前手间真实交易关系或债权债务关系的合同、发票等其他材料,并在电子商业汇票上作相应记录,贴入人应负责审查。

(5) 电子商业汇票贴现、转贴现和再贴现必须记载的事项

电子商业汇票贴现、转贴现和再贴现必须记载下列事项:①贴出人名称;②贴入人名称;③贴现、转贴现或再贴现日期;④贴现、转贴现或再贴现类型;⑤贴现、转贴现或再贴现利率;⑥实付金额(贴入人实际支付给贴出人的金额);⑦贴出人签章;⑧贴出人贴现资金入账信息。

(6) 回购式贴现、回购式转贴现和回购式再贴现赎回应记载的事项

回购式贴现、回购式转贴现和回购式再贴现赎回应记载的事项有:①原贴出人名称;②原贴入人名称;③赎回日期;④赎回利率;⑤赎回金额;⑥原贴入人签章。

(7) 贴现利率和转贴现利率和再贴现利率的规定

贴现利率和转贴现利率及期限等由贴出人与贴入人协商确定;再贴现利率由中国人民银行规定。

5. 电子商业汇票的质押

(1) 电子商业汇票质押的概念

电子商业汇票的质押是指电子商业汇票持票人为了给债权提供担保,在票据到期日前在电子商业汇票系统中进行登记,以该票据为债权人设立质权的票据行为。

(2) 电子商业汇票质押的解除、行使和继续担保

主债务到期日先于票据到期日,且主债务已经履行完毕的,质权人应按约定解除质押。主债务到期日先于票据到期日,且主债务到期未履行的,质权人可行使票据权利,但不得继续背书。票据到期日先于主债务到期日的,质权人可在票据到期后行使票据权利,并与出质人协议将兑现的票款用于提前清偿所担保的债权或继续作为债权的担保。

(3) 电子商业汇票质押必须记载的事项

电子商业汇票质押必须记载的事项有:①出质人名称;②质权人名称;③质

押日期;④表明“质押”的字样;⑤出质人签章。电子商业汇票质押解除必须记载的事项有:①表明“质押解除”的字样;②质押解除日期。

6. 电子商业汇票的保证

(1) 电子商业汇票保证的含义

电子商业汇票的保证,是指电子商业汇票上记载的债务人以外的第三人保证该票据获得付款的票据行为。

(2) 不同阶段被保证人的身份

电子商业汇票获得承兑前,保证人作出保证行为的,被保证人为出票人。

电子商业汇票获得承兑后、出票人将电子商业汇票交付收款人前,保证人作出保证行为的,被保证人为承兑人。

出票人将电子商业汇票交付收款人后,保证人作出保证行为的,被保证人为背书人。

(3) 电子商业汇票保证必须记载事项

电子商业汇票保证必须记载的事项有:①表明“保证”的字样;②保证人名称;③保证人住所;④被保证人名称;⑤保证日期;⑥保证人签章。

7. 电子商业汇票的付款

(1) 电子商业汇票提示付款的含义

提示付款是指持票人通过电子商业汇票系统向承兑人请求付款的行为。

(2) 电子商业汇票付款的规定

持票人应在提示付款期内向承兑人提示付款。提示付款期为自票据到期日起10日,最后一日遇法定休假日、大额支付系统非营业日、电子商业汇票系统非营业日顺延。

持票人在票据到期日前提示付款的,承兑人可付款或拒绝付款,或于到期日付款。承兑人拒绝付款或未予应答的,持票人可待票据到期后再次提示付款。

持票人在提示付款期内提示付款的,承兑人应在收到提示付款请求的当日至迟次日(遇法定休假日、大额支付系统非营业日、电子商业汇票系统非营业日顺延)付款或拒绝付款。持票人超过提示付款期提示付款的,接入机构不得拒绝受理。持票人在作出合理说明后,承兑人仍应当承担付款责任,并按前款规定的期限内付款或拒绝付款。

(3) 电子商业承兑汇票承兑人在收到提示付款请求逾期未应答的规定

电子商业承兑汇票承兑人在票据到期后收到提示付款请求,且在收到该请求次日起第3日(遇法定休假日、大额支付系统非营业日、电子商业汇票系统非营业日顺延)仍未应答的,接入机构应按其与承兑人签订的《电子商业汇票业务服务协议》,进行如下处理:

①承兑人账户余额在该日电子商业汇票系统营业截止时足够支付票款的,则视同承兑人同意付款,接入机构应扣划承兑人账户资金支付票款,并在下一日(遇法定休假日、大额支付系统非营业日、电子商业汇票系统非营业日顺延)电子商业汇票系统营业开始时代承兑人作出付款应答,并代理签章。

②承兑人账户余额在该日电子商业汇票系统营业截止时不足以支付票款的,则视同承兑人拒绝付款,接入机构应在下一日(遇法定休假日、大额支付系统非营业日、电子商业汇票系统非营业日顺延)电子商业汇票系统营业开始时代承兑人作出拒付应答,并代理签章。

(4) 电子商业汇票提示付款必须记载的事项

电子商业汇票提示付款必须记载的事项包括:①提示付款日期;②提示付款人签章。持票人可与接入机构签订协议,委托接入机构代为提示付款并代理签章。

(5) 承兑人付款或拒绝付款必须记载的事项

承兑人付款或拒绝付款必须记载的事项有:①承兑人名称;②付款日期或拒绝付款日期;③承兑人签章;④承兑人拒绝付款的,还应注明拒付理由。

8. 电子商业汇票的追索

(1) 电子商业汇票追索的基本类型

电子商业汇票追索的基本类型包括拒付追索、非拒付追索。

拒付追索是指电子商业汇票到期后被拒绝付款,持票人请求前手付款的行为。

非拒付追索是指承兑人被依法宣告破产或承兑人因违法被责令终止业务活动时,持票人请求前手付款的行为。

(2) 电子商业汇票追索的基本要求

电子商业汇票追索应当符合以下几个基本要求:①持票人在票据到期日前被拒付的,不得拒付追索;②持票人在提示付款期内被拒付的,可向所有前手拒付追索;③持票人超过提示付款期提示付款被拒付的,若持票人在提示付款期内曾发出过提示付款,则可向所有前手拒付追索;若未在提示付款期内发出过提示付款,则只可向出票人、承兑人拒付追索。

(3) 电子商业汇票追索人的义务

电子商业汇票追索人追索时应当提供拒付证明。拒付追索时,拒付证明为票据信息和拒付理由。非拒付追索时,拒付证明为票据信息和相关法律文件。

(4) 持票人向票据债务人追索的权利时效

持票人对出票人、承兑人追索和再追索权利时效,自票据到期日起 2 年,且不短于持票人对其他前手的追索和再追索权利时效。持票人对其他前手的追索权利时效,自被拒绝付款之日起 6 个月;持票人对其他前手的再追索权利时效，自清偿日或被提起诉讼之日起 3 个月。

（5）持票人发出的追索通知必须记载的事项

持票人发出的追索通知必须记载的事项包括：①追索人名称；②被追索人名称；③追索通知日期；④追索类型；⑤追索金额；⑥追索人签章。

（6）电子商业汇票清偿必须记载的事项

电子商业汇票清偿必须记载的事项有：①追索人名称；②清偿人名称；③同意清偿金额；④清偿日期；⑤清偿人签章。

（四）电子商业汇票的信息查询

1. 票据当事人查询电子商业汇票信息的途径

票据当事人可通过接入机构查询与其相关的电子商业汇票票据信息。

2. 接入机构记录并向客户展示电子商业汇票信息的义务

接入机构应记录其与电子商业汇票系统之间发送和接收的电子商业汇票票据信息，并按规定将该信息向客户展示。

3. 电子商业汇票的信息类型

电子商业汇票的信息包括票面信息和行为信息。其中票面信息是指出票人将票据交付收款人后、其他行为发生前，记载在票据上的所有信息；行为信息是指票据行为的必须记载事项。

知识链接

当事人查询电子商业汇票信息的规定

①出票人可查询电子商业汇票票面信息；②承兑人在收到提示付款申请前，可查询电子商业汇票票面信息。收到提示付款申请后，可查询该票据的所有票据信息；③收款人、被背书人和保证人可查询自身作出的行为信息及之前的票据信息同意清偿金额；④持票人可查询所有票据信息。⑤在追索阶段，被追索人可查询所有票据信息。

END

4. 票据当事人对票据信息有异议时的规定

票据当事人对票据信息有异议的，应通过接入机构向电子商业汇票系统运营者提出书面申请，电子商业汇票系统运营者应在 10 个工作日内按照查询权限办理相关查询业务。

5. 处于待签收状态的接收方查询票据信息的规定

电子商业汇票所有票据行为中，处于待签收状态的接收方可向电子商业汇票系统查询该票据承兑人和行为发起方的电子商业汇票支付信用信息。

6. 电子商业汇票系统提供票据信息的范围

电子商业汇票系统仅提供票据当事人的电子商业汇票支付信用信息，不对其进行信用评价或评级。

(五) 违反电子商业汇票业务管理办法的法律责任

1. 电子商业汇票系统运营者的义务

电子商业汇票发生法律纠纷时,电子商业汇票系统运营者负有出具电子商业汇票系统相关记录的义务。

2. 电子商业汇票承兑人的法律责任

承兑人应及时足额支付电子商业汇票票款。承兑人故意压票、拖延支付,影响持票人资金使用的,按中国人民银行规定的同档次流动资金贷款利率计付赔偿金。

3. 电子商业汇票出票人的法律责任

电子银行承兑汇票的出票人于票据到期日未能足额交存票款时,承兑人除向持票人无条件付款外,对出票人尚未支付的汇票金额转入逾期贷款处理,并按照每天万分之五计收罚息。

4. 电子商业汇票相关各方的法律责任

电子商业汇票相关各方存在下列情形之一,影响电子商业汇票业务处理或造成其他票据当事人资金损失的,应承担相应赔偿责任。中国人民银行有权视情节轻重对其处以警告或3万元以下罚款。

(1) 作为电子银行承兑汇票承兑人的财务公司、电子商业承兑汇票的承兑人违反《票据法》《票据管理实施办法》和本办法规定无理拒付或拖延支付的。

(2) 接入机构为客户提供电子商业汇票业务服务,未对客户基本信息尽审核义务的。

(3) 为电子商业汇票业务活动提供电子认证服务的电子认证服务提供者,未依据《电子签名法》承担相应责任的。

(4) 接入机构为客户提供电子商业汇票业务服务,未对客户电子签名真实性进行认真审核,造成资金损失的。

(5) 电子商业汇票系统运营者未对接入机构身份真实性和电子签名真实性进行认真审核,造成资金损失的。

(6) 接入机构因清算资金不足导致电子商业汇票资金清算失败,给票据当事人造成损失的。

(7) 接入机构因人为或系统原因未及时转发电子商业汇票信息,给票据当事人造成损失的。

(8) 接入机构内部系统存储的电子商业汇票信息与电子商业汇票系统相关信息严重不符,给票据当事人造成损失的。

(9) 接入机构的内部系统出现故障,未及时排除,造成重大影响的。

(10) 电子商业汇票系统运营者运营的电子商业汇票系统出现故障,未及时排除，造成重大影响的。

(11) 电子商业汇票债务解除前，接入机构违反本办法规定为承兑人撤销账户的。

(12) 其他违反《票据法》《票据管理实施办法》及《电子商业汇票业务管理办法》规定的行为。

5. 电子商业汇票当事人保管电子签名制作数据的法律责任

电子商业汇票当事人应当妥善保管电子签名制作数据，严防泄露。因保管不善造成资金损失的，有关责任方应当依法承担赔偿责任。

6. 金融机构应依法履行报告义务的法定情形

金融机构发现利用电子商业汇票从事违法犯罪活动的，应依法履行报告义务。

(六)《电子商业汇票业务管理办法》附则

电子商业汇票的数据电文格式和票据显示样式由中国人民银行统一规定。《电子商业汇票业务管理办法》未尽事宜，遵照《票据法》《票据管理实施办法》等法律法规执行。《电子商业汇票业务管理办法》由中国人民银行负责解释和修订。

二、《银行卡收单业务管理办法》

为规范银行卡收单业务，防范支付风险，保障公众合法权益，促进银行卡市场健康发展，中国人民银行 2013 年 7 月 5 日发布了《银行卡收单业务管理办法》，自公布之日起施行。作为中国人民银行规范支付服务市场行为的重要业务管理制度，《银行卡收单业务管理办法》立足尊重市场及其长远发展，充分发挥市场在资源配置中的决定性作用，以建立公平、有序、开放的市场竞争环境为目标，按照促进创新、规范发展、防范风险、维护各方合法权益的原则，对银行卡收单业务中各市场主体应遵循的业务规则、风险管理要求等作出了明确规定。

《银行卡收单业务管理办法》共 6 章 54 条，清晰界定了银行卡收单业务的内涵及其适用范围，对收单机构的特约商户资质审核、业务检查、交易监测、信息安全及资金结算等环节的风险管理进行全面规范，提出严格的监管要求。它的主要内容如下。

(一)《银行卡收单业务管理办法》总则

1. 立法目的

为规范银行卡收单业务，保障各参与方合法权益，防范支付风险，促进银行卡业务健康有序发展，根据《中国人民银行法》《非金融机构支付服务管理办法》等规定，制定《银行卡收单业务管理办法》。

2. 适用范围

收单机构在中华人民共和国境内从事银行卡收单业务,适用《银行卡收单业务管理办法》。收单机构为境外特约商户提供银行卡收单服务,适用《银行卡收单业务管理办法》,并应同时符合业务开办国家(地区)的监管要求。

3. 基本原则

(1) 收单机构应当依法维护当事人的合法权益,保障信息安全和交易安全。

(2) 收单机构应当遵守反洗钱法律法规要求,履行反洗钱和反恐怖融资义务。

知识链接

收单机构及银行卡收单业务的含义

《银行卡收单业务管理办法》所称收单机构,包括从事银行卡收单业务的银行业金融机构,获得银行卡收单业务许可、为实体特约商户提供银行卡受理并完成资金结算服务的支付机构,以及获得网络支付业务许可、为网络特约商户提供银行卡受理并完成资金结算服务的支付机构。

《银行卡收单业务管理办法》所称收单机构银行卡收单业务,是指收单机构与特约商户签订银行卡受理协议,在特约商户按约定受理银行卡并与持卡人达成交易后,为特约商户提供交易资金结算服务的行为。

END

(二) 特约商户管理

1. 收单机构拓展特约商户的原则

(1) 遵循“了解客户”原则

收单机构拓展特约商户,应当确保所拓展特约商户是依法设立、从事合法经营活动的商户,并承担特约商户收单业务管理责任。

(2) 谨慎原则

商户及其法定代表人或负责人在中国人民银行指定的风险信息管理系统中存在不良信息的,收单机构应当谨慎或拒绝为该商户提供银行卡收单服务。

2. 收单机构对特约商户的审核与管理规定

收单机构应当对特约商户实行实名制管理,严格审核特约商户的营业执照等证明文件,以及法定代表人或负责人有效身份证件等申请材料。特约商户为自然人的,收单机构应当审核其有效身份证件。

特约商户使用单位银行结算账户作为收单银行结算账户的,收单机构还应当审核其合法拥有该账户的证明文件。

收单机构应当制定特约商户资质审核流程和标准,明确资质审核权限。负责特约商户拓展和资质审核的岗位人员不得兼岗。

3. 收单机构与特约商户应签订合法的银行卡受理协议

收单机构应当与特约商户签订银行卡受理协议，就可受理的银行卡种类、开通的交易类型、收单银行结算账户的设置和变更、资金结算周期、结算手续费标准、差错和争议处理等事项，明确双方的权利、义务和违约责任。

4. 特约商户根据银行卡受理协议应当履行的基本义务

（1）基于真实的商品或服务交易背景受理银行卡，并遵守相应银行卡品牌的受理要求，不得歧视和拒绝同一银行卡品牌的不同发卡银行的持卡人。

（2）按规定使用受理终端（网络支付接口）和收单银行结算账户，不得利用其从事或协助他人从事非法活动。

（3）妥善处理交易数据信息、保存交易凭证，保障交易信息安全。

（4）不得因持卡人使用银行卡而向持卡人收取或变相收取附加费用，或降低服务水平。

5. 收单机构在提供收单服务前对特约商户的培训义务

收单机构应当在提供收单服务前对特约商户开展业务培训，并根据特约商户的经营特点和风险等级，定期开展后续培训，保存培训记录。

6. 收单机构对特约商户档案资料的保存义务

对特约商户申请材料、资质审核材料、受理协议、培训和检查记录、信息变更、终止合作等档案资料，收单机构应当至少保存至收单服务终止后5年。

7. 收单机构对特约商户有关信息的记录规定

收单机构应当建立特约商户信息管理系统，记录特约商户名称和经营地址、特约商户身份资料信息、特约商户类别、结算手续费标准、收单银行结算账户信息、开通的交易类型和开通时间、受理终端（网络支付接口）类型和安装地址等信息，并及时进行更新。网络支付接口的安装地址为特约商户的办公地址和从事经营活动的网络地址。

知识链接

收单机构应当对实体特约商户的管理

收单机构应当对实体特约商户收单业务进行本地化经营和管理，通过在特约商户及其分支机构所在省（区、市）域内的收单机构或其分支机构提供收单服务，不得跨省（区、市）域开展收单业务。

END

8. 收单机构向特约商户收取结算手续费的规定

收单机构应当按照有关规定向特约商户收取结算手续费，不得变相向持卡人转嫁结算手续费，不得采取不正当竞争手段损害他人合法权益。

9. 收单机构与特约商户终止银行卡受理协议时的义务

收单机构与特约商户终止银行卡受理协议的，应当及时收回受理终端或关闭网络支付接口，进行账务清理，妥善处理后续事项。

（三）业务与风险管理

1. 收单机构对特约商户风险评级及管理规定

收单机构应当综合考虑特约商户的区域和行业特征、经营规模、财务和资信状况等因素，对实体特约商户、网络特约商户分别进行风险评级。

对于风险等级较高的特约商户，收单机构应当对其开通的受理卡种和交易类型进行限制，并采取强化交易监测、设置交易限额、延迟结算、增加检查频率、建立特约商户风险准备金等风险管理措施。

2. 收单机构对特约商户检查的规定

收单机构应当建立特约商户检查制度，明确检查频率、检查内容、检查记录等管理要求，落实检查责任。对于实体特约商户，收单机构应当进行现场检查。对于网络特约商户，收单机构应当采取有效的检查措施和技术手段对其经营内容和交易情况进行检查。

3. 收单机构对风险较高的交易类型的管理规定

收单机构应当针对风险较高的交易类型制定专门的风险管理制度。对无卡、无密交易，以及预授权、消费撤销、退货等交易类型，收单机构应当强化风险管理措施。

4. 收单机构对可疑交易的检查与管理

收单机构应当建立收单交易风险监测系统，对可疑交易及时核查并采取有效措施。

5. 收单机构应建立覆盖各环节的风险管理制度

收单机构应当建立覆盖受理终端（网络支付接口）审批、使用、撤销等各环节的风险管理制度，明确受理终端（网络支付接口）的使用范围、交易类型、交易限额、审批权限，以及相关密钥的管理要求。收单机构为特约商户提供的受理终端（网络支付接口）应当符合国家、金融行业技术标准和相关信息安全管理要求。

6. 收单机构选用交易类型、标识并发送交易信息的规定

收单机构应当根据特约商户受理银行卡交易的真实场景，按照相关银行卡清算机构和发卡银行的业务规则和管理要求，正确选用交易类型，准确标识交易信息并完整发送，确保交易信息的完整性、真实性和可追溯性。特约商户和受理终端（网络支付接口）的编码应当具有唯一性。

知识链接

收单机构应标识并发送的交易信息

收单机构直接提供商品或服务的商户名称、类别和代码，受理终端（网络支付接口）类型和代码，交易时间和地点（网络特约商户的网络地址），交易金额，交易类型和渠道，交易发起方式等。网络特约商户的交易信息还应当包括商品订单号和网络交易平台名称。

7. 收单机构对交易信息的风险管理义务

收单机构将交易信息直接发送发卡银行的，应当在发卡银行遵守与相关银行卡清算机构的协议约定下，与其签订合作协议，明确交易信息和资金安全、持卡人和商户权益保护等方面的权利、义务和违约责任。

收单机构应当对发送的收单交易信息采用加密和数据校验措施。收单机构不得以任何形式存储银行卡磁道信息或芯片信息、卡片验证码、卡片有效期、个人标识码等敏感信息，并应采取有效措施防止特约商户和外包服务机构存储银行卡敏感信息。因特殊业务需要，收单机构确需存储银行卡敏感信息的，应当经持卡人本人同意、确保存储的信息仅用于持卡人指定用途，并承担相应信息安全管理责任。

8. 收单机构对特约商户收单银行结算账户设置和变更的审核规定

收单机构应当建立特约商户收单银行结算账户设置和变更审核制度，严格审核设置和变更申请材料的真实性、有效性。特约商户的收单银行结算账户应当为其同名单位银行结算账户，或其指定的、与其存在合法资金管理关系的单位银行结算账户。特约商户为个体工商户和自然人的，可使用其同名个人银行结算账户作为收单银行结算账户。

9. 收单机构将交易资金结算到特约商户的收单银行结算账户的结算时限

收单机构应按协议约定及时将交易资金结算到特约商户的收单银行结算账户，资金结算时限最迟不得超过持卡人确认可直接向特约商户付款的支付指令生效之日起 30 个自然日，因涉嫌违法违规等风险交易需延迟结算的除外。

10. 收单机构不得挪用特约商户待结算资金

收单机构应当建立资金结算风险管理制度，不得挪用特约商户待结算资金。

11. 收单机构将资金退至持卡人原银行卡账户的规定

收单机构应当根据交易发生时的原交易信息发起银行卡交易差错处理、退货交易，将资金退至持卡人原银行卡账户。若持卡人原银行卡账户已撤销的，应当退至持卡人指定的本人其他银行账户。

12. 收单机构对有关机构风险提示的义务

收单机构应当及时调查核实、妥善处理并如实反馈发卡银行的调单、协查要求和银行卡清算机构发出的风险提示。

13. 收单机构发现特约商户发生风险事件时的义务

收单机构发现特约商户发生疑似银行卡套现、洗钱、欺诈、移机、留存或泄漏持卡人账户信息等风险事件的,应当对特约商户采取延迟资金结算、暂停银行卡交易或收回受理终端(关闭网络支付接口)等措施,并承担因未采取措施导致的风险损失责任;发现涉嫌违法犯罪活动的,应当及时向公安机关报案。

14. 收单机构应当自主完成业务活动

收单机构应当自主完成特约商户资质审核、受理协议签订、收单业务交易处理、资金结算、风险监测、受理终端主密钥生成和管理、差错和争议处理等业务活动。

15. 收单机构实施收单业务外包的规定

收单机构应当在收单业务外包前制定收单业务外包管理办法,明确外包的业务范围、外包服务机构的准入标准及管理要求、外包业务风险管理和应急预案等内容。收单机构作为收单业务主体的管理责任和风险承担责任不因外包关系而转移。收单机构应当在收单业务外包前,将收单业务外包管理办法和所选择的外包服务机构相关情况,向中国人民银行及其分支机构报告。

收单机构或其外包服务机构、特约商户发生涉嫌银行卡违法犯罪案件或重大风险事件的,收单机构应当于 2 个工作日内向中国人民银行及其分支机构报告收单机构同时提供收单外包服务的,应当对收单业务和外包服务业务分别进行管理。

16. 收单机构制定突发事件应急预案并建立灾难备份系统的义务

收单机构应当制定突发事件应急预案,建立灾难备份系统,确保收单业务的连续性和收单业务系统安全运行。

(四) 监督管理

1. 对收单机构监督和管理的主体

中国人民银行依法对收单机构进行监督和管理。

2. 开办或终止收单业务向有权机构报告的规定

银行业金融机构开办、终止收单业务,应当向中国人民银行及其分支机构报告。

3. 收单机构自律管理的规定

收单机构应当加入中国支付清算协会,接受行业协会自律管理。中国支付清算协会应当根据本办法,制定银行卡收单业务行业自律规范,向中国人民银行备案后组织实施。

4. 中国人民银行及其分支机构对收单机构进行现场检查可以采取的措施

中国人民银行及其分支机构对收单机构进行现场检查时，可以采取的措施包括：①进入与收单活动相关的经营场所进行检查；②查阅、复制与检查事项有关的文件、资料；③询问有关工作人员，要求其对有关事项进行说明；④检查有关系统和设施，复制有关数据资料。

5. 收单机构配合中国人民银行及其分支机构现场检查及非现场监管时的义务

收单机构应当及时报送收单业务统计信息和管理信息，并按照规定将收单业务发展和管理情况的年度专项报告于次年 3 月 31 日前报送中国人民银行及其分支机构。报告内容至少应包括收单机构组织架构、收单业务运营状况、创新业务、外包业务、风险管理等情况及下一年度业务发展规划。

收单机构开展跨境或境外收单业务的，专项报告内容还应包括跨境或境外收单业务模式、清算安排及结算币种、合作方基本情况、业务管理制度、业务开办国家(地区)监管要求等。

6. 支付机构拟成立分支机构开展收单业务时的义务

支付机构拟成立分支机构开展收单业务的，应当提前向法人所在地中国人民银行分支机构及拟成立分支机构所在地中国人民银行分支机构备案。

7. 收单机构应向中国人民银行及其分支机构备案的业务

收单机构布放新型受理终端、开展收单创新业务、与境外机构合作开展跨境银行卡收单业务等，应当至少提前 30 日向中国人民银行及其分支机构备案。

(五) 罚则

1. 支付机构从事收单业务有轻度违法的法律责任及法定情形

支付机构从事收单业务有下列情形之一的，由中国人民银行分支机构按照《非金融机构支付服务管理办法》的规定责令其限期改正，并给予警告或处 1 万元以上 3 万元以下罚款：

(1) 未按规定建立并落实特约商户实名制、资质审核、风险评级、收单银行结算账户管理、档案管理、外包业务管理、交易和信息安全管理等制度的。

(2) 未按规定建立特约商户培训、检查制度和交易风险监测系统，发现特约商户疑似或涉嫌违法违规行为未采取有效措施的。

(3) 未按规定对高风险交易实行分类管理、落实风险防范措施的。

(4) 未按规定建立受理终端(网络支付接口)管理制度，或未能采取有效管理措施造成特约商户违规使用受理终端(网络支付接口)的。

(5) 未按规定收取特约商户结算手续费的。

(6) 未按规定落实收单业务本地化经营和管理责任的。

2. 支付机构从事收单业务有中度或重度违法的法律责任及法定情形

支付机构从事收单业务有下列情形之一的,由中国人民银行分支机构按照《非金融机构支付服务管理办法》第 43 条的规定责令其限期改正,并处 3 万元罚款;情节严重的,中国人民银行注销其《支付业务许可证》;涉嫌犯罪的,依法移送公安机关。

(1) 未按规定设置、发送收单交易信息的。

(2) 无故未按约定时限为特约商户办理资金结算,或截留、挪用特约商户或持卡人待结算资金的。

(3) 对发卡银行的调单、协查和银行卡清算机构发出的风险提示,未尽调查等处理职责,或导致发生风险事件并造成持卡人或发卡银行资金损失的。

(4) 对外包业务疏于管理,造成他人利益损失的。

(5) 支付机构或其特约商户、外包服务机构发生账户信息泄露事件的。

3. 银行业金融机构从事收单业务的法律责任

银行业金融机构从事收单业务有上述违法行为之一的,由中国人民银行给予通报批评,并可建议银行业金融机构对直接负责的董事、高级管理人员和其他直接责任人员给予纪律处分;情节严重或拒不改正的,中国人民银行可以责成银行卡清算机构停止为其服务,并向中国银行业监督管理委员会及其分支机构建议采取下列处罚措施:

(1) 责令银行业金融机构限期整改、暂停收单业务或注销金融业务经营许可证。

(2) 取消银行业金融机构直接负责的董事、高级管理人员和其他直接责任人员的任职资格。

(六) 附则

1.《银行卡收单业务管理办法》相关用语含义

(1) 特约商户。特约商户是指与收单机构签订银行卡受理协议、按约定受理银行卡并委托收单机构为其完成交易资金结算的企事业单位、个体工商户或其他组织,以及按照国家工商行政管理机关有关规定,开展网络商品交易等经营活动的自然人。

知识链接

实体特约商户与网络特约商户

实体特约商户,是指通过实体经营场所提供商品或服务的特约商户。

网络特约商户,是指基于公共网络信息系统提供商品或服务的特约商户。

END

(2) 受理终端。受理终端是指通过银行卡信息(磁条、芯片或银行卡账户信息)读取、采集或录入装置生成银行卡交易指令,能够保证银行卡交易信息处理安全的各类实体支付终端。

(3) 网络支付接口。网络支付接口是指收单机构与网络特约商户基于约定的业务规则,用于网络支付数据交换的规范和技术实现。

(4) 银行卡清算机构。银行卡清算机构是指经中国人民银行批准,通过设立银行卡清算标准和规则,运营银行卡业务系统,为发卡机构和收单机构提供银行卡交易处理,协助完成资金结算服务的机构。

中国人民银行分支机构可根据《银行卡收单业务管理办法》,结合辖区实际制订实施细则,向中国人民银行备案后组织实施。《银行卡收单业务管理办法》由中国人民银行负责解释。

三、《电子支付指引(第一号)》

为规范电子商务支付业务,防范支付风险,保证资金安全,维护银行及其客户在电子支付活动中的合法权益,促进电子支付业务的健康发展,中国人民银行在 2005 年 10 月 26 日制定并发布了《电子支付指引(第一号)》,以规范银行和客户之间的电子支付行为。该《指引》自发布之日起生效。有关部门选择了先通过“指引”这种规范性文件的方式引导和规范电子支付行为,待条件成熟再以相应部门规章或法律、行政法规的立法模式加以调整。

中国人民银行发布的《电子支付指引(第一号)》主要是调整银行和客户之间的权利义务关系,而未规定电子支付行为中其他当事人之间的权利义务关系。中国人民银行正在进一步研究并制定相应的指引,以规范电子支付关系中其他当事人之间的权利义务关系。

下面就《电子支付指引(第一号)》的有关内容,包括电子支付交易的有效性、客户和银行的权利和义务、信息披露支付安全等方面的规定进行介绍。

(一) 支付业务的申请

客户和银行之间发生的支付业务,银行应根据审慎性原则,确定办理电子支付业务客户的条件,客户在符合相应条件的前提下,按照一定的程序办理电子支付的申请手续。具体程序如下:

1. 银行公开办理电子支付业务的相关信息

根据《电子支付指引(第一号)》第 8 条的规定,银行应向公众公开披露办理电子支付业务的以下相关信息:

(1) 银行名称、营业地址及联系方式。

(2) 客户办理电子支付业务的条件。

(3) 所提供的电子支付业务品种、操作程序和收费标准等。

(4) 电子支付交易品种可能存在的全部风险,包括该品种的操作风险、对外采取的安全措施、无法采取安全措施的安全漏洞等。

(5) 客户使用电子支付交易品种可能产生的风险。

(6) 提醒客户妥善保管、使用或授权他人使用电子支付交易存取工具(如卡、密码、密匙、电子签名制作数据等)的警示性信息。

(7) 争议及差错处理方式等。

2. 客户提出申请

客户依照银行公布的办理电子支付业务的信息向银行提出办理电子支付业务的申请,银行应当认真审核客户申请办理电子支付业务的基本信息资料,并应当告知客户所提供信息的使用目的和范围、安全保护措施以及客户未提供或未真实提供相关资料信息的后果。

3. 签订电子支付合同或协议

客户认可银行办理电子支付业务的相关要求之后,与银行以书面或电子方式签订电子支付合同或协议,即可开展电子支付业务。

根据《电子支付指引(第一号)》第 13 条的规定,该合同或协议的内容包括:

(1) 客户指定办理电子支付业务的账户名称和账号。

(2) 客户应保证办理电子支付业务账户的支付能力。

(3) 双方约定的电子支付类型、交易规则、认证方式(如密码、密钥、数字证书、电子委名)等。

(4) 银行对客户提供的申请资料和其他信息的保密义务。

(5) 银行根据客户要求提供交易记录的时间和方式。

(6) 争议、差错处理和损害赔偿责任等。

根据《电子支付指引(第一号)》第 14 条的规定,客户与银行进行电子支付业务的过程中,发生下列情形时,应当及时向银行提出电子或书面申请:①终止电子支付协议的;②客户基本资料发生变更的;③约定的认证方式需要变更的;④有关电子支付业务资料、存取工具被盗或遗失的;⑤客户与银行约定的其他情形。

如果客户利用电子支付方式从事违反国家法律、法规活动的,银行应当按照有关部门的要求停止为其办理电子支付业务。

客户提出终止电子支付协议或银行停止为客户办理电子支付业务的,银行应当按会计档案的管理要求妥善保存客户的申请资料,保存期限至电子支付业务终止后 5 年。

(二) 电子支付指令的发起和接收

电子支付指令的发起和接受应当依照以下程序进行:

1. 电子支付指令的发起

这是客户根据需要就货币支付和资金转移通过电子终端，根据其与发起行签订的协议，发出电子支付指令。

2. 电子支付指令的确认

在客户发出电子支付指令前，发起行应建立必要的安全程序，在提示客户对指令的准确性和完整性进行确认的前提下，对客户身份和电子支付指令再次进行确认，并应能够向客户提供纸质或电子交易回单，同时形成日志文件等记录，保存至交易后5年。

3. 电子支付指令的执行

发起行在确认客户电子支付指令完整和准确后，通过安全程序执行电子支付指令。发起行执行该指令后，客户不得要求变更或撤销电子支付指令。

4. 电子支付指令的接收

接受行收到电子支付指令后，应当按照协议规定，及时回复确认。

根据《电子支付指引(第一号)》的有关规定，在电子支付指令的发起和接收过程中，发起行和接收行应确保电子支付指令传递的可跟踪稽核和不可篡改。如果电子支付指令需转换为纸质支付凭证的，其纸质支付凭证必须记载以下事项(具体格式由银行确定)：①付款人开户行名称和签章；②付款人名称、账号；③接收行名称；④收款人名称、账号；⑤大写金额和小写金额；(6)发起日期和交易序列号。

(三) 安全控制

鉴于我国现时的社会信用体系尚不健全和电子支付方式的特殊性，电子支付面临的各种安全风险问题十分突出。《电子支付指引(第一号)》为此专门作出了相应的规定：

1. 建立有效的安全管理制度

银行应针对与电子支付业务活动相关的风险，建立有效的安全管理制度。这类制度包括但不限于计算机设备安全管理制度、计算机网络系统安全管理制度、数据库安全管理制度、电子交易安全管理制度，等等。

2. 采用符合规定的安全标准

银行在开展电子支付业务时采用的信息安全标准、技术标准、业务标准等应当符合有关规定。

3. 限制电子支付的金额

银行应根据审慎性原则并针对不同客户，在电子支付类型、单笔支付金额和每日累计支付金额等方面作出合理限制：

(1) 银行通过互联网为个人客户办理电子支付业务，除采用数字证书、电子签名等安全认证方式外，单笔金额不应超过1000元人民币，每日累计金额不应超过 5000 元人民币。

（2）银行为客户办理电子支付业务，单位客户从其银行结算账户支付给个人银行结算账户的款项，其单笔金额不得超过 5 万元人民币，但银行与客户通过协议约定，能够实现提供有效付款依据的除外。

（3）银行应在客户的信用卡授信额度内，设定用于网上支付交易的额度供客户选择，但该额度不得超过信用卡的预借现金额度。

4. 合理使用客户信息资料

银行使用客户资料、交易记录等，不得超出法律、法规许可和客户授权的范围。

5. 保守客户秘密

银行应依法对客户的资料信息、交易记录等保密。除国家法律、行政法规另有规定外，银行应当拒绝除客户本人以外的任何单位或个人的查询。银行应采取必要措施为电子支付交易数据保密：

（1）对电子支付交易数据的访问须经合理授权和确认。

（2）电子支付交易数据须以安全方式保存，并防止其在公共、私人或内部网络上传输时被擅自查看或非法截取。

（3）第三方获取电子支付交易数据必须符合有关法律、法规的规定以及银行关于数据使用和保护的标准与控制制度。

（4）对电子支付交易数据的访问均须登记，并确保该等级不被篡改。

6. 及时与客户核对电子支付交易情况

银行应与客户约定，及时或定期向客户提供交易记录、资金余额和账户状态等信息，核对电子支付交易情况。

7. 保护电子支付交易数据的完整性和可靠性

银行应采取必要措施保护电子支付交易数据的完整性和可靠性。

（1）制定相应的风险控制策略，防止电子支付业务处理系统发生有意或无意的危害数据完整性和可靠性的变化，并具备有效的业务容量、业务连续性计划和应急计划。

（2）保证电子支付交易与数据记录程序的设计发生擅自变更时能被有效侦测。

（3）有效防止电子支付交易数据在传送、处理、存储、使用和修改过程中被篡改，任何对电子支付交易数据的篡改能通过交易处理、监测和数据记录功能被侦测。

（4）按照会计档案管理的要求，对电子支付交易数据，以纸介质或磁性介质的方式进行妥善保存，保存期限为 5 年，并方便调阅。

8. 建立合理的授权机制

银行应建立合理的授权机制，确保对电子支付业务处理系统的操作人员、管理人员以及系统服务商有合理的授权控制：

(1) 确保进入电子支付业务账户或敏感系统所需的认证数据免遭篡改和破坏。对此类篡改都应是可侦测的，而且审计监督应能恰当地反映出这些篡改的企图。

(2) 对认证数据进行的任何查询、添加、删除或更改都应得到必要授权，并具有不可篡改的日志记录。

9. 建立职责分离的管理体系

银行应采取有效措施，建立职责分离的管理体系，以保证电子支付业务处理系统中的职责分离：

(1) 对电子支付业务处理系统进行测试，确保职责分理。

(2) 开发和管理经营电子支付业务处理系统的人员维持分离状态。

(3) 交易程序和内控制度的设计确保任何单个的雇员和外部服务供应商都无法独立完成一项交易。

10. 强化认证服务体系的作用

银行采用数字证书或电子签名方式进行客户身份认证和交易授权的，提倡由合法的第三方认证机构提供认证服务。如客户因依据该认证服务进行交易遭受损失，认证服务机构不能证明自己无过错，应依法承担相应责任。

11. 及时通报重大安全事项

银行应建立电子支付业务运作重大事项报告制度，及时向监管部门报告电子支付业务经营过程中发生的危及安全的事项。

(四) 差错处理

电子支付业务常会出现差错，一旦发现差错，应当遵守据实、准确和及时的原则进行处理。《电子支付指引(第一号)》专门就差错处理事项作出规定：

1. 差错的记录管理

银行对电子支付业务的差错应详细备案登记，记录内容应包括差错时间、差错内容与处理部门及人员姓名、客户资料、差错影响或损失、差错原因、处理结果等。

2. 差错的补救

电子支付交易数据出现差错，应当根据不同情况进行补救：

(1) 由于银行保管、使用不当，导致客户资料信息被泄露或篡改的，银行应采取有效措施防止因此造成客户损失，并及时通知和协助客户补救。

(2) 接收行由于自身系统或内控制度等原因对电子支付指令未执行、未适当执行或延迟执行致使客户款项未准确入账的，应及时纠正。

(3) 客户的有关电子支付业务资料、存取工具被盗或遗失，应按约定方式和程序及时通知银行。

(4) 非资金所有人盗取他人存取工具发出电子支付指令,并且其身份认证和交易授权通过发起行的安全程序的,发起行应积极配合客户查找原因,尽量减少客户损失。

(5) 客户发现自身未按规定操作,或由于自身其他原因造成电子支付指令未执行、未适当执行、延迟执行的,应在协议约定的时间内,按照约定程序和方式通知银行。银行应积极调查并告知客户调查结果。银行发现因客户原因造成电子支付指令未执行、未适当执行、延迟执行的,应主动通知客户改正或配合客户采取补救措施。

(6) 因不可抗力造成电子支付指令未执行、未适当执行、延迟执行的,银行应当采取积极措施防止损失扩大。

3. 电子支付交易数据出现差错的责任承担

根据《电子支付指引(第一号)》的规定以及一般法律归责原则,电子支付交易数据出现差错时,应当依照下列情况承担责任:

(1) 因银行自身系统、内控制度或为其提供服务的第三方服务机构的原因,造成电子支付指令无法按约定时间传递、传递不完整或被篡改,并造成客户损失的,银行应按约定予以赔偿。

(2) 因第三方服务机构的原因造成客户损失的,银行应予赔偿,再根据与第三方服务机构的协议进行追偿。

(3) 因客户原因造成自身损失的,应当由自己承担损失责任。

(4) 因银行(包括第三方服务机构)和客户共同的原因造成损失的,应当依据各自的过错大小,由相应的责任人承担相应的过错责任。

第四节 国外电子支付立法

一、美国电子支付的立法

美国出台了一系列的法律和文件,在不同的角度和程度上相互关联,从而在整体上构成了电子商务的法律基础和框架,其中包括:以信息为主要内容的《电子信息自由法案》《个人隐私保护法》《公共信息准则》等。

以基础设施为主要内容的《1996 年电信法》;以计算机安全为主要内容的《计算机保护法》《网上电子安全法案》等;以商务实践为主要内容的美国《统一商法典》第 4A 编、《统一电子交易法》和《国际国内电子签名法》;还有属于政策性文件的《国家信息基础设施行动议程》与《全球电子商务政策框架》等。

美国联邦储备银行发布的条例和操作规范,对票据托收、电子划拨、涉及ATM、电话付款、转账卡交易的披露、通知、交单日期、责任划分、纠纷解决等作出了一些规定。美国民间清算机构制定了一些章程和运作规则，包括美国自动清算所协会、清算所银行间支付系统等。目前，美国自动清算所协会将要完善电子支付章程，将为使用自动化清算所进行支付的互联网交易进一步完善运作规则和章程。

电子支付运作规则的完善会使电子商务厂家大量使用自动化清算所网络进行电子支付。为完善这项运作规则，全美自动清算所协会已经成立了工作组，工作组将调查诸如支付授权鉴定、支付系统风险及为开始使用自动化清算所系统进行在线支付的最低安全标准。同时，全美自动清算所协会互联网委员会将制定出较完善的行业运作规范。

下面重点介绍美国《统一商法典》第4A编和美国《统一电子交易法》的主要内容。

（一）美国《统一商法典》第4A编的主要内容

美国《统一商法典》第4A编（Article 4A of Uniform Commercial Code）是世界上第一部专门调整大额电子资金划拨的法律。到1996年2月，美国《统一商法典》第4A编已被美国所有的州以及哥伦比亚特区采用，成为美国《统一商法典》中被采用范围最广的一编。

1. 规定了"支付命令"的定义

"支付命令"是美国《统一商法典》第4A编中用以表示电子支付指令的概念，它是指发送人对接收银行的一项指令，这项指令以口头方式、电子方式或书面形式传送，是支付或使另一家银行支付固定的或可确定的货币金额给受益人的指令。

支付命令须同时具备以下条件：①该指令除了支付时间外未规定向受益人支付的条件；②接收银行将通过借记发送人的账户，或以其他方式从发送人处收到支付，来得到偿付；且③这项指令由发送人直接传送给接收银行，或通过代理人、资金划拨系统或通讯系统传送给接收银行。

2. 规定了大额电子资金划拨各当事人的权利义务

根据美国《统一商法典》第4A编之规定，对于签发给受益人银行的支付命令，受益人银行对支付命令的接受使发送人承担向受益人银行支付该命令的金额的义务，同时也使受益人银行承担向受益人支付的义务。

对于签发给受益人银行以外的接收银行的支付命令，接收银行对支付命令的接受也使发送人承担向接收银行支付该命令的金额的义务，而接收银行则承担对发送人的义务，在执行日，签发符合发送人支付命令的支付命令，并且遵循发送人在实施资金划拨中使用的任何中间银行或资金划拨系统，或在资金划拨中传递支付命令的方式的指令。

3. 规定了安全程序的定义及其技术要求

为解决支付命令的认证及未能检测出欺诈而造成损失时的责任分担问题，美国《统一商法典》第4A编的起草者发明了一种认证方法——安全程序。所谓"安全程序"，是指由客户和接收银行间的协议所建立的程序，其目的在于：①证实支付命令或修改或撤消支付命令的信息是客户发出的，或②发现支付命令或信息在传递过程中或在内容上的错误。

就安全程序所使用的技术，美国《统一商法典》第4A编规定，安全程序可以要求使用算法(algorithms)或其他密码、确认字符(identifying words)或数字、加密、回呼程序(callback procedure)或类似的安全工具(security devices)。但支付命令或信息上的签字和客户授权的签字样本的比较其本身不是安全程序。

4. 规定了存在欺诈时损失分担的一般规则及该规则的重要例外

美国《统一商法典》第4A编规定，只有在客户根据代理法对签发支付命令进行了授权时，客户才受不是客户本人签发的支付命令的约束，此时，接收银行接收的支付命令称为授权的支付命令(authorized payment order)。因此，未经授权的支付命令所造成损失的风险一般应由银行承担，此为存在欺诈时损失分担责任的一般规则。

这项规则的例外是，如果接收银行与其客户达成协议，以客户的名义签发给接收银行的支付命令将通过安全程序进行认证且银行遵循了安全程序，在满足一定条件时，无论支付命令是否得到客户授权，接收银行接收的支付命令视为客户签发的支付命令。此时，接收银行接收的支付命令称为证实的支付命令(verified payment order)，即使该支付命令事实上未经客户的授权，此欺诈所造成的损失仍由客户承担。

知识链接

接收银行接收的支付命令存在欺诈时应承担损失的条件

根据美国《统一商法典》第4A编的规定，只要满足下列条件之一，接收银行接收的支付命令存在欺诈时，欺诈所造成的损失由银行承担：(1)客户与银行未达成关于使用安全程序的协议；(2)银行使用的安全程序不具有商业上的合理性；(3)银行未遵守具有商业上的合理性的安全程序；(4)银行未按善意接受支付命令；(5)银行的客户证明，欺诈人既不是客户的雇员或代理人，也不是从客户控制的来源得到秘密安全信息；或(6)银行以明示的书面协议，限制其有权强制执行支付命令或保留就支付命令的付款的范围。

END

（二）美国《统一计算机信息交易法》的主要内容

美国《统一计算机信息交易法》为美国网上计算机信息交易提供了基本的法律规范。该法立法的根本目的是保障电子商务的发展，让所有的交易者能够预见其交易行为的法律后果，使合法的交易行为得到法律的保护。该法将美国电子商务立法推进了一大步。美国各州正在积极采纳该法。《统一计算机信息交易法》的主要内容如下。

1. 规定了《统一计算机信息交易法》的适用范围

《统一计算机信息交易法》主要调整的是无形财产贸易，更确切地说是包括版权、专利权、集成电路权、商标权、商业秘密权、公开形象权等在内的知识产权贸易，而不适用于有关印刷出版的书籍、报纸、杂志等的交易。

2. 规定了电子代理人概念及其功能

《统一计算机信息交易法》针对电子商务的特点，引入了“电子代理人”这一非常重要的概念，正式承认了借助网络自动订立的合同的有效性。电子代理人是指在没有人检查的情况下，独立采取某种措施或者对某个电子信息或者履行作出反应的某个计算机程序、电子的或其他的自动手段。

电子代理人的出现使合同的缔结过程可以在无人控制的情况下自动完成。例如，当申请注册免费电子邮件地址的用户，登录到电子邮箱提供者的网页上，要求注册电子邮件地址时，网页会出示一份很长的格式合同，详细规定了用户使用电子邮件的条件和要求，最后则是一个很大的表示同意（I agree）的图标，如果用户点击了这一图标，就表示同意注册电子邮件的全部合同条件，并将这一同意的意思表示发送给对方的电子代理人，用户与电子邮箱提供者之间的合同就成立了。

3. 规定了自动的格式许可合同对用户和消费者的约束力

由于网络上的计算机信息交易大量采用自动生成的格式许可合同的形式，因此为了保护格式合同相对人（即用户和消费者）的利益，《统一计算机信息交易法》规定，格式许可合同的对方当事人只有在对合同条款表示同意的情况下，才受合同约束。

如果有些格式条款不易为人所察觉（例如字体过小，含义模糊），或者相互冲突，则对格式合同的相对人不具有约束力。在这种情况下，如果格式合同的相对人已经付了款，支付有关费用或者遭受了损失，则格式合同的提供方应当予以合同补偿。

4. 规定计算机信息的提供者对其提供的计算机信息的担保义务

《统一计算机信息交易法》规定计算机信息的提供者对其提供的计算机信息负有担保的义务，即担保其提供的计算机信息不侵害任何第三方的权利，在许可期间被许可人的利益不会因为任何第三方对计算机信息主张权利而受到损害。具体而言,计算机信息提供者应当担保其许可的专利权或其他知识产权在其所属国的领域内是合法、有效的。如果计算机信息提供者不想承担担保义务,则必须向接受者作出清楚的说明。

例如,在计算机信息的网上自动交易中标明在用户享用信息之时,如受到干扰,提供者不承担担保责任。当然,一旦计算机信息提供者不承担担保义务,其信息的市场价值就降低了。

二、欧盟电子支付立法

在全球性电子商务的发展浪潮中,欧盟国家意识到法律是电子商务发展的重要软环境,因此,欧盟从 1997 年底到 2007 年初颁布的一系列重要法律文件以保障和促进欧盟内部电子商务的发展。欧洲议会于 1999 年 12 月 13 日通过了《电子签名指令》,于 2000 年 5 月 4 日又通过了《电子商务指令》。

这两部法律文件协调与规范了电子商务立法的基本内容,构成了欧盟国家电子商务立法的核心和基础,其中《电子商务指令》更是全面规范了关于开放电子商务的市场、电子交易、电子商务服务提供者的责任等关键问题。欧盟成员国在自 2000 年 5 月起的 18 个月内,将电子商务指令制订成为本国法律。欧盟的指令与一般的国家法不完全相同,它们具有地区性国际条约的性质。

欧盟《电子商务指令》的主要内容如下。

1. 规定了信息社会服务的定义及范围

欧盟使用信息社会服务(information society services)一词来概括其法律规范的各类电子商务活动。信息社会服务一般是指在接受服务的用户的要求下,通过处理和存储数据的电子装置远程提供的服务。

欧盟法律协调的信息社会服务范围只包括在线信息、在线广告、在线购物、在线签约等通过计算机网络进行的经贸活动,不涉及安全、标识、产品责任、货物运输和配送等网下的活动。欧盟要求成员国保障信息社会服务在联盟统一市场内的自由流通,不得要求从事信息社会服务的企业在建立和提供之前履行任何审批手续。

2. 规定了信息社会服务的法律管辖

电子商务跨国界流通的性质使法律的适用成为一个难点。欧盟的法律规定,为了保证法律适用的确定性,信息社会服务应当受服务提供者机构所在国法律的管辖。

服务提供者机构所在国是指在一段时间内实际从事经济活动的固定的机构所在国。例如公司总部所在国或者主要营业机构所在国。某个公司通过互联网网站提供服务的所在地不是指支持网站运行的技术所在地或者网站可以被访问的地点,而是指网站从事经济活动的地点。

例如，一个公司不论将其网站服务器设在哪个国家，也不论其网站能够在多少个国家被访问，只要其主要营业地设在欧盟某个成员国内的，就要受该国法律的管辖。如果某个从事信息社会服务的公司为了规避欧盟某个成员国的法律，故意选择将营业机构设在另一成员国内，那么前一成员国有权对设立在他国但其全部或大部分活动是在本国实施的服务提供者适用本国法律，以制裁该服务提供者规避本国法律的行为。

3. 规定了通过电子邮箱进行商业性宣传的要求

通过电子邮箱进行商业性宣传对于信息社会服务获得融资支持，以及发展广泛的新型免费服务的意义重大。为了保护消费者利益，保障公平竞争，欧盟要求商业性宣传（包括价格打折、促销优惠、促销竞争或游戏）必须符合多个透明度要求，让服务接受者有充分的选择的自由。因此，欧盟规定在任何情况下，擅自发送的商业性宣传材料都必须被明确标明，并且不应导致接受者通讯费用的增加。

4. 规定了以电子形式缔结的合同的有效性和约束力

欧盟要求成员国应当保证其法律系统允许合同以电子形式缔结，保证适用于合同过程的法律规则不给采用电子形式的合同制造障碍，并不因为这些合同采取了电子形式而剥夺其有效性和约束力。欧盟还要求成员国承认电子签名具有与亲笔签名同样的效力。

5. 规定了信息社会服务者的责任

信息社会服务提供者的责任是关系到电子商务发展的又一核心问题。这一问题如果不能得到很好地解决，将阻碍市场的顺利运行，损害跨国服务的发展和正常的市场竞争。因此，欧盟要求成员国不得给服务提供者施加一种一般性的监控义务，因为服务提供者没有能力保证通过其计算机系统的信息的合法性。

欧盟法律还规定，服务提供者在作为纯粹的信息传输管道时或者进行信息缓存时，享受责任豁免的地位，即不因其传输或者存储的信息中含有违法内容而承担法律责任。这是因为在上述情况下，服务提供者对信息的传输和存储是技术性的、自动的和暂时的，服务提供者并不知道被传输或存储信息的内容，也不对被传输或存储的信息内容作任何修改。但是，服务提供者故意与其服务接受者合谋从事违法活动，则不属于责任限制之列。

总之，从全球电子商务立法的角度来看，欧盟的电子商务立法无论在立法思想上、立法内容上、还是立法技术上都是很先进的。欧盟有关电子商务的立法进程虽然比美国稍慢（美国于 1999 年颁布了《统一计算机信息交易法》），但是立法实施的速度将与美国相当，甚至稍快于美国。

三、国际性组织电子支付立法

(一)《电子商务示范法》

1.《电子商务示范法》的产生过程

随着电子数据交换(electronic data interchange,EDI)等现代通讯手段在国际商业中的使用迅速增多,各国对 EDI 的法律规定不尽相同,在国际贸易中所面临的法律问题越来越多。1991 年,联合国国际贸易法委员会下属的国际支付工作组开始负责制定一部世界性的 EDI 统一法。

1993 年,该工作组在维也纳召开第 26 届大会,会议全面审议了世界上第一部 EDI 统一法草案《电子数据交换及贸易数据通信手段有关法律方面的统一规则草案》。由于不同法系的法律不可能很快协调完备,为适应各国对 EDI 统一法的迫切要求,统一法采取了灵活的"示范法"(model law)形式。

同时,由于科学技术的不断进步,信息高速公路和国际互联网络变得更加普及,到 1996 年为止,在国际互联网上展开的开放式数据交换比 EDI 得到更广泛的应用。因此,1996 年联合国国际贸易法委员会大会决定,统一法标题中不再使用"电子数据交换"(EDI)的字样,代之以"电子商务"(electronic commerce),并将《示范法草案》名称改为《电子商务示范法》。同年 12 月 16 日,联合国国际贸易法委员会第 85 次全体大会以 51/162 号决议通过了《电子商务示范法》这一法律范本。该法解决了世界上许多国家在电子商务法律上的空白或不完善的问题,促进了全球电子商务的发展。

2.《电子商务示范法》的主要内容

《电子商务示范法》共分为两部分,第一部分涉及电子商务总的方面,共三章 15 条。第二部分只有一章 2 条,它涉及货物运输中使用的电子商业。

第一章"一般条款",包括适用范围、定义、解释、经由协议的改动等 4 个条款;第二章"对数据电文的适用的法律要求",包括对数据电文的法律承认、书面形式、签字、原件、数据电文的可接受性和证据力、数据电文的留存;第三章"数据电文的传递",包括合同的订立和有效性,当事各方对数据电文的承认,数据电文的归属、确认、收讫、发出和收到数据电文的时间、地点等 5 个条款。

3.《电子商务示范法》对金融业的影响

《电子商务示范法》是联合国国际贸易委员会为适应科技进步和电子商务的迅速发展,对传统以书面文件为基础而制定的一系列法律提出了挑战等一系列情况,而制定的供各国进行有关电子商务立法作参考的法律范本。同时,它也为各国电子商务的尽可能统一提供了一个示范的法律模式。

电子商务是世纪之交信息产业新的增长点,以电子商务为代表的网络经济是知识经济的重要组成部分。网上银行、网上证券交易、网上保险销售、网上外汇交易等金融业电子商务越来越多，代表了金融服务业中一种新的强有力的生产力。

这种在网络上以数据电文这一非纸质的比特流方式所进行的金融业务往来，正强烈地冲击着传统的金融业，金融机构非中介化、网络化、全球化、电子化之趋势越来越强，这种通过数据电文缔结电子合同来达成的非面对面的金融服务交易方式，产生了诸如电子合同之合法有效、原件、数字签名、合同成立的时间和地点等法律问题。这意味着传统的法律已经越来越不适应金融业电子商务发展的需要，并成为束缚无国界的电子商务的羁绊。

《电子商务示范法》正是解决这一矛盾的统一法，虽然它既不是国际条约，也不是国际惯例，仅仅是起到示范作用的有关电子商务的法律范本，却有助于有关国家完善、健全其有关传递和存贮信息的现行法律法规和惯例，并给全球化的金融业电子商务创造一个尽可能统一的、良好的法律环境。

（二）《电子贸易和结算规则》

国际商会很早就开始致力于电子商务惯例的收集和整理，但其主要工作集中在电子签名的登记和认证等方面的问题。目前，国际商会负责电子商务工程的工作小组，正在起草制订《电子贸易和结算规则》，该规则对电子支付的安全性、数字签名、加密及数字时间签章作了规定，一旦获得正式通过，将成为全球电子商务及电子支付的指导性交易规则。

复习思考题

1. 简述在电子商务活动中，电子支付的含义及作用。
2. 电子支付的方式有哪些？
3. 电子支付面临的法律问题有哪些？
4. 试述我国电子商业汇票的使用规定。
5. 试述我国银行卡收单机构的主要义务。
6. 根据我国《电子支付指引（第一号）》的规定，客户如何到银行申请并办理电子支付？

第六章 电子商务税收法律制度

学习目标

1. 了解电子商务对传统税收理论实践的冲击，理解我国电子商务税收法律政策。
2. 掌握构建我国电子商务税收基本原则，掌握我国电子商务涉税问题的对策。
3. 了解电子商务发展对我国税收的影响，了解世界各国电子商务涉税的对策。

税收是国家财政收入的主要来源，也是国家宏观经济调控的手段。国家通过税法的制定和实施，规范税收活动，保证税收目的的实现。电子商务的快速发展对传统税收制度产生了冲击，提出了新的挑战，引发了一系列税收问题，对现行税收制度的发展产生了一定的影响。为此，国家应研究和分析新问题、采取相应的对策，对传统税收制度加以调整，以适应电子商务的快速发展。

第一节　电子商务税收概述

国际互联网的迅速普及和电子商务的迅猛发展，在改变传统贸易方式的同时，在某种程度上也给现行税制及其管理手段提出了新的要求和新的课题。信息革命在推进税收征管现代化，提高征税质量和效率的同时，也对传统的税收理论、税收原则和税收征管实践提出了新的挑战。本节在分析电子商务对传统税收政策冲击的基础上，探讨我国电子商务税收面临的选择和我国在电子商务税收方面应坚持的原则。

一、电子商务税收的特征及对传统税收的影响

电子商务以其高科技性、无形性和交易虚拟化等特征，使纳税主体、客体的

认定以及纳税环节、地点等基本税法要素面临新的问题和困境。同时，电子商务也加大了税收征管和稽查的难度，对常设机构的概念提出了挑战，税收管辖权面临新问题。

（一）电子商务对传统税收理论的影响

电子商务使传统的税收原则虚拟化，并且，由于网上交易商品形态的变化，使电子商务的课税对象具有较大的不确定性，进而使纳税人、纳税环节等税法要素随之发生变化。由于电子商务是以无形化的方式在虚拟市场中进行交易活动，其无纸化操作的快捷性、交易参与者的流动性等特点，使纳税主体、客体、纳税环节、纳税地点等按照传统税法进行界定存在困难。

1. 电子商务带来纳税主体的虚拟化

纳税主体即纳税人，又称纳税义务人，是指税法上负有直接纳税义务的单位和个人，包括自然人和法人和其他组织。我国现行税法规定，凡从事商务活动的单位和个人，都要办理税务登记，确定纳税主体比较容易。而在互联网的环境下，互联网上的市场不是一个实体的市场，而是一个虚拟的市场，网上的任何一种产品都是触摸不到的。

在这样的市场中，看不到传统概念中的商场、店面、销售人员，就连涉及商品的手续，包括合同、单证，甚至资金等，都以虚拟方式出现；而且，互联网的使用者具有隐匿性、流动性，通过互联网进行交易的双方，可以隐匿姓名、居住地等，企业可以轻而易举地改变经营地点，从一个高税率国家转移到一个低税率国家。所有这些，都造成了纳税主体的不确定性。

2. 电子商务使纳税客体发生了变化

纳税客体即课税对象，是规定对什么征税的问题。课税对象作为税收法律制度的核心构成要素，表明国家征税的具体界限，是区分不同税种的主要标志，也是决定税收属性的主要依据。电子商务中，虚拟的数字化产品与服务对传统课税对象划分方式提出挑战，并对税收征管产生影响。

在交易内容上，电子商务具有数字化特征，使许多传统的商品交易变成了数字信息的交易，这在一定程度上改变了产品的性质，使商品、劳务和特许权难以区分。在交易模式上，电子商务交易活动不是在传统的物理交易场所进行的，而是在虚拟的交易场所进行，买者与卖者互不谋面，减少了商务活动的中间环节，提高了交易效率。

电子商务中的财产作为一种虚拟财产，是网络空间中虚拟社会的产物，产生于网络空间却已蔓延进入真实社会层面，不仅在整个现实社会具有不容忽视的重要地位，而且已经成为一种全新的财产，已无法纳入传统财产的范畴。

3. 电子商务使传统的纳税环节难以适用

纳税环节是指税法规定的课税对象从生产到消费的流转过程中应当缴纳

税款的环节。税法对纳税环节的规定是基于有形商品流通过程和经营业务活动，主要适用对流转税的征收。在传统交易中，商品要经历生产、批发、零售和进出口等环节才能从生产者到消费者手中，纳税环节就是要解决在那些环节征税的问题，它关系到税收由谁负担，税款是否及时足额入库以及纳税是否便利等问题。

电子商务简化了传统商品流转过程的多个环节，往往是从生产者直接到消费者，中间环节的消失导致相应的课税点消失，加重了税收流失的现象，其中以流转税最为严重。

4. 电子商务使纳税地点难以确认

纳税地点的确认，是实施税收管辖的重要前提。现行税法规定的纳税地点主要包括机构所在地、经济活动发生地、财产所在地、报关地等。在目前的电子商务交易中主要涉及的有买方所在地、卖方所在地、服务器所在地、网络服务商所在地等，它们一般都处在不同的地方，甚至可能分布在不同的国家。

电子商务的无国界性和无地域性特点，导致无法确定贸易商品的供应地和消费地，从而无法行使税收管辖权，使传统的纳税地点难以确认，并使偷税漏税及重复征税行为的发生难以避免。

（二）电子商务对现行税法实践的影响

电子商务的出现，改变了商品的流转方式，有形商品可以转化为数字形式存在，使交易的商品流转化为信息流，并通过网络来传递，这就改变了商品的传统交易形式，而且电子商务产生了新的信息资源，这些都对现行税收实践造成了冲击。

例如，原来以有形商品形式出现的书籍、报刊和软件等，现在都可以通过数字化的形式从互联网上直接下载使用，还可以通过复制的方式进行传播，这种交易行为的性质是提供商品还是提供服务或特许权使用，界限模糊。

对于这种交易行为应该按销售货物征税，还是按提供劳务征税，或按转让无形资产征税，现行税法难以判断。同时，由此应当缴纳的所得税，应视为生产经营所得，还是提供劳务或特许权使用费所得，其标准也很难界定。因此，由于电子商务环境下的交易对象的数字化，进一步引发了税法适用上的不确定性。

此外，交易凭证的电子化改变了传统的纸质凭证、账簿形式，使税务机关追踪、审查交易活动失去了纸面基础，再加上电子加密技术的应用，增大了税务机关获取交易主体真实身份、交易活动真实内容的难度。

二、我国电子商务税收的政策选择

电子商务在我国迅速发展，对我国的税收制度带来了直接的挑战。改革现行税制，促进电子商务的发展，我国税务部门必须在以下几个税收政策的基本方面作出选择。

（一）对电子商务是否征税的选择

无论是通过电子商务方式进行的交易，还是通过其他方式达成的交易，它们的本质都是实现商品或劳务的转移，差别仅在于实现手段不同。因此，根据现行流转税制和所得税制的规定，都应对电子商务活动征税。如果对传统贸易方式征税，不对电子商务交易方式征税，则有违公平税负和税收中性原则，从而不利于资源的有效配置和社会主义市场经济的健康发展。

在美国，沃尔玛等传统的零售商对电子商务免征销售税也存在较大的异议。在我国，电子商务将会日渐成为一种重要的商务活动形式，如不征税，政府将会失去很大的一块税源，不利于政府职能的有效发挥。而且，如果不及时出台电子商务税收征管的可行性办法，由于电子商务具有无地域、无国界的特点，会使得在日益复杂的国际税收问题面前，税收的国家主权和由此带来的国家利益受到影响。

当然，为了推动电子商务在中国的快速发展，制定相应的税收鼓励政策是必要的，但主要应通过延迟开征时间和一定比例的税收优惠来实现。

（二）对电子商务是否开征新税的选择

在电子商务飞速发展的今天，对电子商务是否开征新税仍然存在两种截然不同的认识。反对开征新税的观点认为：经济发展是税制变化的决定性因素，开征新税的前提应是经济基础发生实质性的变革。电子商务同样属于商品经济的范畴，其交易内容与传统贸易并无实质性的区别，只是交易形式有变化。因此可以认定电子商务的经济基础仍然是商品经济，并未使经济基础发生实质性的变革，不应当开征新税。

坚持开征新税的观点认为：网上交易的税种是由交易的内容来决定的，而不是由电子商务的形式来决定的，电子商务中产生了数字化、电子化的新型商品与服务，该商品具有虚拟化和无形化的特征，冲击了传统的经济基础，带来了税基的变化，继而使税种发生变化。因此，必须开征新税，一种较有代表性的观点是以因特网传送的信息流量的字节数作为计税依据计算应纳税额，开征新税——比特税。

比特税方案一经提出即引起广泛的争议。就目前我国电子商务的发展现状和税制建设来说，征收比特税显然是不现实的。比较可行的做法是不开征新的税种，而是运用现有税种，对一些传统的税收基本概念、范畴重新进行界定，对现行税法进行适当修订，在现行增值税、消费税、关税、所得税、印花税等税种中补充有关电子商务的税收条款，将电子商务征税问题纳入现行税制框架之下。

(三) 对电子商务适用税种的选择

在不对电子商务征收新税种的情况下,原有税种如何适用于电子商务,需区别情况对待。电子商务形成的交易一般可分为两种,即在线交易和离线交易。所谓在线交易是指直接通过因特网完成产品或劳务交付的交易方式,如计算机软件、数字化读物、音像唱片的交易等。

所谓离线交易是指通过因特网达成交易的有关协议,商务信息的交流、合同签订等商务活动的处理以及资金的转移等直接依托因特网来完成,而交易中的标的物——有形商品或服务的交付方式以传统的有形货物的交付方式实现转移。

(四) 对电子商务中国际税收管辖权的选择

世界各国在对待税收管辖权问题上,有实行居民管辖权的"属人原则"的,也有实行地域管辖权的"属地原则"的,不过,很少有国家只单独采用一种原则来行使国际税收管辖权的,往往是以一种为主,另一种为辅。

一般来说,发达国家的公民有大量的对外投资和跨国经营活动,能够从国外取得大量的投资收益和经营所得,因此多坚持"属人原则"为主来获取国际税收的管辖权。发展中国家的海外收入较少,希望通过坚持"属地原则"为主来维护本国对国际税收的管辖权。

根据我国目前外来投资较多的实际情况,在行使电子商务的国际税收管辖权问题上,应坚持以"属地原则"为主,"属人原则"为辅的标准。

三、电子商务税收法律政策构建的基本前提

电子商务以其虚拟化、无形化、无界化、无纸化以及电子支付的特点对以实物交易为基础的现行税收法律制度和原则造成了冲击,暴露了许多法律的空白和漏洞,传统的税法体系对其无法适从。良好的诚信体系、法律环境、技术环境和与电子商务相适应的税收原则是构建完善的电子商务税收体系的基本前提。

(一) 诚信基础

诚信是市场经济发展的基石,建立电子商务诚信体系是实施电子商务税收的前提之一。同时电子商务税收诚信也是电子商务信用系统的有机组成部分,其内容应当包括:构建电子商务诚信评估机制、中介机制;培养电子商务企业诚信经营与纳税意识和消费者诚信消费习惯;建立完善的电子商务税收信用评价体系;建立完善的电子商务税收信用监督体系。

(二) 法律基础

电子商务活动是在网络虚拟市场中进行的一种全新的交易,必须用完善的法律予以调整。但由于其发展具有一定的超前性,目前的税收法律还不能满足电子商务的要求。所以,要对电子商务进行征税,必须建立完善的法律体系。

一是对相关法律法规进行修订。在电子商务交易中，原有的法律法规已不能满足需要，增加涉税电子商务部分，完善电子商务涉税程序法与实体法，使电子商务主体的权利得到保障，义务得以顺利完成。

二是制定新法。随着电子商务活动的发展，电子商务税收政策必然成为税法中的重要组成部分，制定新的与电子商务相适应的税收政策已经势在必行。并且电子商务中出现新的网络信息商品，继续采用传统的税收法律法规，显然已经不合时宜。

（三）技术基础

为了提高税收征收效率，减少税款的流失，应加快税务机关的信息化建设，建立电子税务，研制开发电子化的税务票证系统和电子征税软件，研制包括电子发票、电子税票、电子报表等税务凭证。建立网络税务平台和网络税务认证中心。该系统可以保证税收征管系统自动运行中对纳税人及其基本资料提供可靠依据，从而确定电子交易的双方，以便确定纳税人，掌握有关交易信息，进行科学合理的税收征收管理活动。

（四）税收原则基础

电子商务的到来虽然对现有的税收理论和税收实践产生了巨大的冲击，给税收活动带来了新问题，但仍然必须坚持税收法定主义、税收公平和税收效率三项原则。

1. 税收法定主义原则

税收法定主义原则要求电子商务税收法律制度除了遵守现行的税收理论和政策外，还应当包括以下具体内容：如果开征新税，必须在法律法规确定的范围内征收；税收构成要素和征管程序必须由法律加以限定，法律对税收要素和征管程序的规定应当尽量明确，以避免出现漏洞；征收机关必须严格按照法律的规定征收，不得擅自变更税收要素和法定征收程序；纳税人必须依法纳税，同时也享受法律规定的权利。

知识链接

我国《税收征收管理法》第 3 条规定，“税收的开征、停征以及减税、免税、退税、补税，依照法律的规定执行；法律授权国务院规定的，依照国务院制定的行政法规的规定执行。

任何机关、单位和个人不得违反法律、行政法规的规定，擅自作出税收开征、停征以及减税、免税、退税、补税和其他同税收法律、行政法规相抵触的决定。”

2. 税收公平原则

税收公平原则就是指国家征税要使各个纳税人承受的负担与其经济状况相适应,并使纳税人之间的税收负担水平保持均衡。电子商务作为一种新兴的贸易方式,虽然是一种数字化的商品或服务的贸易,但并没有改变商品交易的本质,仍然具有商品交易的基本特征。因此,按照税法公平原则的要求,电子商务和传统的贸易活动应该使用相同的税法,承担相同的税收负担。税收公平原则支持和鼓励商品经营者采取电子商务的方式开展贸易,但并不强制推行这种交易方式。

3. 税收效率原则

税收效率原则主要是指税法的制定和执行必须有利于社会经济运行效率和税收行政效率的提高,税法的调整也必须有利于提高社会经济效率和减少纳税人的纳税成本,电子商务税收同样必须坚持效率原则。

为此,在制定电子商务税收政策时,一方面,应当以电子商务的发展水平和税收征管水平为前提,确保税收政策能够准确贯彻执行;另一方面,力求将纳税人利用电子商务进行偷税漏税与避税的可能性降到最低限度。同时,应当贯彻肯定、明确、简洁、易于操作的原则,将纳税人的纳税成本和税务机关的征税成本控制在最低限度,提高税收效率。

四、我国电子商务税收应遵循的原则

我国已经成为电子商务消费大国,电子商务的发展在一定程度上会弱化来源地税收管辖权,如果免征电子商务的"关税"和"增值税",将会严重损害我国的经济利益。针对这种情况,我国在电子商务税收方面应遵循以下原则。

(一)税收中性原则

税收法律法规在加强税收征收管理、防止税收流失的同时不应阻碍电子商务的发展,而应着力考虑现行税种与网上交易的协调。目前世界上已颁布网上贸易税收法律法规的政府和权威组织都强调取消阻碍电子商务发展的税收壁垒,坚持税收中性原则和公平原则。在考虑制定电子商务税收法律法规时,也应以交易的本质内容为基础,而不应考虑交易的形式,以避免税收对经济的扭曲,使纳税人的决策取决于市场规则而不是出于对税收因素的考虑。

(二)居民管辖权与地域管辖权并重的原则

由于欧美等国作为发达国家提出以"居民管辖权"取代"地域管辖权"的目的是保护其先进技术输出国的利益,发展中国家如果没有自己的对策,放弃"地域管辖权"将失去大量税收收入。所以税收法律法规的制定应充分考虑我国及广大发展中国家的利益,在互利互惠的基础上,联合其他发展中国家,坚持居民管辖权与地域管辖权并重的原则。

（三）区别对待的原则

对于完全意义上的网上交易，如国内供应商提供的软件销售、网络服务等无形产品，无论购买者来自国内还是国外都应暂时免税；而对于以网络为媒介的间接电子商务形式，如利用网上订货形成的实物交割交易形式，应比照传统交易方式征收增值税等，适用相同税制。

（四）便于征收、便于缴纳的原则

税收政策的制度应考虑互联网的技术特征和征税成本，如采取电子申报、电子缴纳、电子稽查等方式，便于税务部门征收管理以及纳税人的缴纳。

（五）完善适应电子商务的税收征管方法

世界各国对电子商务的税收征管问题都十分重视且行动非常积极：例如，OECD（经济合作与发展组织）成员国同意免征电子商务关税，但也认为在货物的定义不稳定的情况下决定一律免征关税是不妥的，与此同时把通过互联网销售的数字化产品视为劳务销售而征税。日本规定软件和信息这两种商品通常不征收关税，但用户下载境外的软件、游戏等也有缴纳消费税的义务。

新加坡和马来西亚的税务部门都规定在电子商务中的软件供应行为要征收预提税。欧盟贸易委员会也提出了建立以监管支付体系为主的税收征管体制的设想。德国税务稽查部门设计了通过金融部门资金流动掌握电子商务企业涉税信息的方案，以及“反向征税”机制等。

综合各国的经验以及结合我国的国情，可考虑对网络服务器进行强制性的税务链接、海关链接和银行链接，以保证对电子商务的实时、有效监控，确保税收征管，打击利用网上交易逃避纳税义务的行为。同时，税务部门应与银行、信息及网络技术部门密切配合，力争开发自动征税软件等专业化的税款征收工具，并加紧培养财税电算化人才，以适应电子商务的特点。

此外，我国要积极开展国际合作与协调，站在发展中国家的利益上参与国际对话。国际互联网贸易的蓬勃发展促使世界经济全球化、一体化，也使国际税收协调在国际税收原则、立法、征收管理、稽查等诸方面需要更紧密的配合，以形成广泛的税收协定网。因此我国应积极参与国际互联网贸易税收理论、政策的制定，并积极参与国际对话。

随着全球经济一体化进程的加快，电子商务在我国快速普及，形成巨大的市场，可供纳税的收入将大幅度增加，税务部门应抓紧时间，跟踪研究电子商务发展新动向，跟踪研究他国关于电子商务税收的政策主张，同时加强与国内其他有关部门的配合，尽早研究制定出适合我国国情，又与国际接轨的电子商务税收原则和税收对策。

第二节 电子商务发展对我国现行税法的影响

一、电子商务对我国现行流转税的影响

(一) 电子商务对我国现行增值税的影响

我国《增值税暂行条例》规定:在中华人民共和国境内销售货物或者加工、修理修配劳务(以下简称劳务),销售服务、无形资产、不动产以及进口货物的单位和个人,为增值税的纳税人,应当依照本条例缴纳增值税。

在电子商务时代的跨国或国内交易中,顾客通过上网订购商品将有两种情形:

如果这类商品并非经由网络电子化传送,例如某公司向国外网站购买某种商品,当这些商品需要离线(off-line)交易时,电子商务对增值税影响不大,例如这些商品运抵我国海关时,海关依照规定代征进口产品增值税。

如果这类商品经由网络电子化传送,属在线交易(on-line)情况,增值税的适用确有问题。例如:

(1) 某甲在国外网站通过互联网以电子传送数字化产品给国内某乙,到底是否课征进口商品增值税?假如认定其是进口货物,按税法规定应征收增值税,但实际上政府能否收到这笔税令人怀疑。因为,依照税法规定,进口货物的收货人或代理人为纳税人。当数字化新产品由电子化传送时,这些收货人一般是消费者大众,每宗交易的数量又相对较少,他们一般不会也不可能想到要到税务机关申报纳税,税务机关也很难掌握有关的资料。

(2) 某甲在国外网站通过互联网向国内用户提供修理、修配的技术支援指导,按税法规定属应税劳务。问题是,在某甲不主动申报的情况下,税务机关发现该类交易的可能性微乎其微。

(3) 为鼓励货物出口,我国《增值税暂行条例》明确规定,“纳税人出口货物,税率为零”,对出口货物采取优惠政策。假如有某一纳税人在我国设立的某一网站销售货物或应税劳务给全世界消费者使用,则此时如何区别内销与外销?在纳税人极力夸大其外销份额的情况下,税务机关又如何查核事实真相?

小贴士

2015 年 6 月底,全国纳入“营改增”试点的纳税人共计 509 万户。据不完全数据统计,从 2012 年试点到 2015 年底,“营改增”已经累计减税 5000 多亿元,后续产业链减税效果持续体现。(《人民日报海外版》2016 年 1 月 27 日)

“营改增”是一个减税措施,但对财政收入会造成冲击。增值税和营业税加

总，占到了我国全部税收收入的40%以上。营改增之后，将呈现“一税独大”的局面。地方税已无主体税种，现行中央与地方的分税格局难以为继，整体税制结构对单一税种严重依赖，其中风险不容忽视。(《每日经济新闻》2016年1月26日)

2017年10月30日国务院第191次常务会议通过决定，废止《中华人民共和国营业税暂行条例》，同时对《中华人民共和国增值税暂行条例》进行修改。

END

(二)电子商务对我国营业税征收的影响及营业税改增值税政策

1. 营业税改增值税概述

营业税改增值税，简称“营改增”，是指以前缴纳营业税的应税项目改成缴纳增值税。“营改增”是自1994年分税制改革以来，财税体制的又一次深刻变革。“营改增”在全国范围内实现，大致经历了从政策准备、试点到全国推开三个阶段：2011年，经国务院批准，财政部、国家税务总局联合下发营业税改增值税试点方案。

从2012年1月1日起，在上海交通运输业和部分现代服务业开展营业税改增值税试点，后逐步扩大试点范围。2013年8月1日起，“营改增”范围推广到全国试行。自2016年5月1日起，全面推开营改增试点，将建筑业、房地产业、金融业、生活服务业全部纳入营改增试点，至此，营业税退出历史舞台。

2. 营业税改增值税范围

营业税改增值税主要涉及的范围是交通运输业以及部分现代服务业。交通运输业包括：陆路运输、水路运输、航空运输、管道运输等。现代服务业包括：研发和技术服务、信息技术服务、文化创意服务、物流辅助服务、有形动产租赁服务、鉴证咨询服务等。

3. 营业税改增值税税率

营业税改增值税的过程中，按照试点行业营业税实际税负测算，陆路运输、水路运输、航空运输等交通运输业转换的增值税税率水平基本在11%～15%之间，研发和技术服务、信息技术、文化创意、物流辅助、鉴证咨询服务等现代服务业基本在6%～10%之间。为使营改增所涉及的行业总体税负不增加，改革试点选择了11%和6%两档低税率，交通运输业实行11%的税率，现代服务业实行6%的税率。

4. “营改增”的特点

“营改增”的最大特点是减少重复征税，避免了营业税重复征税、不能抵扣、不能退税的弊端，实现了增值税“道道征税，层层抵扣”的目的。“营改增”改变了市场经济交往中的价格体系，把营业税的价内税变成了增值税的价外税，形成了增值税进项和销项的抵扣关系，这将从深层次上影响到产业结构的调整及企业的内部架构,可以促使社会形成更好的良性循环,有利于企业降低税负,是国家根据经济社会发展新形势,从深化改革的总体部署出发作出的重要决策。

"营改增"的目的是加快财税体制改革、完善增值税乃至整个税收制度、进一步减轻企业赋税,调动各方积极性,促进服务业尤其是科技等高端服务业的发展,促进产业和消费升级、培育新动能、深化供给侧结构性改革。对企业来讲,如果提高了盈利能力,就有可能进一步推进转型发展。每个个体企业的转型升级,无疑将实现产业乃至整个经济体的结构性改革,这也是推动结构性改革尤其是供给侧结构性改革和积极财政政策的重要内容。

5. 实施意义

"营改增"的全面实施,一方面实现了增值税对货物和服务的全覆盖,基本消除了重复征税,打通了增值税抵扣链条,促进了社会分工协作,有力地支持了服务业发展和制造业转型升级;另一方面将不动产纳入抵扣范围,比较完整地实现了规范的消费型增值税制度,有利于扩大企业投资,增强企业经营活力。有利于完善和延伸第二三产业增值税抵扣链条,促进第二三产业融合发展。此外,"营改增"有利于增加就业岗位,有利于建立货物和劳务领域的增值税出口退税制度,全面改善我国的出口税收环境。

(三) 电子商务对关税的影响

电子商务对关税的影响类似于对增值税的影响。在上述有关增值税论述的两种情形中,第一种方式下的交易同目前国际邮购方式无异,在商品经过海关时,按规定予以征免关税。第二种方式下,当通过互联网订购数字化商品时,客户直接由网上下载商品,不必课征关税,这已获国际认同。但是,由于许多有形商品可以转化成数字化产品,预计未来关税会相应减少。

此外,由于我国对低于一定金额下的物品免征进口关税,在未来跨国界小额进口逐渐取代中间代理商品额进口且将有形商品转化为数字化商品的情况下,将会对我国关税收有所影响。

二、电子商务对现行所得税的影响

(一) 电子商务对所得来源地认定的影响

目前,我国对非居民纳税人仅就其来源于国内的所得征税,而对居民纳税人则对其境内、境外全部所得征税。假定我国居民在A国设立一个网站,直接通过互联网向全世界销售商品,则我国居民由该网站取得的所得,是否属于来源于A国的所得?

1. 该所得来源于何国,对居民公司有如下影响

(1) 假定A国认定其为来源于A国之所得,我国也同意此观点,则居民公司须就该所得在我国纳税,其在A国已缴纳的所得税可抵扣我国的企业所得税。

(2) 假如A国认定其为来源于A国之所得,我国不予承认,则居民公司必须就该项所得在我国纳税,且在A国已缴纳的税款不得抵扣,因而造成双重征税。

2. 该所得归属于何国,对居民个人有如下影响

(1) 如果A国认定其为来源于A国之所得,我国也同意此观点,则该笔个人所得在A国要缴纳所得税,但在国内合并申报时可按规定获得抵扣。

(2) 如果双方均认为来源于本国的所得,则将造成双重征税。

(二) 电子商务对所得种类的影响

在我国实行分类所得税制,不同种类所得适用不同的税率。电子商务时代,营业所得、特许权收入、劳务报酬等所得之间的分类变得模糊不清。

知识链接

某非居民公司通过互联网传送统计资料给我国用户时,其取得的所得,应属来源于我国的所得,但是属于哪种呢?

【解析】

(1) 如果这些数据类似书籍杂志刊载的数据,电子化传送与取自实体文件并无不同,应属营业利润。

(2) 如果这些数据资料是专为顾客搜集加工的,属提供劳务一类。

(3) 如果这些数据资料是特别为顾客开发程式之用,属智力财产,应视为特许权使用。

在上述情况下,对电子商务交易的不同认定将会导致对所得税适用的影响。由于所得类型模糊化,又将导致新的避税行为。

END

三、电子商务对我国现行涉外税收的影响

(一) 电子商务对总机构认定的影响

我国《企业所得税法》规定,外商投资企业的总机构设在我国境内,就来源于中国境内、境外所得缴纳所得税。

在互联网未盛行时,总机构是指在我国境内设立的负责该企业经营管理与控制的中心机构,必须有实体建筑物的存在,以便公司人员可以集会讨论诸如管理等问题。然而互联网科技盛行之后,在网上通过可视会议系统的通信技术,即使不具有实体建筑物,仍然可以在境外进行管理与控制。在这种情况下,如何认定总机构地点?如果参加可视会议的人员遍布全球,则公司的决策地点又如何认定是个需要解决的问题。

(二)电子商务对固定营业场所的影响

如前所述,依我国税法规定,非居民如有来源于我国境内的所得,在没有税收协定的情况下,我国必须对此所得课税。然而在与非居民所在国有税收协定的情况下,非居民企业若在我国有"营业利润",当该营业利润并非通过该非居民企业设在我国的常设机构(permanent establishment,PE)所取得时,我国无权对此课税。

(1) 传统的PE是指一个企业进行全部或部分营业的固定营业场所,其概念包括:

经营的固定场所,包括管理机构、分支机构、办事处、工厂、车间等,但专为采购货品用的仓库或保养场所而非用以加工制造货品的,不在此列;

营业代理人,但此代理人如果是为自己经营的,则不在此列。

(2) 在电子商务交易中,由于可以任意在任何国家设立或租用一个服务器,成立一个商业网站,PE的传统定义受到挑战。

假定一新加坡企业在我国设立一个网站,提供商品目录,直接接受全世界顾客的订货而完成交易行为,此种情况下的网站是否具有PE的性质值得讨论?

① 这个网站是否是一个企业从事全部或部分营业的固定营业场所?或者目的仅为储存、展示或运送属于该企业货物或商品的设备?如果这些商品是数字化商品,因它储存并展示在该网站中,且网站也直接运送商品给顾客,似乎网站不属于PE,然而当考虑到顾客可直接在网站上订货且被接受,此时网站又是企业从事全部或部分营业的固定营业场所,似乎又是PE了。

② 如果这些商品不属于数字化商品,不能通过互联网下载到顾客处,此时该网站不一定视为PE,但当顾客在该网站订货并收到货物(如书籍),该网站是否属代理人?

③ 上述例子,如改为该网站是银行提供存款的服务或证券机构提供股票即期、远期等交易服务时,情形又有变化,似乎应该视为PE。

④ 如果将该网站视为PE,则由于网站能轻易从一国流动至另一国,甚至当先进的手提电脑可充当服务器时,业主很可能会为了避税,而将网站迁移至低税率或其他避税地区,这并不影响网站的效率。

(三)电子商务对转移价格的影响

在电子商务普及的情况下,利用转移价格避税的问题将更为普遍。传统交易中利用转移价格避税已屡见不鲜,税务机关均使用可比较利润法、成本加价法、转售价格法等对非常规交易的价格和利润进行调整。在电子商务时代,赢利企业可通过互联网或内部网络从事交易或进行价格转移,这势必对传统的转移定价调整方法带来挑战。

（四）电子商务对国际税务合作的影响

由于电子商务对各国税收带来的影响不尽相同，各国之间税收利益也必须作新的调整。某些国家是信息技术大国，势必利用其技术上的优势地位损害其他国家利益。

例如，前美国总统克林顿在《全球电子商务纲要》中宣布“互联网应为免税区，产品及劳务如经由互联网传送者，均应一律免税。”由于美国是信息输出大国，其主张当然对自身有利而遭其他国家反对。如此种种，必将带来新的国际税收冲突以及为解决冲突而进行的新的国际税务合作。

第三节　世界各国对电子商务涉税问题的对策

目前，通过互联网进行跨国交易方兴未艾，然而传统的税收已成为阻碍互联网推广的因素之一。为此，各国及一些经济组织均提出相应措施，积极应对。

一、美国提出电子商务税收的个性原则

美国是电子商务的发源地，也是世界上第一个对此作出政策反应的国家。1996 年 11 月美国财政部就发表了《全球电子商务选择性的税收政策》一文，这是一国政府首次公开探讨电子贸易尤其是国际互联网贸易的税收问题。

（一）技术特征方面

《全球电子商务选择性的税收政策》指出“没有对互联网等先进技术的特征的理解，就无法制定出相应的对策”，对所得划分、常设机构确定时，应考虑到网络独一无二的技术特征，突破传统有形和无形的概念。

（二）政策原则方面

在制定有关税收政策及税务管理措施时，应遵循中性原则，以免阻碍新技术的发展。

税收应不影响企业对市场行为和贸易方式的经济选择，而应确保市场成为确定贸易方式成败的唯一力量。《全球电子商务选择性的税收政策》认为，最好的中性是不开征新税或附加税；按居民管辖权征税。该文件指出，新技术及国际互联网贸易的发展要求居民管辖权发挥更大的作用。

在网络空间中，很多情况下难于将一项所得与特定的收入来源地联系在一起，地域管辖权已难以有效地运用，将逐渐失去其合理性。而与此同时，几乎所有的纳税人都是某个国家的居民，因此从管理便利的角度看，地域管辖权应让位于居民管辖权。

（三）税务管理方面

税务部门必须改进管理，采用新技术，应尽力与私营部门合作，应避免双重征税。文件还对常设机构、会计记录的保存作了初步探讨。

美财政部认为，没有必要对国际税收原则做根本性的修改，但是要形成国际共识，以确保不对全球电子商务征收新的或歧视性税收；明确对电子商务征税的管辖权，以避免双重税赋。1997 年冬，美国全国州长协会在华盛顿召开会议，力促国会通过议案管理互联网商务，敦促美国联邦政府尽快颁布电子商务征税的法令。提议各州应该对所有的电子商务和电子订购“建立一个单一的州内销售税率”，并找到一条途径把这份收入分配给地方政府。

目前，美国约有 40 个州对电子商务征税，由于各州税法不一致，此类税收官司不断发生。州长协会提议创建一个第三方组织的网络担负起向州政府交税的职责，明确表示不打算将征税的权力交给联邦政府。加州和弗吉尼亚州的代表对此方案投了反对票。

1997 年 7 月 1 日，克林顿政府发布《全球电子商务纲要》，提出了美国对电子商务征税的三项基本原则：

(1) 既不扭曲也不阻碍电子商务的发展，税收政策要避免对电子商务形式的选择发生影响，避免足以改变交易性质或交易地点的刺激性效果的产生。

(2) 保持税收政策的简化与透明度。

(3) 对电子商务的税收政策要与美国现行税制相协调，并与国际税收基本原则保持一致。

面对着电子商务的迅速发展，美国政府在积极寻求电子商务税收问题的永久性的解决办法，并使其合法化。为促进电子商务的发展需要建立一套新的税制为政府机构提供适当的收入。

这种税制应当能够保证不存在特殊的因素来破坏互联网的成长，也没有不公平的税种来阻碍电子商务的成长。为网络贸易免税的战略使得电子商务能够在市场的大舞台上大显身手，同时也保证了美国电子商务领先于时代大潮，适应迅速发展的市场要求。

二、欧盟的“清晰与中性的税收环境”

1997 年 4 月欧洲贸易委员会发布了《欧洲电子商务动议》，支持美国财政部的电子商务税收的中性原则，认为通过修改现行税收原则较之开征新税和附加税为更佳。

1997 年 7 月 8 日，有 20 个国家参加的欧洲电信部长级会议通过了支持电子商务的宣言《波恩部长级会议宣言》，主张官方应尽量减少不必要的限制，帮助民间企业自主发展以促进互联网商业竞争、扩大互联网的商业应用。这些文件，初步阐明了欧盟为电子商务的发展创建“清晰与中性的税收环境”的基本政策原则。

欧盟经济一体化的发展为电子商务的运用提供了极美好的前景，但是由于欧盟一体化强化了税收的居民概念，损伤税收的属地原则，欧盟成员国对直接投资所给予的最优惠税收待遇的竞争将更加激烈。

目前欧洲委员会仅对电子商务在欧洲的扩展所产生的许多问题采取初步的反应，在一次欧洲委员会与欧洲议会、欧洲理事会、欧洲经济和社会委员会以及区域委员会的通信中，欧洲委员会在税收方面仅谈到支持税收的中性，反对开征任何形式的新税。欧盟各成员国也参与了 OECD 成员国间的讨论和咨询。

1999 年，欧洲委员会公布了网上交易的税收准则：不开征新税和附加税，努力使现行各税特别是增值税更适应网上交易的发展，在增值税上，对电子转播视同劳务，确保税收中性原则，欧盟以外的国家以联机形式提供给欧盟个人的无形资产，如音乐、音像或软件等商务须在欧盟征税，减轻从事网上交易者的税收奉行难度，对网上交易加强管理和执行力度，确保税款的有效征收。为了便利税收征管，建议在网上交易中使用无纸票据，以及采取电子化的增值税纳税申报。

三、经合组织的关注焦点

经合组织（OECD）1997 年 11 月在芬兰举行会议，该会议达成以下共识：(1)任何课税均应维持中性及确保分配公平，应避免重复征税及过多的征纳成本；(2)政府应与企业界共同合作解决课税问题；(3)国际间应共同合作解决电子商务课税问题；(4)征税不应妨碍电子商务的正常发展；(5)比特税是不可行的。

1998 年 10 月 8 日，经合组织（OECD）部长会议达成协议，各成员国一致同意协力制订统一的网上交易税收办法，协议的主旨是对一切网上交易不实行“比特税”，在税收中性的基础上，传统的税收原则适用于网上交易，避免不同的国家对某笔交易重复征税，确认网上交易间接税的征收以“消费地”而不是以“生产地”为基础。

会议还决定了国际组织今后对网上交易税收的政策分工：关税由世贸组织负责，海关程序由世界海关组织（WCO）负责；增值税由欧盟负责；国际税收和直接税问题由经合组织（OECD）负责。

自 1998 年召开电子商务的专题会议后，OECD 已建立专门小组，负责解决电子商务课税领域的重大原则问题。在有关电子商务课税共识的基础上，OECD 关注常设机构、转移定价、特许权使用费用等争议，试图找到谨慎的解决途径,以期能在更长的期间内发挥效力。

四、世贸组织的措施

1998 年 5 月 20 日,世贸组织 132 个成员国的部长在日内瓦达成一项协议,对在互联网上交付使用的软件和货物至少免征关税一年。但这并不涉及实物采购即从一个网址定购产品,然后采取普通方式通过有形边界交付使用。

五、ECTSG 提出的电子商务税收政策建议

1998 年 4 月 1～2 日,由 IBM 公司、太阳电子公司和美国联机公司等代表组成的电子商务税收研究委员会(ECTSG)召开会议,同一些其他企业代表们商讨了电子商务带来的税收问题,特别是增值税的有关问题。

ECTSG 认为,为了适应电子商务发展,税收政策必须力求符合以下标准:(1)中性原则,采用不同的购买方式或应用不同技术的各类交易,均应受到同等的税收待遇。(2)避免国际间双重征税,进出口均只服从一个国家的税制。(3)减轻管理和奉行负担,从而减少电子商务的税收成本。

ECTSG 提出的实现其税收政策目标的具体对策是:

(1) 对电子商务交易的课税不应重于其他可比性传统交易。

(2) 电子商务进口税率不得高于对国内电子商务的课税(中性原则)。

(3) 通过互联网进行商业活动的公司不应附加特别课税和奉行负担。

(4) 为了避免国际电子商务的双重征税问题,须根据 OECD 税收协定范本,尽快执行有关间接税的退税和免税规定,并偿付因延期退税而发生的利息;必须制定统一的国际性规定,据以确定在电子商务中由哪国(是供应方所在国,买方所在国或是使用服务所在国)向未办理增值税登记的买方征收其应交的增值税;对增值税和其他间接税须尽量扩大国际间的协调范围,尽量避免反复修改。

(5) 欧盟 15 国范围内的增值税法规应具有普遍性和一致性特点。但由于各成员国分别实行不同法规,使得在欧洲履行增值税义务难乎其难,所以最理想的做法是在欧洲建立统一的增值税征管制度。

(6) 必须将现金流动和增值税奉行成本降到最小程度。

(7) 税务当局须利用新技术以简化登记、申报和纳税等程序。

(8) 税收制度应灵活机动,以适应不断变化的商业模式,顺应贸易全球化趋势。

ECTSG 反对对电子商务开征“比特税”以及其他新税,因为这违背了中性原则,而且还会遏制电子商务的发展,CETSG 称赞美国政府和欧洲委员会采取反对“比特税”的政策立场。

六、其他国家对电子商务涉税的对策

（一）加拿大

早在 1994 年，加拿大税收专家阿瑟科德尔就在一篇论文中提出开征一种新税——比特税，建议对全球网络信息传输的每一个数字单位征税，对数据搜集、通话、图像或声音到传送等数字化信息也不例外。1997 年 4 月，加拿大财政部组成一个委员会，研究电子商务课税的问题，在 1998 年 4 月，该委员会提出报告。主张课税应具中性和公平；电子商务不应侵蚀现有税基；比特税并不可行等。

（二）澳大利亚

澳大利亚税务当局 1997 年 8 月颁布《税法与互联网》对税务当局如何获取互联网交易信息做了讨论，并制定出几项规范政策。该报告建议：(1)澳国公司的登记号码须展示在其网站上。(2)寻求适用管理电子货币之法令。(3)使用高科技以确保交易资料的真实性。(4)在销售税方面，讨论数字化产品的产品归类情形。

澳国税务当局认为在电子商务交易下，传统的所得来源原则、居住地及常设机构的概念均须予以修正，同时这也需要国际间的共同合作。

（三）日本

日本国际贸易和工业部于 1997 年 5 月颁布《关于数字化经济》一文，对电子商务涉及的税收问题给予了一定的关注，认为在电子商务环境下，消费地点难以确认，课税管辖权的问题也会产生，应对通过互联网传送的软件征收预提所得税。

英国、荷兰、新加坡等国也赞成保持税收的中性原则。荷兰的态度同美国一样，对网上贸易实行免税政策，期限暂定为 3 年。

七、发展中国家对电子商务涉税的对策

不同国家和地区对网上贸易征税规定不同，例如美国规定对其不征税、欧盟则按传统税种进行征收，这就使得网上贸易在不同国家和地区之间享受不同税收待遇，必然造成国际税收的不协调。一些国家（尤其是发展中国家）由于在网上贸易处于被动地位，为避免税收流失，有可能制定一些抵制性措施，这不利于国际贸易的发展。

发展中国家对美国财政部文件提出的按居民管辖权征税仍有异议，因为这样会使主要作为技术引进的发展中国家失去很多税收收入。因此，发达国家与发展中国家在税收管辖权分配问题上还需不断协调。

目前还没有哪个国家的现行税制能够解决电子商务税收问题，其原因是建立这样一个税收体制非常困难，为此，许多国家正在着手考虑如何面对这场挑

战。发展中国家如果没有自己的方针政策,完全赞同发达国家的态度,本国的经济利益将受到损害。

发展中国家要有自己的方针政策,防止来源地税收管辖权的弱化,其首要任务是解决如何对互联网提供者提供的服务和在网上销售的商品及服务征税这一技术难题。因此,广大的发展中国家任务变得更加紧迫和艰巨。一方面,要维护本国的财政利益,同发达国家相抗争;另一方面,又要与广大的互联网用户和互联网服务提供者周旋。

知识链接

尽管发达国家竭力标榜"公平、中性、透明和不开征新税",但出于对各自财政利益的保护,各发达国家都在积极制定对策,要在电子商务征税中强化居民税收管辖权。这将使受电子商务冲击已变得模糊不清的地域税收管辖权受到进一步限制和削弱,广大发展中国家对此密切关注并严加防范。

END

电子商务为广大发展中国家的企业,尤其是以往无实力从事跨国经营的中小企业提供了进入国际市场的现实可能性,它们可以在国际互联网络上介绍产品、展示企业形象,发布广告和信息,提供服务进而直接成交。只要进入电子商务的国际市场,便可分享由发达国家倡导创建的"免税的电子空间"。

目前,中国税制在设计上还尚未对网上交易作出明确规定,但是考虑到电子商务在全球的发展,特别是如果互联网零关税持续下去的话,对发展中国家而言,则意味着保护民族工业最有效的手段之即关税保护屏障将完全失效。从这个意义上讲,为推动我国电子商务发展,或者更长远地讲为扶植、保护我们的民族工业,使其面临世界范围内的竞争,中国也有必要对从事电子交易的企业实行某些税收优惠政策。

第四节 我国电子商务税收的法律对策

目前,电子商务在我国已经飞速发展,面对扑面而来的电子商务发展大潮,制定我国电子商务方面的税收政策,改革现行税制,促进电子商务的发展已变得刻不容缓。既要借鉴发达国家的先进经验,又应充分考虑我国的国情,使我国的电子商务税收政策在保证与国际接轨的同时,又能维护国家主权和保护国家利益,并不断推进我国电子商务的发展进程。

一、修改完善现行税制,增加有关应对电子商务的条款

以现行税制为基础,对由于电子商务的出现而产生的税收问题有针对性地

进行税法条款的修订、补充和完善，对网上交易暴露出来的征税对象、征税范围、税目、税率等方面的问题适时进行调整。

对现行的增值税、消费税、所得税以及关税等税种增加电子商务税收方面的规定，明确网上销售商品与提供劳务所适用的税种和税率。同时研究确定电子商务的网址和服务器视同为常设机构所在地或经营活动所在地等问题。

二、坚持居民管辖和地域管辖并重的原则

美国以纳税人的全部收入、成本在居住国较易控制为由，提出以居民管辖权取代地域管辖权，这是美国出于维护其作为先进技术输出国的利益，并未考虑到发展中国家利益。特别是 1998 年 5 月 20 日，世贸组织 132 个成员国部长同意，维持目前互联网上关税为零至少一年。

在互联网实行零关税后，发展中国家的国门不再是保护国内企业的屏障。如果放弃地域管辖权，发达国家可以通过网上交易，绕开发展中国家的关税壁垒，使发展中国家的关税丧失保护作用。我国如果放弃地域管辖权将造成税收收入的大量流失，这在实践上行不通。

在税收管辖权问题上，考虑到我国及广大发展中国家的利益，应坚持居民管辖权与地域管辖权并重的原则。再结合网上交易的特征，在我国现行的增值税、消费税、所得税、关税等条例中补充对网上交易征税的相关条款。具体到劳务提供的税务处理上，对不必出场的网上提供劳务的税收问题，应采取特定的税率分成的方法，在居住国和收入来源国之间划分。

此外，我们应该密切关注智能服务器的发展，保留对来源于智能服务器的所得征税权利，随着智能服务器业务范围的扩大，适时地采取相应的税收政策。

三、建立适应电子商务发展的税收征管体系

电子商务不断发展，使传统的税收征管受到挑战，为此，要建立符合电子商务发展要求的税收征管体系。

1. 开发电子税收软件

从长远看，电子商务将会在各种贸易总额中占相当大的比重，电子商务的税收也将是国家税收的重要组成部分。因此，应尽快开发出功能强大、操作简单的电子税收软件，使其能在每笔交易中自动按交易类别和金额进行统计，计算税金并自动交割入库。

2. 加强税务机关的网络建设

我国要加强税务机关的网络建设，尽早实现与国际互联网的全面连接，并与银行、海关、商业用户实现网上连接，真正实现网上监控与稽查。

3. 积极推行电子报税制度

纳税人通过计算机，输入有关数据，填写申报表，进行电子签章后，将申报

数据发送到税务机关数据交换中心。税务机关数据交换中心进行审核验证,并将受理结果返回纳税人,同时将数据信息传递给银行数据交换系统和国库,由银行从企业账户中划拨,并向纳税人递送税款收缴凭证,完成电子申报。

由于采用现代化计算机网络技术,实现了由申报、税票、税款结算等电子信息在纳税人、银行、国库间的传递。加快了票据的传递速度,缩短了税款滞留的环节和时间,从而确保国家税收及时入库。

四、建立健全适应电子征税的征管模式

(一) 建立统一的纳税人识别号

对每一个纳税人应赋予唯一的纳税人识别号,纳税人识别要采用国家标准。对于上网企业最好建立专门的电子商务税务登记制度,使税务机关对上网企业实施监控管理。

首先要抓紧开发、完善征管监控应用系统,要在加强税收日常管理工作的基础上,把从税务登记至税务稽查的各项征管业务全面纳入计算机管理,依托计算机对征收管理的全过程实施监控。

其次要抓住重点加强监控,对增值税、个人所得税和出口产品退税等征管重点、难点,要严格加强监控。

(二) 建立四级计算机监控管理网络

国家力争建成中央、省(区、市)、地(市)、县(市)四级计算机网络。

(三) 加快金税工程建设

国家建立全国范围的纳税信息网,将纳税企业的各种资料和纳税情况及时录入,便于进行情报交换,实现国际与国内商品价格和相关资料的共享。要做到这些,一是要增加国家对税收征管改革的资金投入;二是要加大税收征管领域软件的开发和硬件方面的技术改造力度,研制具有追踪统计功能的网上征管软件。

知识链接

金 税 工 程

金税工程,是吸收国际先进经验,运用高科技手段,结合我国增值税管理实际设计的高科技管理系统。该系统由一个网络、四个子系统构成。一个网络是指国家税务总局与省、地、县国家税务局四级计算机网络;四个子系统是指增值税防伪税控开票子系统、防伪税控认证子系统、增值税稽核子系统和发票协查子系统。金税工程实际上就是利用覆盖全国税务机关的计算机网络对增值税专用发票和企业增值税纳税状况进行严密监控的一个体系。

END

五、加大税收的征管和稽查力度

（一）建立规范的认证制度

在电子商务中，无论是数字的邮戳服务，还是数字凭证的发放，都不是靠交易双方自己能完成的，而需要有一个具有权威性和公正性的第三方来完成。认证中心（CA）就是承担网上安全、电子交易认证服务、签发数字证书，并能确认用户身份的服务机构。

这一机构的主要任务是受理数字凭证的申请、签发及对数字凭证的管理。认证制度可以部分解决网上应税行为的难确定性，因而税务部门有必要和认证中心协作，防止避税行为的发生。

（二）规范电子发票

电子发票在未来很可能成为具有法律效力的会计凭证，它的规范性将有利于提高税务工作的效率，为将来的网上税务管理带来便捷，同时也是网上交易的合法依据。

（三）加强与电子银行的合作

电子银行是指采用最新网络技术手段，利用互联网来降低运营成本，开拓新市场，处理传统的银行业务及支持电子商务支付的新型银行。电子银行是一种全新的金融服务，它引起社会的广泛关注，随之而来的是“电子货币”“电子支票”等电子支付方式的出现和应用。税务部门应与银行合作，通过“电子货币”“电子支票”的实际转移来确定应税行为的发生，同时这也有利于防止逃避税行为的发生。

（四）加强税收稽查工作

在税务稽查方面，加强同工商、银行、海关、法院、公安、边检等部门的联系，共同建立专门的税务电脑监控网络，防止电子商务活动中税收违纪违法行为的发生。

（五）建立密码钥匙管理系统

要求企业将计算机超级密码的钥匙的备份交由国家指定的保密机关，并建立一个密码钥匙管理系统。税务机关在必要时可取得企业计算机的超级密码的钥匙，从而加大稽查力度。

（六）征管、稽查中应重点加强国际情报交流、企业的网络化

开放化使一国税务当局很难全面掌握跨国纳税人的情况，只有通过各国税务机关的密切配合，运用国际互联网等先进技术加强国际情报交流，才能深入了解纳税人的信息，使税收征管、稽查有更充分的依据。在国际情报交流中，尤其应注意有关企业在避税地开设网址及通过该网址进行交易的情报交流，以防

止企业利用国际互联网进行避税。

六、加强国际的税收协调与合作

要防止网上交易所造成的税款流失,应加强我国与世界各国税务机关的密切合作,运用国际互联网等先进技术,加强国际情报交流,深入了解纳税人的信息,使税务征管、稽查有更充分的依据。在国际情报交流中,尤其应注意有关企业在避税地开设网址及通过该网址进行交易的情报交流,防止企业利用国际互联网贸易进行避税。

七、坚持税收中性和效率的有机结合

在不影响纳税人对贸易行为选择的前提下,给予一定的税收优惠政策,扶持电子商务技术的应用和技术创新。首先,降低我国增值税名义税率,达到国际增值税平均水平,平衡国内外纳税人之间的税负水平。其次,在生产型增值税向消费型增值税转型时,把电子商务企业进行的基础设施投资纳入其中,鼓励企业的投资行为。第三,在所得税方面,对电子商务企业实行一定程度的产业税收优惠,放宽在固定资产折旧年限和办法、投资抵免、工资扣除和研发费用上的限制。第四,对网络交易不开征新税和附加税,而是通过对传统税法一些概念、范畴的重新界定和对现有税制的修补来处理电子商务引发的税收问题,以促进电子商务在我国的进一步发展。

八、培养面向网络时代的税收专业人才

电子商务与税收征管,偷逃与堵漏,避税与反避税,归根到底都是技术与人才的竞争。电子商务是一门前沿科学,围绕电子商务的各种相关知识在不断发展,而目前我国税务部门大多缺乏网络技术人才。因此,要顺应时代潮流,大力培养既懂税收业务知识又懂电子网络知识且精通外语的复合型人才,以适应电子商务迅速发展的需要,确保国家税收利益。

复习思考题

1. 电子商务的发展,对传统的税收理论有哪些冲击?
2. 我国电子商务税收应遵循的原则有哪些?
3. 对我国如何借鉴国外的相关税收策略,你有何想法?
4. 对我国电子商务中的如何课税,提出自己的见解。
5. “营改增”的特点和意义是什么?

第七章 电子商务中的知识产权法律制度

学习目标

1. 了解知识产权的概念、特征、种类。
2. 了解电子商务著作权、商标权、专利权的法律保护。
3. 了解域名的相关法律规定和法律保护。

电子商务通过互联网开拓了一个全新的超越国界的巨大市场。在电子商务活动中,知识产权保护制度受到了冲击,著作权及其邻接权的关系、域名与商标的冲突、商标权和专利权等都面临着法律适用的新问题。如何在以互联网为基础的电子商务时代保护知识产权,是世界各国面临的一个新课题。

第一节　知识产权与知识产权法概述

一、知识产权的概念与特征

(一) 知识产权的概念

知识产权(Intellectual property),是指权利人对其智力创造的成果所依法享有的专有权利。主要包括专利权、著作权、商标权等。

知识链接

《民法总则》第123条的规定

民事主体依法享有知识产权。

知识产权是权利人依法就下列客体享有的专有的权利:(1)作品;(2)发明、实用新型、外观设计;(3)商标;(4)地理标志;(5)商业秘密;(6)集成电路布图设计;(7)植物新品种;(8)法律规定的其他客体。

END

(二)知识产权的特征

知识产权作为一种对于智力成果所享有的权利,具有以下几个特征。

1. 非物质性

知识产权的客体是智力成果,其内容是具有非物质性的作品、发明创造、外观设计和商标等,是在无形物上的特殊权利。

2. 专有性(排他性)

知识产权的专有性是指知识产权的所有人对智力成果在特定时期内所具有的排他性的独占权,非经知识产权人的许可或者法律特别规定,他人不得实施受知识产权控制行为;否则,构成侵权行为。

3. 地域性

知识产权的地域性是指知识产权只在授予其权利的国家或者确认其权利的国家产生,并只能在该国范围内发生法律效力并得到法律保护,其他国家对于未经其授予知识产权的智力成果没有给予法律保护的义务。

4. 时间性

知识产权的时间性是指知识产权只在法律规定的期限内受到法律保护。如果一项知识产权超过了法律规定的保护期,这一权利就自行消灭。

二、知识产权法的概念

知识产权法是指调整知识产权的确认、保护、行使和管理过程中所发生的各种社会关系的法律规范的总称。

知识产权作为一种重要的民事权利在各国普遍获得确认和保护,是调整知识创造、利用和传播中所形成的社会关系的工具,并随着科学技术和商品经济的发展而不断地拓展、丰富和完善。世界经济已经处于知识经济时代,知识产权越来越成为提升市场核心竞争力和进行市场垄断的手段,知识产权制度因此成为国家的基础性制度。

知识链接

知识产权的国际保护

保护知识产权的国际公约主要有:《与贸易有关的知识产权协定》(TRIPs协定)、《保护工业产权巴黎公约》《保护文学和艺术作品伯尔尼公约》《世界版权公约》《商标国际注册马德里协定》《专利合作条约》等。其中,世界贸易组织的TRIPs协定被认为是当前世界范围内知识产权保护领域中涉及面广、保护水平高、保护力度大、制约力强的国际公约,对中国有关知识产权法律制度具有重要作用。

END

三、电子商务对知识产权法的影响

（一）电子商务对传统知识产权观念的挑战

知识产权作为一种确认权利、保障权利的制度，要依据一定标准来确认是否授予某一项智力成果的专有权。依据传统的知识产权观念，智力成果是无形的，但是一项智力成果要获得知识产权保护，一般需要采用物质性的载体表示或者显示出来。

但是，在电子商务技术开发和应用的过程中，大量的技术通过计算机数据表现和完成，具有技术的实质特性，可以帮助人们利用计算机完成创造性工作，这些作为计算机语言的数据却不能采用传统知识产权法律所保护的表现形式。

（二）电子商务对传统知识产权特点的挑战

知识产权具有与有形财产不同的特点，如地域性、时间性等。电子商务活动建立在互联网上，网络的传输表现出"公开"的开放性和"无国界"的全球性特点及状态。"公开"为"公知"提供了前提，也为"公用"提供了方便，严重威胁到知识产权所有人的专有权；"无国界"又使知识产权的地域性受到严峻的挑战。

（三）电子商务对知识产权保护程序的挑战

1. 电子商务对法院管辖权提出的挑战

对于任何纠纷而言，管辖法院及适用法律的确定都会对案件当事人的利益产生重要影响。通常，知识产权纠纷案件多采用被告住所地或者侵权行为地确定管辖法院，并通常根据法院地法作为处理纠纷的实体法律依据。但是，互联网上的侵权行为，难以确定具体的行为地点和受害地点。

2. 电子商务对证据及保留提出的挑战

传统的知识产权纠纷诉讼过程中，作为当事人主张权利和行使抗辩权所依据的证据必须是"原物"，这是各国对证据的基本要求。但是，在电子商务活动中，电子数据存储在计算机内，其打印出来的"书面形式"只是一种复制件，无法满足传统诉讼法对于证据"原件"的要求。计算机数据又是可以毫无痕迹地改动的，这种极易改动又给计算机数据作为证据的权威性和可信任性带来了挑战。

四、电子商务经营主体的知识产权保护义务

《电子商务法》对电子商务经营主体的知识产权保护义务做了原则性规定。电子商务经营主体应当依法保护知识产权，建立知识产权保护规则。

电子商务第三方平台明知平台内电子商务经营者侵犯知识产权的，应当依法采取删除、屏蔽、断开链接、终止交易和服务等必要措施。否则，给知识产权

权利人造成损失的,应承担赔偿责任。

第三方平台的双向通知义务。电子商务第三方平台接到知识产权权利人发出的平台内经营者实施知识产权侵权行为通知的,应当及时将该通知转送平台内经营者,并依法采取必要措施。

平台内经营者接到转送的通知后,向电子商务第三方平台提交声明保证不存在侵权行为的,电子商务第三方平台应当及时终止所采取的措施,将该经营者的声明转送发出通知的知识产权权利人,并告知该权利人可以向有关行政部门投诉或者向人民法院起诉。知识产权权利人因通知错误给平台内经营者造成损失的,依法承担民事责任。电子商务第三方平台应当及时公示收到的通知、声明及处理结果。

第二节 电子商务中著作权的法律保护

一、著作权与著作权法概述

(一) 著作权与著作权法

著作权亦称版权,是指法律赋予文学艺术、科学作品的作者对其创作的作品所享有的专有权利。

著作权法是指调整因著作权而产生的各种社会关系的法律规范的总称。我国的著作权法法律规范主要包括:《著作权法》《著作权法实施条例》《民法总则》和《刑法》中有关著作权的条款以及各种相关的行政法规、规章等。我国缔结或者加入的与著作权有关的知识产权国际条约、我国与其他国家签订的有关著作权保护的条约,也属于我国著作权法的组成部分。

(二) 著作权的主体(著作权人)

著作权的主体包括:作品的作者;其他依照著作权法享有著作的公民、法人或者其他组织。外国人、无国籍人的作品首先在中国境内出版的,在中国享有著作权。外国人、无国籍人在中国境外发表的作品,根据其所属国或经常居住地国同中国签订的协议或者共同参加的国际条约而享有的著作权,也受中国法律保护。

(三) 著作权法保护的对象

著作权法保护的对象是作品,是指文学、艺术和科学领域内,具有独创性并能以某种有形形式复制的智力创作成果。包括:(1)文字作品;(2)口述作品;(3)音乐、戏剧、曲艺、舞蹈、杂技艺术作品;(4)美术、建筑作品;(5)摄影作品;(6)电影作品和以类似摄制电影的方法创作的作品;(7)工程设计图、产品设计图、地图、示意图等图形作品和模型作品;(8)计算机软件;(9)法律、行政法规规定的其他作品。

知识链接

《著作权法》所规定的"文字作品"和"计算机软件"

文字作品指用文字创作的作品。文字可以是汉文、少数民族文字、盲文,也可以是外文。文字作品包括小说、诗歌、散文、论文、剧本、乐谱、文书、日记、科学专著等作品,这些作品无论附着在什么载体之上,只要该文字形式得以显示其存在,就属于文字作品。

计算机软件是指有开发者独立设计的计算机程序及有关文档。计算机程序包括源程序和目标程序。同一程序的源文本和目标文本应当视为同一作品。源程序是指用高级语言或汇编语言编写的程序,目标程序是指源程序经编译或解释加工以后,可以由计算机直接执行的程序。

END

(四) 著作权的内容

著作权的内容,包括著作人身权和著作财产权。

1. 著作人身权

著作人身权是作者基于作品依法享有的以人身利益为内容的权利,包括:

(1) 发表权,即作者决定其作品是否公布于众的权利。

(2) 署名权,即表明作者身份,在作品上署名的权利。

(3) 修改权,即修改或者授权他人修改作品的权利。

(4) 保护作品完整权,即保护作品不受歪曲、篡改的权利。

2. 著作财产权

著作财产权是指能够给著作权人带来经济利益的权利,这种经济利益的实现是基于著作权人对其作品的利用。在我国,著作权的财产权是著作权人通过复制、发行、出租、展览、表演、放映、广播、信息网络传播、摄制或者改编、翻译、汇编等方式使用作品并由此获得报酬的权利,以及许可他人通过以上方式使用作品并由此获得报酬的权利,具体包括:

(1) 复制权,即以印刷、复印、拓印、录音、录像、翻录、翻拍等方式将作品制作一份或者多份的权利。

(2) 发行权,即以出售或者赠与方式向公众提供作品的原件或者复制件的权利。

(3) 出租权,即有偿许可他人临时使用电影作品和以类似摄制电影的方法创作的作品、计算机软件的权利,计算机软件不是出租的主要标的的除外。

(4) 展览权,即公开陈列美术作品、摄影作品的原件或者复制件的权利。

(5) 表演权,即公开表演作品,以及用各种手段公开播送作品的表演的权利。

(6) 放映权,即通过放映机、幻灯机等技术设备公开再现美术、摄影、电影和以类似摄制电影的方法创作的作品等的权利。

(7) 广播权,即以无线方式公开广播或者传播作品,以有线传播或者转播的方式向公众传播广播的作品,以及通过扩音器或者其他传送符号、声音、图像的类似工具向公众传播广播的作品的权利。

(8) 信息网络传播权,即以有线或者无线方式向公众提供作品,使公众可以在其个人选定的时间和地点获得作品的权利。

(9) 摄制权,即以摄制电影或者以类似摄制电影的方法将作品固定在载体上的权利。

(10) 改编权,即改变作品,创作出具有独创性的新作品的权利。

(11) 翻译权,即将作品从一种语言文字转换成另一种语言文字的权利。

(12) 汇编权,即将作品或者作品的片段通过选择或者编排,汇集成新作品的权利。

(五) 著作权的保护期

著作人身权与著作财产权所要维护的利益的性质不同,因而保护期限也不同。《著作权法》规定,属于著作人身权的署名权、修改权、保护作品完整权受到永久性保护。发表权和著作财产权的保护期为作者终生及其死亡后 50 年,截止于死亡后第 50 年的 12 月 31 日,如果是合作作品,截止于最后的作者死亡后第 50 年的 12 月 31 日。

法人或者其他组织的作品、著作权(署名权除外)由法人或者其他组织享有的职务作品,其发表权及相关权的保护期为 50 年,截止于作品首次发表后第 50 年的 12 月 31 日,但是作品自创作完成后 50 年内未发表的不再保护。

电影作品和以类似摄制电影的方法创作的作品、摄影作品,其发表权及相关权的保护期为 50 年,截止于作品首次发表后第 50 年的 12 月 31 日,但作品自创作完成后 50 年内未发表的不再保护。

(六) 邻接权

邻接权是指作品传播者对在传播过程中产生的劳动成果依法享有的专有权,又称作品传播者权,是与著作权相邻近的权利。

作品创作出来后,在公众中传播,传播者在传播作品中有创造性劳动,这种劳动亦应受到法律保护。邻接权与著作权密切相关,是独立于著作权之外的一种权利。

在我国,邻接权主要是指出版者的权利、表演者的权利、录像制品制作者的权利、录音制作者的权利、电视台对其制作的非作品的电视节目的权利、广播电台的权利。

知识链接

邻接权与著作权的关系

邻接权与著作权同属知识产权的范围，二者关系密切，但又不完全相同。邻接权与著作权的区别表现为：

(1) 主体不同：著作权的主体是作品的创作者，而邻接权的主体则是作品的出版者、表演者、音像制作者。

(2) 保护对象不同：著作权保护的对象是作品，邻接权保护的对象是经过传播者通过自己创造性劳动加工后的作品。

(3) 内容不同：著作权的内容是指作者对其作品享有的人身权和财产权；邻接权的内容是出版者、表演者、音像制作者对出版、表演、音像制品的权利。

(4) 受保护的前提不同：作品只要符合法定条件，一经产生就可以获得著作权保护，邻接权的取得则必须以著作权人的授权和对作品的再利用为前提。

END

(七) 著作权的许可使用与转让

著作权的许可使用是指著作权人许可他人行使著作权中的使用权。著作权人可以许可他人行使使用权中的一项权能或数项权能。著作权中财产权利的许可使用，可分为专有许可使用和非专有的许可使用。

著作权中财产权利的转让，是指著作权人将著作权中财产权利转移给他人，包括全部财产权利的转让和部分财产权利的转让。

(八) 侵犯著作权的法律责任

1. 侵犯著作权的行为及其法律责任

《著作权法》规定下列行为属于侵权行为，应当根据情况，承担停止侵害、消除影响、赔礼道歉、赔偿损失等民事责任：

(1) 未经著作权人许可，发表其作品。

(2) 未经合作作者许可，将与他人合作创作的作品当作自己单独创作的作品发表。

(3) 没有参加创作，为谋取个人名利在他人作品上署名。

(4) 歪曲、篡改他人的作品。

(5) 剽窃他人的作品。

(6) 未经著作权人许可，以展览、摄制电影和以类似摄制电影的方法使用作品，或者以改编、翻译、注释等方式使用作品的，《著作权法》另有规定的除外。

(7) 使用他人作品,应当支付报酬而未支付的。

(8) 未经电影作品和以类似摄制电影的方法创作的作品、计算机软件、录音录像制品的著作权人或者与著作权有关的权利人许可,出租其作品或者录音录像制品的,《著作权法》另有规定的除外。

(9) 未经出版者许可,使用其出版的图书、期刊的版式设计的。

(10) 未经表演者许可,从现场直播或者公开传送其现场表演,或者录制其表演的。

(11) 其他侵犯著作权以及与著作权有关的权益的行为。

2. 侵犯邻接权的行为及其法律责任

除法律另有规定的以外,有下列侵权行为的,应当根据情况,承担停止侵害、消除影响、赔礼道歉、赔偿损失等民事责任;同时损害公共利益的,可以由著作权行政管理部门责令停止侵权行为,没收违法所得,没收、销毁侵权复制品,并可处以罚款;情节严重的,著作权行政管理部门还可以没收主要用于制作侵权复制品的材料、工具、设备等;构成犯罪的,依法追究刑事责任:

(1) 未经著作权人许可,复制、发行、表演、放映、广播、汇编、通过信息网络向公众传播其作品的。

(2) 出版他人享有专有出版权的图书的。

(3) 未经表演者许可,复制、发行录有其表演的录音录像制品,或者通过信息网络向公众传播其表演的。

(4) 未经录音录像制作者许可,复制、发行、通过信息网络向公众传播其制作的录音录像制品的。

(5) 未经许可,播放或者复制广播、电视的。

(6) 未经著作权人或者与著作权有关的权利人许可,故意避开或者破坏权利人为其作品、录音录像制品等采取的保护著作权或者与著作权有关的权利的技术措施的。

(7) 未经著作权人或者与著作权有关的权利人许可,故意删除或者改变作品、录音录像制品等的权利管理电子信息的。

(8) 制作、出售假冒他人署名的作品的。

3. 违反著作权法的法律责任

侵犯他人著作权、邻接权的,应当承担停止侵害、消除影响、赔礼道歉、赔偿损失等民事责任;同时损害公共利益的,可以由著作权行政管理部门责令停止侵权行为,没收违法所得,没收、销毁侵权复制品,并可处以罚款;情节严重的,著作权行政管理部门还可以没收主要用于制作侵权复制品的材料、工具、设备等;构成犯罪的,依法追究刑事责任。

二、网络环境下的版权保护

（一）网络作品享有著作权

著作权的保护对象是作品。我国《著作权法》规定，作品是指文学、艺术和科学领域内具有独创性并能以某种有形形式复制的智力成果。传统上的作品创作是以文字为主要表现形式，而在网络时代，作品的创作形式也发生了变化，网络作品是作者凭借或者通过计算机完成的作品，大量的作品凭借或者通过计算机网络完成。

作品通过创作者依靠计算机技术把作品的文字输入计算机系统进行数字化。图像、数据、音乐等都可以通过计算机转化为数字编码，以运用数字信息的存储技术进行存储，并且随时可以根据需要将这些转化为数字编码形式的信息还原为作品。网络作品通过计算机技术使其数字化，无论是文学作品，还是影视、音乐作品在互联网中都可以作为信息流通，使作品的公开性、公用性得到了扩展，传播速度、质量、容量也得到了极大的提高。

网络作品是凭借或者通过计算机完成的作品。作品数字化只是作品的新的表现形式，并不能改变作者对其创作的作品享有的著作权。因此，以各种形式表现出来的网络作品可以依照《著作权法》的规定享有著作权。

（二）作品享有网络传播权

根据《著作权法》的规定，作者对其作品享有信息网络传播权。在网络环境下，作者享有将其作品通过网络进行传播并获取收益的权利，享有禁止他人未经其许可而将其作品利用网络进行传播、侵害其著作权的行为，任何人未经许可将他人的作品上网传播，是对著作权人合法权益的侵犯。

网络作为一种新型的信息传播方式，虽然不是新作品的创作，也使传统意义上的著作权的内容更加丰富。但是，作品在互联网上迅速地大容量、高质量的传播给著作权保护带来了新的问题，著作权所具有的专有性、地域性的特点，受到了互联网络上信息公开、公知、公用和互联网无国界的挑战。

（三）网上作品的侵权形式

网络给作品提供了短时间内迅速、大范围传播的途径，同时也为作品侵权提供了巨大的空间，对作品著作权的保护形成了极大的挑战。作者对其作品享有信息网络传播权，但是作者对通过网络传播的作品的控制力是非常弱的。作品一经进入网络，其传播范围、使用次数是作者通过任何手段都无法完全控制的。

网上作品的著作权所有者最担心的是作品未经许可被普遍下载，并且得不到任何报酬。作品一旦上网，著作权所有人很难控制作品的非法下载。作者控制作品首次进入数据库并得到应得的报酬。但是如果有人将作品再次上网公开,就可能被人任意下载,令著作权所有人对作品完全失去控制。

网上的数字化作品极易被下载复制,并且操作简单、效率极高,无须专业知识。在反复被复制、传送的过程中,数字化作品能够保持原作的质量水平,没有失真,传送过程中的衰减和缺损会自动被"修补"好。网上作品一旦失去保护,伴随着网络上电子商务规模越来越大,更由于数字化作品在传播中的优良特性,侵权也会加剧。

在原作上为著名作者姓名身份、创作年月、版权所有声明等版权信息的内容在变成数字文件后,因其数据具有易改动性,极容易被消除或伪造,真假难辨,而且不留任何痕迹。作品在网络上传播的这种特点使网络上的作品侵权变得非常容易,同时,使网上作品的著作权保护变得更加困难。

网络中侵犯著作权的行为主要有以下表现形式:

(1) 利用他人享有著作权的作品在网上营利。

(2) 利用电子公告板。互联网上有许多分专题供人自由上载文字、图片、游戏、音乐等内容的电子公告板,人们可以从公告板上自由下载自己喜欢的内容。侵权者将作品上载到同站的电子公告板上,是一种侵权行为。

(3) 利用电子邮件传播有著作权的作品。用电子邮件给一个人发邮件和向一万个人发邮件在时间上和操作上是完全一样的。有些音乐迷和体育迷的团体,利用互联网互相传递交换热门的音乐和体育图片,当然还有游戏等软件;有人利用他人的作品建立起自己的数据库,其他人可以利用网上的 FTP 文件传输功能,从数据库中取走作品文件。

(4) 建立个人网站公开发布他人享有版权的作品。有些电脑发烧友和流行音乐迷热衷于建立专门供人下载和交换热门软件或时下流行歌曲的"酷站",在"同好"的圈子中显示资源的"丰富",由于这类团体中青年人数量众多,使版权所有人的损失很大。

(四) 网络著作权的保护

《著作权法》明确规定了作者对其作品享有信息网络传播权,即以无线方式向公众提供作品,使公众可以在其个人选定的时间和地点获得作品的权利,明确了著作权在互联网络中的法律保护。根据此项规定,未经权利人许可,任何人通过信息网络向公众传播其作品均属侵权行为,应承担法律责任。著作权法对著作权人新增加的信息网络传播权明确了著作权在互联网络中的法律保护。

根据《著作权法》的规定,国务院于 2006 年 5 月 18 日发布了《信息网络传播权保护条例》,专门规定了对网络著作权的保护制度。该《条例》于 2013 年修订,修订后的《信息网络传播权保护条例》自 2013 年 3 月 1 日起施行。

根据《信息网络传播权保护条例》(以下简称《条例》),信息网络传播权的保护制度主要有以下内容:

1. 立法目的

为保护著作权人、表演者、录音录像制作者(以下统称权利人)的信息网络传播权,鼓励有益于社会主义精神文明、物质文明建设的作品的创作和传播。

2. 适用范围

《条例》规定,权利人享有的信息网络传播权受著作权法和《条例》保护。除法律、行政法规另有规定的外,任何组织或者个人将他人的作品、表演、录音录像制品通过信息网络向公众提供,应当取得权利人许可,并支付报酬。依法禁止提供的作品、表演、录音录像制品,不受《条例》的保护。权利人行使信息网络传播权,不得违反宪法和法律、行政法规,不得损害公共利益。

3. 权利人采取技术措施保护信息网络传播权的权利

为保护信息网络传播权,权利人有权利采取相应的技术措施。任何组织或者个人不得故意避开或者破坏技术措施,不得故意制造、进口或者向公众提供主要用于避开或者破坏技术措施的装置或者部件,不得故意为他人避开或者破坏技术措施提供技术服务。但是,法律、行政法规规定可以避开的除外。

知识链接

《信息网络传播权保护条例》规定可以避开技术措施的情形

属于下列情形的,可以避开技术措施,但不得向他人提供避开技术措施的技术、装置或者部件,不得侵犯权利人依法享有的其他权利:

①为学校课堂教学或者科学研究,通过信息网络向少数教学、科研人员提供已经发表的作品、表演、录音录像制品,而该作品、表演、录音录像制品只能通过信息网络获取;②不以营利为目的,通过信息网络以盲人能够感知的独特方式向盲人提供已经发表的文字作品,而该作品只能通过信息网络获取;③国家机关依照行政、司法程序执行公务;④在信息网络上对计算机及其系统或者网络的安全性能进行测试。

END

对提供信息存储空间或者提供搜索、链接服务的网络服务提供者,权利人认为其服务所涉及的作品、表演、录音录像制品,侵犯自己的信息网络传播权或者被删除、改变了自己的权利管理电子信息的,可以向该网络服务提供者提交书面通知,要求网络服务提供者删除该作品、表演、录音录像制品,或者断开与该作品、表演、录音录像制品的链接。权利人应当对通知书的真实性负责。

网络服务提供者接到权利人的通知书后,应当立即删除涉嫌侵权的作品、表演、录音录像制品,或者断开与涉嫌侵权的作品、表演、录音录像制品的链接,并同时将通知书转送提供作品、表演、录音录像制品的服务对象;服务对象网络地址不明、无法转送的,应当将通知书的内容同时在信息网络上公告。服务对象接到网络服务提供者转送的通知书后,认为其提供的作品、表演、录音录像制品未侵犯他人权利的,可以向网络服务提供者提交书面说明,要求恢复被删除的作品、表演、录音录像制品,或者恢复与被断开的作品、表演、录音录像制品的链接。

网络服务提供者接到服务对象的书面说明后,应当立即恢复被删除的作品、表演、录音录像制品,或者可以恢复与被断开的作品、表演、录音录像制品的链接,同时将服务对象的书面说明转送权利人。权利人不得再通知网络服务提供者删除该作品、表演、录音录像制品,或者断开与该作品、表演、录音录像制品的链接。

4. 侵犯网络传播权的行为

《条例》规定,未经权利人许可,任何组织或者个人不得进行下列行为:

(1) 故意删除或者改变通过信息网络向公众提供的作品、表演、录音录像制品的权利管理电子信息,但由于技术上的原因无法避免删除或者改变的除外;

(2) 通过信息网络向公众提供明知或者应知未经权利人许可被删除或者改变权利管理电子信息的作品、表演、录音录像制品。

5. 网络传播权的合理使用

《条例》规定网络环境下作品的合理使用,对权利人的信息网络传播权给予了一定的限制。《条例》规定,通过信息网络提供他人作品,属于下列情形的,可以不经著作权人许可,不向其支付报酬:(1)为介绍、评论某一作品或者说明某一问题,在向公众提供的作品中适当引用已经发表的作品;(2)为报道时事新闻,在向公众提供的作品中不可避免地再现或者引用已经发表的作品;(3)为学校课堂教学或者科学研究,向少数教学、科研人员提供少量已经发表的作品;(4)国家机关为执行公务,在合理范围内向公众提供已经发表的作品;(5)将中国公民、法人或者其他组织已经发表的、以汉语言文字创作的作品翻译成的少数民族语言文字作品,向中国境内少数民族提供;(6)不以营利为目的,以盲人能够感知的独特方式向盲人提供已经发表的文字作品;(7)向公众提供在信息网络上已经发表的关于政治、经济问题的时事性文章;(8)向公众提供在公众集会上发表的讲话。

此外,图书馆、档案馆、纪念馆、博物馆、美术馆等可以不经著作权人许可,通过信息网络向本馆馆舍内服务对象提供本馆收藏的合法出版的数字作品和依法为陈列或者保存版本的需要以数字化形式复制的作品,不向其支付报酬,但不得直接或者间接获得经济利益。当事人另有约定的除外。这里规定的为陈列或者保存版本需要以数字化形式复制的作品,应当是已经损毁或者濒临损毁、丢失或者失窃,或者其存储格式已经过时,并且在市场上无法购买或者只能以明显高于标定的价格购买的作品。

《条例》规定了为发展教育事业设定的法定许可，以促进科学文化事业的发展，同时也使权利人的权利得到保障。《条例》规定，为通过信息网络实施九年制义务教育或者国家教育规划，可以不经著作权人许可，使用其已经发表作品的片断或者短小的文字作品、音乐作品或者单幅的美术作品、摄影作品制作课件，由制作课件或者依法取得课件的远程教育机构通过信息网络向注册学生提供，但应当向著作权人支付报酬。

我国的经济与教育发展很不平衡，为了扶持贫困，大力发展农村科学文化教育事业，需要制定有利于农村发展的法定许可制度。《条例》规定，为扶助贫困，通过信息网络向农村地区的公众免费提供中国公民、法人或者其他组织已经发表的种植养殖、防病治病、防灾减灾等与扶助贫困有关的作品和适应基本文化需求的作品，网络服务提供者应当在提供前公告拟提供的作品及其作者、拟支付报酬的标准。自公告之日起 30 日内，著作权人不同意提供的，网络服务提供者不得提供其作品；自公告之日起满 30 日，著作权人没有异议的，网络服务提供者可以提供其作品，并按照公告的标准向著作权人支付报酬。

网络服务提供者提供著作权人的作品后，著作权人不同意提供的，网络服务提供者应当立即删除著作权人的作品，并按照公告的标准向著作权人支付提供作品期间的报酬。依照《条例》规定提供作品的，不得直接或者间接获得经济利益。

6. 侵犯网络传播权的法律责任

违反《条例》的规定，侵权人有下列侵权行为之一的，根据情况承担停止侵害、消除影响、赔礼道歉、赔偿损失等民事责任；同时损害公共利益的，可以由著作权行政管理部门责令停止侵权行为，没收违法所得，非法经营额 5 万元以上的，可处非法经营额 1 倍以上 5 倍以下的罚款；没有非法经营额或者非法经营额 5 万元以下的，根据情节轻重，可处 25 万元以下的罚款；情节严重的，著作权行政管理部门可以没收主要用于提供网络服务的计算机等设备；构成犯罪的，依法追究刑事责任：

(1) 通过信息网络擅自向公众提供他人的作品、表演、录音录像制品的。

(2) 故意避开或者破坏技术措施的。

(3) 故意删除或者改变通过信息网络向公众提供的作品、表演、录音录像制品的权利管理电子信息，或者通过信息网络向公众提供明知或者应知未经权利人许可而被删除或者改变权利管理电子信息的作品、表演、录音录像制品的。

(4) 为扶助贫困通过信息网络向农村地区提供作品、表演、录音录像制品超过规定范围，或者未按照公告的标准支付报酬，或者在权利人不同意提供其作品、表演、录音录像制品后未立即删除的。

(5) 通过信息网络提供他人的作品、表演、录音录像制品,未指明作品、表演、录音录像制品的名称或者作者、表演者、录音录像制作者的姓名(名称),或者未支付报酬,或者未依照《条例》规定采取技术措施防止服务对象以外的其他人获得他人的作品、表演、录音录像制品,或者未防止服务对象的复制行为对权利人利益造成实质性损害的。

违反《条例》的规定,有下列行为之一的,由著作权行政管理部门予以警告,没收违法所得,没收主要用于避开、破坏技术措施的装置或者部件;情节严重的,可以没收主要用于提供网络服务的计算机等设备;非法经营额5万元以上的,可处非法经营额1倍以上5倍以下的罚款;没有非法经营额或者非法经营额5万元以下的,根据情节轻重,可处25万元以下的罚款;构成犯罪的,依法追究刑事责任。

(1) 故意制造、进口或者向他人提供主要用于避开、破坏技术措施的装置或者部件,或者故意为他人避开或者破坏技术措施提供技术服务的。

(2) 通过信息网络提供他人的作品、表演、录音录像制品,获得经济利益的。

(3) 为扶助贫困通过信息网络向农村地区提供作品、表演、录音录像制品,未在提供前公告作品、表演、录音录像制品的名称和作者、表演者、录音录像制作者的姓名(名称)以及报酬标准的。

网络服务提供者不承担赔偿责任的情形。网络服务提供者根据服务对象的指令提供网络自动接入服务,或者对服务对象提供的作品、表演、录音录像制品提供自动传输服务,并具备下列条件的,不承担赔偿责任:

(1) 未选择并且未改变所传输的作品、表演、录音录像制品。

(2) 向指定的服务对象提供该作品、表演、录音录像制品,并防止指定的服务对象以外的其他人获得。

网络服务提供者为提高网络传输效率,自动存储从其他网络服务提供者获得的作品、表演、录音录像制品,根据技术安排自动向服务对象提供,并具备下列条件的,不承担赔偿责任:①未改变自动存储的作品、表演、录音录像制品;②不影响提供作品、表演、录音录像制品的原网络服务提供者掌握服务对象获取该作品、表演、录音录像制品的情况;③在原网络服务提供者修改、删除或者屏蔽该作品、表演、录音录像制品时,根据技术安排自动予以修改、删除或者屏蔽。

网络服务提供者为服务对象提供信息存储空间,供服务对象通过信息网络向公众提供作品、表演、录音录像制品,并具备下列条件的,不承担赔偿责任:①明确标示该信息存储空间是为服务对象所提供,并公开网络服务提供者的名称、联系人、网络地址;②未改变服务对象所提供的作品、表演、录音录像制品;③不知道也没有合理的理由应当知道服务对象提供的作品、表演、录音录像制品侵权；④未从服务对象提供作品、表演、录音录像制品中直接获得经济利益；⑤在接到权利人的通知书后，根据本条例规定删除权利人认为侵权的作品、表演、录音录像制品。

网络服务提供者为服务对象提供搜索或者链接服务，在接到权利人的通知书后，根据《条例》规定断开与侵权的作品、表演、录音录像制品的链接的，不承担赔偿责任；但是，明知或者应知所链接的作品、表演、录音录像制品侵权的，应当承担共同侵权责任。因权利人的通知导致网络服务提供者错误删除作品、表演、录音录像制品，或者错误断开与作品、表演、录音录像制品的链接，给服务对象造成损失的，权利人应当承担赔偿责任。

网络服务提供者无正当理由拒绝提供或者拖延提供涉嫌侵权的服务对象的姓名(名称)、联系方式、网络地址等资料的，由著作权行政管理部门予以警告；情节严重的，没收主要用于提供网络服务的计算机等设备。

《最高人民法院审理涉及计算机网络著作权纠纷案件适用法律若干问题的解释》对于网络著作权的法律适用问题做出了如下解释：

(1) 明确了网络著作权纠纷案件的管辖权。

网络著作权侵权纠纷案件由侵权行为地或者被告住所地人民法院管辖。侵权行为地包括实施被诉侵权行为的网络服务器、计算机终端等设备所在地。对难以确定侵权行为地和被告住所地的，原告发现侵权内容的计算机终端等设备所在地可以视为侵权行为地。

(2) 确认了受著作权法保护的对象。

受著作权保护的作品，包括《著作权法》第 3 条规定的各类作品的数字化形式。在网络环境下无法归于《著作权法》第 3 条列举的作品范围，但在文学、艺术和科学领域内具有独创性并能以某种有形形式复制的其他智力创作成果，人民法院应当予以保护。

(3) 认定网络著作权的侵权行为。

网络服务提供者通过网络参与他人侵犯著作权行为，或者通过网络教唆、帮助他人实施侵犯著作权行为的，人民法院应当追究其与其他行为人或者直接实施侵权行为人的共同侵权责任。

提供内容服务的网络服务提供者，明知网络用户通过网络实施侵犯他人著作权的行为，或者经著作权人提出确有证据的警告，但仍不采取移除侵权内容等措施以消除侵权后果的，人民法院应当依法追究其与该网络用户的共同侵权责任。

提供内容服务的网络服务提供者，对著作权人要求其提供侵权行为人在其网络的注册资料以追究行为人的侵权责任，无正当理由拒绝提供的，人民法院应当依法追究其相应的侵权责任。

网络服务提供者明知专门用于故意避开或者破坏他人著作权技术保护措施的方法、设备或者材料,而上载、传播、提供的,人民法院应当根据当事人的诉讼请求和具体案情,依照《著作权法》的规定,追究网络服务提供者的民事侵权责任。

三、计算机软件的保护

计算机软件是知识密集型产品,开发难度大、投资高,但开发出来之后很容易复制,复制的成本也很低,因此,计算机软件已成为一些人非法复制销售的目标。这种盗版行为如果不得到制裁,将会严重损害开发者的合法权益,阻碍软件业的发展。为保障计算机软件事业的健康发展,我国《著作权法》亦将计算机软件列入保护的范畴。

鉴于计算机软件的特殊性,《著作权法》规定计算机软件的保护办法由国务院另行规定。据此,国务院制定了《计算机软件保护条例》(2001 年 12 月 20 日公布,2011 年 1 月 8 日第一次修订,2013 年 1 月 30 日第二次修订),这是保护计算机软件知识产权的基本依据。

根据《计算机软件保护条例》,我国对计算机软件保护的法律制度主要有以下几个方面:

(一) 计算机软件著作权的归属

计算机软件著作权归属的一般原则是"谁开发谁享有著作权"。软件的开发者是指实际组织、进行开发工作,提供工作条件以完成软件开发,并对软件承担责任的法人或者非法人单位以及依靠自己具有的条件完成软件开发并对软件承担责任的自然人。

中国公民、法人或者其他组织对其所开发的软件,不论是否发表,依照本条例享有著作权。外国人、无国籍人的软件首先在中国境内发行的,依照该条例享有著作权。外国人、无国籍人的软件,依照其开发者所属国或者经常居住地国同中国签订的协议或者依照中国参加的国际条约享有的著作权,受该条例保护。对于计算机软件的开发必须是开发者独立开发,并已固定在某种有形物上。

《计算机软件保护条例》和《计算机软件著作权登记办法》对于计算机软件的合作开发、委托开发、指令开发、职务开发、非职务开发作出了规定。

1. 合作开发

由两个以上的自然人、法人或者其他组织合作开发的软件,其著作权的归属由合作开发者签订书面合同约定。无书面合同或者合同未作明确约定,合作开发的软件可以分割使用的,开发者对各自开发的部分可以单独享有著作权;但是,行使著作权时,不得扩展到合作开发的软件整体的著作权。合作开发的软件不能分割使用的,其著作权由各合作开发者共同享有,通过协商一致行使;

不能协商一致，又无正当理由的，任何一方不得阻止他方行使除转让权以外的其他权利，但是所得收益应当合理分配给所有合作开发者。

2. 委托开发

受他人委托开发的软件，其著作权的归属由委托者与受委托者签订书面协议约定，如无书面协议或者在协议中未作明确的约定，其著作权属于受委托者。

3. 指令开发

由国家机关下达任务开发的软件，著作权的归属与行使由项目任务书或者合同规定；项目任务书或者合同中未作明确规定的，软件著作权由接受任务的法人或者其他组织享有。

4. 职务开发

自然人在法人或者其他组织中任职期间所开发的软件有下列情形之一的，该软件著作权由该法人或者其他组织享有，该法人或者其他组织可以对开发软件的自然人进行奖励：

(1) 针对本职工作中明确指定的开发目标所开发的软件。

(2) 开发的软件是从事本职工作活动所预见的结果或者自然的结果。

(3) 主要使用了法人或者其他组织的资金、专用设备、未公开的专门信息等物质技术条件所开发并由法人或者其他组织承担责任的软件。

(二) 计算机软件著作权的内容

按照《计算机软件保护条例》的规定，软件著作权人应享有以下权利：

(1) 发表权，即决定软件是否公之于众的权利。

(2) 署名权，即表明开发者身份，在软件上署名的权利。

(3) 修改权，即对软件进行增补、删节，或者改变指令、语句顺序的权利。

(4) 复制权，即将软件制作一份或者多份的权利。

(5) 发行权，即以出售或者赠与方式向公众提供软件的原件或者复制件的权利。

(6) 出租权，即有偿许可他人临时使用软件的权利，但是软件不是出租的主要标的的除外。

(7) 信息网络传播权，即以有线或者无线方式向公众提供软件，使公众可以在其个人选定的时间和地点获得软件的权利。

(8) 翻译权，即将原软件从一种自然语言文字转换成另一种自然语言文字的权利。

(9) 软件著作权人可以许可他人行使其软件著作权，并有权获得报酬。

(10) 应当由软件著作权人享有的其他权利。

(三) 计算机软件著作权的保护期

软件著作权自软件开发完成之日起产生。自然人的软件著作权，保护期为自然人终生及其死亡后50年,截止于自然人死亡后第50年的12月31日;软件是合作开发的,截止于最后死亡的自然人死亡后第50年的12月31日。法人或者其他组织的软件著作权,保护期为50年,截止于软件首次发表后第50年的12月31日,但软件自开发完成之日起50年内未发表的,不再保护。

软件著作权属于自然人的,该自然人死亡后,在软件著作权的保护期内,软件著作权的继承人可以依照我国《继承法》的有关规定,继承除署名权以外的其他权利。软件著作权属于法人或者其他组织的,法人或者其他组织变更、终止后,其著作权在《条例》规定的保护期内由承受其权利义务的法人或者其他组织享有;没有承受其权利义务的法人或者其他组织的,由国家享有。

(四) 计算机软件著作权的登记管理

软件著作权人可以向国务院著作权行政管理部门认定的软件登记机构办理登记。软件登记机构发放的登记证明文件是登记事项的初步证明。受主管部门的委托,中国软件登记中心承担计算机软件著作权登记工作。

申请软件著作权登记时,申请者应当向软件登记中心提交软件著作权登记申请表、该软件的鉴别材料及相关的证明文件。申请软件著作权续展登记时,申请者应当于该软件保护期的最后1年之内提出书面申请,交回原登记证明书。申请者在登记申请批准之前,可以随时请求撤回申请。

中国软件登记中心对符合登记的申请,应当立案受理,书面通知申请人。自受理之日起120日之内审查受理申请,申请符合规定的,给予登记,发给相应登记证书,予以公布;申请不符合规定条件的,予以驳回。

(五) 软件的合法复制品的保护

《条例》规定,软件的合法复制品的所有人享有下列权利:(1)根据使用的需要把该软件装入计算机等具有信息处理能力的装置内;(2)为了防止复制品损坏而制作备份复制品。这些备份复制品不得通过任何方式提供给他人使用,并在所有人丧失该合法复制品的所有权时,负责将备份复制品销毁;(3)为了把该软件用于实际的计算机应用环境或者改进其功能、性能而进行必要的修改;但是,除合同另有约定外,未经该软件著作权人许可,不得向任何第三方提供修改后的软件。

为了学习和研究软件内含的设计思想和原理,通过安装、显示、传输或者存储软件等方式使用软件的,可以不经软件著作权人许可,不向其支付报酬。

(六) 计算机软件著作权的侵权行为及法律责任

1. 计算机软件著作权侵权行为

以下行为属于计算机软件著作权侵权行为:(1)未经软件著作权人许可,发表或者登记其软件的;(2)将他人软件作为自己的软件发表或者登记的;(3)未经合作者许可，将与他人合作开发的软件作为自己单独完成的软件发表或者登记的；(4)在他人软件上署名或者更改他人软件上的署名的；(5)未经软件著作权人许可，修改、翻译其软件的；(6)复制或者部分复制著作权人的软件的；(7)向公众发行、出租、通过信息网络传播著作权人的软件的；(8)故意避开或者破坏著作权人为保护其软件著作权而采取的技术措施的；(9)故意删除或者改变软件权利管理电子信息的；(10)转让或者许可他人行使著作权人的软件著作权的；(11)其他侵犯软件著作权的行为。

2. 侵犯计算机软件著作权应承担相应的法律责任

(1) 民事责任。

行为人有侵犯他人软件著作权行为的，除行政处罚外，应当根据情况，承担停止侵害、消除影响、公开赔礼道歉等民事责任。

(2) 行政责任。

行为人有侵犯他人软件著作权行为，同时损害社会公共利益的，应由国家软件著作权行政管理部门给予没收非法所得、罚款等行政处罚。同时，软件登记管理部门工作人员，在软件保护期内，除为执行这些登记管理职务的目的之外，不得利用或者向他人透露申请登记者提交的存档材料及有关情况。违反者，由软件登记管理部门或者上级主管部门给予行政处分。

(3) 刑事责任。

软件登记管理机构工作人员在软件保护期内利用或者向他人透露申请者登记时提交的存档材料及有关情况的，情节严重，构成犯罪的，由司法机关依法追究刑事责任。

四、数据库的保护

数据库是指计算机存储设备中按一定组织方式存储在一起的、相互关联、为用户共同关心的全部数据的集合。数据库是电子商务的重要基础，电子商务从查询、采购、产品展示、订购到销售、储运等所有网上贸易活动都离不开数据库的支持，因此与数据库相关的知识产权保护问题也日益突出。

虽然根据《保护文学艺术作品的伯尔尼公约》《与贸易有关的知识产权协议》和《世界知识产权组织版权条约》的有关规定，数据库应当纳入著作权法的保护范围，但是由于其保护范围狭小而显得十分脆弱，数据库的法律保护问题正随着互联网技术与电子商务的发展而变得十分重要。

我国目前虽然已经建立了比较完善的著作权法律体系，也参加了《保护文学艺术作品的伯尔尼公约》等重要的国际公约，但是在我国的著作权法和有关法律法规中，尚无明确规定对数据库的法律保护，我国对数据库的保护尚未有一个系统、完整的方法。

案例 7-1

网络链接侵犯著作权第一案

原告刘京胜1995年翻译出版了西班牙著名作家塞万提斯的名著《堂·吉诃德》。2000年10月,原告上网通过搜狐网站提供的搜索引擎搜索相关内容时偶然发现,通过被告搜狐网站与其他三个网站的链接,任何用户都可以全文浏览或下载三个版式的该译著;而原告从未授权或者许可包括搜狐在内的任何网站上载《堂·吉诃德》一书。

原告立即向搜狐网站提出交涉。原告认为被告的行为严重侵犯了其著作权,因此向北京市第二中级人民法院提起民事诉讼。在起诉书中,原告要求被告搜狐公司立即停止侵权,赔礼道歉并赔偿原告10万元损失。

问题:"搜狐"网站是否侵犯了原告著作权?为什么?

评析:

虽然由网络服务商(ISP)对其链接传输的所有内容是否存在瑕疵进行筛选判断是不现实的,但是被告搜狐公司必须为它得知侵权后没有及时停止该行为而付出代价。网上信息发布如果构成侵权行为,应由信息提供者承担民事法律责任,提供网络技术的服务商一般不应因此而承担侵权责任。但法院同时指出,搜狐公司在2000年10月得知其链接的网页上有侵权内容后,应及时采取技术措施停止这个链接,制止侵权。

END

第三节 电子商务中商标权的法律保护

一、商标与商标法

(一)商标的概念

商标是指商品或者服务上所使用的,用以识别不同生产者、经营者所生产、制造、加工、拣选或者经销的商品或者提供的服务,有显著特征的文字、图形、字母、数字、三维标志、颜色组合或者上述要素的组合构成的可视性标志。

知识链接

声音商标

根据我国《商标法》(2013年8月30日第三次修正)第八条规定,"任何能够将自然人、法人或者其他组织的商品与他人的商品区别开的标志，包括文字、图形、字母、数字、三维标志、颜色组合和声音等，以及上述要素的组合，均可以作为商标申请注册。”

为配合这一规定，2014 年 4 月 29 日通过修订后的《商标法实施条例》（自 2014 年 5 月 1 日起施行）规定了因声音标志申请商标注册的 5 个条件：(1)应当在申请书中予以声明。(2)说明商标的使用方式。(3)提交符合要求的声音样本。声音样本应当是光盘形式，音频文件不得超过 5MB，格式为 WAV 或者 MP3。(4)对声音商标进行描述。如果是音乐性质的，这种描述应当以五线谱或者简谱对申请用作商标的声音加以描述并附加文字说明；如果声音是非音乐性质的，无法以五线谱或者简谱描述的，应当以文字加以描述。(5)商标描述与声音样本应当一致。

END

（二）商标法

商标法是确认商标专用权，规定商标注册、使用、转让、保护和管理的法律规范的总称。它的作用主要是加强商标管理，保护商标专用权，促进商品的生产者和经营者保证商品和服务的质量，维护商标的信誉，保证消费者的利益，促进社会主义市场经济的发展。

1982 年 8 月 23 日第五届全国人民代表大会常务委员会通过了《商标法》，并于 1993 年 2 月 22 日、2001 年 10 月 27 日、2013 年 8 月 30 日进行了修订。2002 年 8 月 3 日，国务院公布《商标法实施条例》，2014 年 4 月 29 日进行了修订。

此外，我国已经加入了一系列有关保护商标专用权的国际条约，最主要的有《保护工业产权巴黎公约》（1985 年 3 月正式加入）、《商标注册马德里协定》（1989 年 10 月正式加入）、《商标注册公约》等。1994 年 4 月，我国签署《与贸易有关的知识产权协议》。2001 年 12 月，我国正式加入 WTO，标志着我国对包括商标权在内的工业产权的保护更加全面。

二、注册商标专用权

（一）注册商标专用权及其取得

注册商标专用权，或称商标权，是指商标注册人依法对其注册商标所享有的专用权利。我国注册商标专用权的取得实行注册取得原则。另外，商标权的取得还可以通过注册商标的转让、继承等方式。

（二）注册商标专用权的内容

根据《商标法》以及相关法律法规的规定，注册商标专用权主要包括：

1. 专用权

注册商标专用权是指商标权人对其注册商标所享有的在核定的商品或者服务上独占使用的权利。

2. 使用许可权

注册商标使用许可权是指商标权人享有的、以一定的方式和条件许可他人使用其注册商标并获得收益的权利。

3. 转让权

注册商标转让权是商标权人所享有的将其注册商标转让给他人的权利,是商标权人对其注册商标行使处分权的一种方式。

(三) 注册商标的保护期限与续展

注册商标的有效期为10年,自核准注册之日起计算。注册商标有效期满,需要继续使用的,商标注册人应当在期满前12个月内按照规定办理续展手续;在此期间未能办理的,可以给予6个月的宽展期。每次续展注册的有效期为10年,自该商标上一届有效期满次日起计算。商标局应当对续展注册的商标予以公告。期满未办理续展手续的,注销其注册商标。

(四) 商标权的法律保护

1. 商标权的保护范围

商标权的保护范围是指禁止在相同或者类似商品或者服务上使用与他人注册商标相同或近似的商标。

2. 侵犯注册商标权的行为

有下列行为之一的,均属侵犯注册商标专用权:(1)未经商标权人许可,在相同或者类似商品上使用与其注册商标相同或近似的商标的行为;(2)销售侵犯注册商标专用权的商品的行为;(3)伪造、擅自制造他人注册商标标识或者销售伪造、擅自制造的注册商标标识的行为;(4)未经商标注册人同意,更换其注册商标并将该更换商标的商品又投入市场的;(5)除以上侵权行为以外给他人的注册商标专用权造成其他损害的。

3. 商标权保护的临时措施

商标注册人或者利害关系人有证据证明他人正在实施或者即将实施侵犯其注册商标专用权的行为,如不及时制止将会使其合法权益受到难以弥补的损害的,可以依法在起诉前向人民法院申请采取责令停止有关行为和财产保全的措施。

为制止侵权行为,在证据可能灭失或者以后难以取得的情况下,商标注册人或者利害关系人可以依法在起诉前向人民法院申请保全证据。

（五）驰名商标的保护

1. 驰名商标的概念

驰名商标是指在中国为相关公众广为知晓并享有较高声誉的商标。《商标法》规定，认定驰名商标应当考虑下列因素：(1)相关公众对该商标的知晓程度；(2)该商标使用的持续时间；(3)该商标的任何宣传工作的持续时间、程度和地理范围；(4)该商标作为驰名商标受保护的记录；(5)该商标驰名的其他因素。

知识链接

可以作为证明商标驰名的证据材料

①证明相关公众对该商标知晓程度的有关材料；②证明该商标使用持续时间的有关材料，包括该商标使用、注册的历史和范围的有关材料；③证明该商标的任何宣传工作的持续时间、程度和地理范围的有关材料，包括广告宣传和促销活动的方式、地域范围、宣传媒体的种类以及广告投放量等有关材料；④证明该商标作为驰名商标受保护记录的有关材料，包括该商标曾在中国或者其他国家和地区作为驰名商标受保护的有关材料；⑤证明该商标驰名的其他证据材料，包括使用该商标的主要商品近三年的产量、销售量、销售收入、利税、销售区域等有关材料。

END

2. 对驰名商标的法律保护

驰名商标除了获得与一般商标一样的法律保护外，还可以根据有关法律、行政法规获得更多的保护。根据《商标法》和《驰名商标认定和保护规定》的规定，我国对驰名商标的其他保护主要体现在以下几个方面：

(1) 对未在我国注册的驰名商标给予保护

《商标法》第 13 条规定，为相关公众所熟知的商标，持有人认为其权利受到侵害时，可以依照《商标法》规定请求驰名商标保护。就相同或者类似商品申请注册的商标是复制、摹仿或者翻译他人未在中国注册的驰名商标，容易导致混淆的，不予注册并禁止使用。上述规定给予了未在我国注册的驰名商标以商标专用权，体现了我国法律对驰名商标的特殊保护。

(2) 扩大对在我国注册的商标保护范围

《商标法》规定，就不相同或者不相类似商品申请注册的商标是复制、摹仿或者翻译他人已经在中国注册的驰名商标，误导公众，致使该驰名商标注册人的利益可能受到损害的，不予注册并禁止使用。上述规定将在我国注册的驰名商标的保护范围扩大到不相同或者不相类似的商品，扩大了对驰名商标的保护范围。

根据《驰名商标认定和保护规定》第13条的规定，当事人认为他人将其驰名商标作为企业名称登记，可能欺骗公众或者对公众造成误解的，可以向企业名称登记主管机关申请撤销该企业名称登记，企业名称登记主管机关应当依照《企业名称登记管理规定》处理。由此可见，对驰名商标的保护已经超出了商标范围而扩大到企业商号或名称了。

(3) 驰名商标所有人对恶意注册商标的撤销权不受5年期限的限制

已经注册的商标，违反有关法律规定的，自商标注册之日起5年内，商标权人或者利害关系人可以请求商标评审委员会宣告该注册商标无效。对恶意注册的，驰名商标所有人不受5年的时间限制。

三、电子商务中的商标权保护

（一）电子商务中的商标权

电子商务活动作为商务活动的一种新手段或者新方式，与商标密切相关。电子商务与商标的联系主要表现在以下几个方面：

1. 电子商务的活动主体需要自己的商品或者服务商标

电子商务活动中的各类主体在其提供的商品或者服务在进入市场时需要有自己的识别性标志，例如提供网络服务的经营主体新浪、搜狐、网易、谷歌，提供网络交易平台的阿里巴巴以及数量庞大的开展网上经营的商业主体，他们都属于利用网络开展网络服务以及电子商务活动的经营主体，他们在提供商品或服务的活动中也会使用各种商品商标和服务商标。

2. 电子商务主体可能会涉及对他人商标的使用

电子商务主体在从事商品流通、服务提供、广告宣传等商业活动的过程中，可能会涉及对他人商标权的使用，例如开展电子商务的商品销售企业要在网上销售商品、发布广告等，这些行为势必涉及其他企业的商标使用。

3. 电子商务主体可能成为商标权的侵权主体

电子商务主体除了自身商标权的开发，还涉及他人商标权的使用，因此，也可能成为商标权的侵权主体。如果电子商务主体擅自使用他人的商标或者自己在开发和使用商标时，在相同或类似的商品或服务上使用了与他人相同或相近似的商标，都可能使自己成为商标侵权主体。

（二）电子商务中商标权保护所面临的问题与对策

1. 商标权的使用和保护环境更加复杂

电子商务活动使商标使用的范围扩大到了网络，这就使商标的使用范围扩大。随着网络应用的普及，电子商务所促成的交易量迅速增长，货物流通具有隐蔽性强、范围大、取证困难、执行困难等特征，使得商标权的使用和保护环境都变得非常复杂。

2. 电子商务使商标侵权出现新的特点

传统商标侵权的主要形式是将相同或者近似的商标用于相同或者类似的商品上，应用的方式主要是用于商品或商品包装上以及用于商品或服务的广告宣传等，这些商标侵权形式存在现实的表现形式，无论是认定还是查处都有一定的证据基础。

但是，电子商务是利用网络完成交易，商标侵权的形式更加多样和复杂，电子商务中产生了一些新的商标侵权形式，例如网页上的商标标记使用侵权、链接侵权、用商标图形作为网页装潢、将商标作为域名侵权等都成为电子商务中的商标侵权形式。

3. 网络商标侵权行为简单易行

网络的开放性决定了网络侵权行为的实施简单易行。一方面，由于网络是一个巨大的虚拟空间，行为人可以在任何时间、地点进行商标侵权行为；另一方面，在技术上，通过网络对商标的侵权行为十分容易进行，行为人即使不具备高深的计算机知识和操作技能等专业技术，只需轻点鼠标，也可以实施商标侵权行为。

4. 网络商标争议的解决难度更大

传统的商标侵权，一般易于识别，也容易为被侵权人察觉。而网络的跨越时空的特点，决定了要确定商标侵权行为人比较困难，网络的虚拟性则导致确定侵权者的身份也面临重重困难。

从取证的角度看，因为网页不断更新，网上商标使用信息可以随时被删除，所以使商标权人不能及时取证。受"谁主张，谁举证"的原则和"取证经济性原则"的限制，司法机关一般不介入民事取证程序，因此，对于商标权人而言，要查明侵权主体并获得相关的侵权证据绝非易事。

5. 网上商标侵权行为的损害后果更为严重

互联网的全球性使网络商标侵权行为的损害范围更广，可以超越国界、跨越行业，所产生的不良影响的持续时间更长，对商标权人商业信誉的损害后果更加严重。

解决电子商务中商标权保护问题，需要做好几个方面的工作：一是尽快完善相关的法律法规；二是加大执法力度，切实保护商标权；三是加强对电子商务中商标的行政保护措施。

（三）电子商务中的驰名商标保护

由于网络的无国界性，将商标在非传统媒介上进行宣传，会使商品或服务的标记在短短的时间内迅速传播而发展成为有影响力的商标，为商标权人创造驰名商标带来了更多的机遇，很多商标可以借助网络迅速成为驰名商标。

与此同时，驰名商标面临着新的危险和困境，驰名商标更容易成为网络经济中被侵害的重点。因此,既然在现实交易中,国家通过立法对驰名商标实行特殊保护,那么在网络的虚拟社会中也应对驰名商标予以特殊保护,否则对驰名商标的保护就是不完整的,更不利于对驰名商标所有人合法权益的保护。因此,将驰名商标的特殊保护延伸到网络,是驰名商标保护制度发展的必然趋势。

第四节　域名的法律保护

一、域名的概念与法律特征

域名是互联网上用户在网络中的名称和地址。在互联网上,人们通过域名来查找入网单位的网络地址。

域名具有以下法律特征。

1. 标识性

域名产生的基础是为了在互联网上区分各个不同组织与机构,即计算机用户。正如人以自己的名字来相互识别一样,在互联网上不同的组织机构是以各自的域名来标识自身而相互区别的。

2. 唯一性

为了保证域名标识作用的发挥,域名必须在全球范围内具有唯一性。由于域名的命名具有一定的规范性,同时它又与 IP 地址等价,可以具有高度的精确性,在此技术保障基础上域名便具有全球唯一性,每个域名都是独一无二的。这是域名标识性的根本保障。

3. 排他性

由于互联网是覆盖全球的,使用范围的广泛性决定了域名必须具有绝对的排他性。在互联网上使用域名必须先申请注册,申请注册遵循“先申请先注册”的原则,即只有欲申请注册的域名不与已注册的所有域名相同,才能获得有效注册,一旦获得注册,它就必须排斥此后欲申请注册的与此相同的域名。

二、域名管理的法律规定

随着电子商务的飞速发展,域名的作用已经远远超出其识别和定位的作用。域名对于企业来说是其进行销售、宣传等各项活动的标识。当顾客经常使用企业的域名时,域名便可以产生与企业的名称或商标相同的作用。

在实践中,许多企业是以其企业的名称或其拥有的商标作为域名使用的,这对提高企业的知名度和树立企业形象,宣传企业都具有十分重要的作用。在电子商务领域中,域名的这种标识作用将网络世界的资源带给企业,给企业带来无限的商机。域名的作用对于企业来说将同商标一样成为企业的无形资产。

为加强我国互联网的管理，国务院成立了专门机构负责我国互联网域名系统管理。1997年先后颁布的《中国互联网络域名注册暂行管理办法》和《中国互联网络域名注册实施细则》《互联网域名管理办法》是对我国互联网域名系统具体实施管理的重要法律规定。

2017年8月16日工业和信息化部审议通过《互联网域名管理办法》，自2017年11月1日起施行（原信息产业部2004年11月5日公布的《中国互联网络域名管理办法》同时废止）。《互联网域名管理办法》的制定是为了规范互联网域名服务，保护用户合法权益，保障互联网域名系统安全、可靠运行，推动中文域名和国家顶级域名发展和应用，促进中国互联网健康发展，根据国家有关规定，并参照国际上互联网络域名管理准则制定的。

《互联网域名管理办法》主要规定以下内容：

（一）域名系统的管理机构

工业和信息化部对全国的域名服务实施监督管理，主要职责是：(1)制定互联网域名管理规章及政策；(2)制定中国互联网域名体系、域名资源发展规划；(3)管理境内的域名根服务器运行机构和域名注册管理机构；(4)负责域名体系的网络与信息安全管理；(5)依法保护用户个人信息和合法权益；(6)负责与域名有关的国际协调；(7)管理境内的域名解析服务；(8)管理其他与域名服务相关的活动。

各省、自治区、直辖市通信管理局对本行政区域内的域名服务实施监督管理，其主要职责是：(1)贯彻执行域名管理法律、行政法规、规章和政策；(2)管理本行政区域内的域名注册服务机构；(3)协助工业和信息化部对本行政区域内的域名根服务器运行机构和域名注册管理机构进行管理；(4)负责本行政区域内域名系统的网络与信息安全管理；(5)依法保护用户个人信息和合法权益；(6)管理本行政区域内的域名解析服务；(7)管理本行政区域内其他与域名服务相关的活动。

（二）域名管理

域名注册管理机构是指承担顶级域名系统的运行、维护和管理工作的机构。域名注册服务机构是指受理域名注册申请，直接完成域名在国内顶级域名数据库中注册、直接或间接完成域名在国外顶级域名数据库中注册的机构。这两类机构是涉及域名的注册、服务及管理的主要机构，对这些机构的管理是域名管理工作的重要内容。

1. 对互联网域名根服务器及设立域名根服务器运行机构的管理

在境内设立域名根服务器及域名根服务器运行机构、域名注册管理机构和域名注册服务机构的，应当依据本办法取得工业和信息化部或者省、自治区、直辖市通信管理局（以下统称电信管理机构）的相应许可。

申请设立域名根服务器及域名根服务器运行机构的,应当具备以下条件:(1)域名根服务器设置在境内,并且符合互联网发展相关规划及域名系统安全稳定运行要求;(2)是依法设立的法人,该法人及其主要出资者、主要经营管理人员具有良好的信用记录;(3)具有保障域名根服务器安全可靠运行的场地、资金、环境、专业人员和技术能力以及符合电信管理机构要求的信息管理系统;(4)具有健全的网络与信息安全保障措施,包括管理人员、网络与信息安全管理制度、应急处置预案和相关技术、管理措施等;(5)具有用户个人信息保护能力、提供长期服务的能力及健全的服务退出机制;(6)法律、行政法规规定的其他条件。

知识链接

申请设立域名注册管理机构应当具备的条件

申请设立域名注册管理机构的,应当具备以下条件:①域名管理系统设置在境内,并且持有的顶级域名符合相关法律法规及域名系统安全稳定运行要求;②是依法设立的法人,该法人及其主要出资者、主要经营管理人员具有良好的信用记录;③具有完善的业务发展计划和技术方案以及与从事顶级域名运行管理相适应的场地、资金、专业人员以及符合电信管理机构要求的信息管理系统;④具有健全的网络与信息安全保障措施,包括管理人员、网络与信息安全管理制度、应急处置预案和相关技术、管理措施等;⑤具有进行真实身份信息核验和用户个人信息保护的能力、提供长期服务的能力及健全的服务退出机制;⑥具有健全的域名注册服务管理制度和对域名注册服务机构的监督机制;⑦法律、行政法规规定的其他条件。

END

2. 对域名注册管理机构和域名注册服务机构的管理

《互联网域名管理办法》规定,在中华人民共和国境内申请设立域名注册服务机构的,应当具备以下条件:(1)在境内设置域名注册服务系统、注册数据库和相应的域名解析系统;(2)是依法设立的法人,该法人及其主要出资者、主要经营管理人员具有良好的信用记录;(3)具有与从事域名注册服务相适应的场地、资金和专业人员以及符合电信管理机构要求的信息管理系统;(4)具有进行真实身份信息核验和用户个人信息保护的能力、提供长期服务的能力及健全的服务退出机制;(5)具有健全的域名注册服务管理制度和对域名注册代理机构的监督机制;(6)具有健全的网络与信息安全保障措施,包括管理人员、网络与信息安全管理制度、应急处置预案和相关技术、管理措施等;(7)法律、行政法规规定的其他条件。域名注册服务机构不得采用欺诈、胁迫等不正当手段要求他人注册域名。

域名注册管理机构应当自觉遵守国家相关的法律、行政法规和规章，应当通过电信管理机构许可的域名注册服务机构开展域名注册服务，按照电信管理机构许可的域名注册服务项目提供服务。

（三）域名注册

1. 对域名注册管理机构的注册要求

域名注册管理机构应当根据《互联网域名管理办法》制定域名注册实施细则并向社会公开。为维护国家利益和社会公众利益，域名注册管理机构应当建立域名注册保留字制度进行必要保护。

域名注册服务机构提供域名注册服务，应当要求域名注册申请者提供域名持有者真实、准确、完整的身份信息等域名注册信息。域名注册管理机构和域名注册服务机构应当对域名注册信息的真实性、完整性进行核验。域名注册申请者提供的域名注册信息不准确、不完整的，域名注册服务机构应当要求其予以补正。申请者不补正或者提供不真实的域名注册信息的，域名注册服务机构不得为其提供域名注册服务。

2. 域名取得管理的原则

域名注册服务原则上实行“先申请先注册”，相应域名注册实施细则另有规定的，从其规定。

域名根服务器运行机构、域名注册管理机构、域名注册服务机构应当在其网站首页和经营场所显著位置标明其许可相关信息。域名注册管理机构还应当标明与其合作的域名注册服务机构名单。域名注册代理机构应当在其网站首页和经营场所显著位置标明其代理的域名注册服务机构名称。

除法律、行政法规另有规定外，域名注册管理机构、域名注册服务机构应当依法存储、保护用户个人信息，未经用户同意不得将用户个人信息提供给他人。

知识链接

对域名的禁止性规定

任何组织或者个人注册、使用的域名中，不得含有下列内容：①反对宪法所确定的基本原则的；②危害国家安全，泄露国家秘密，颠覆国家政权，破坏国家统一的；③损害国家荣誉和利益的；④煽动民族仇恨、民族歧视，破坏民族团结的；⑤破坏国家宗教政策，宣扬邪教和封建迷信的；⑥散布谣言，扰乱社会秩序，破坏社会稳定的；⑦散布淫秽、色情、赌博、暴力、凶杀、恐怖或者教唆犯罪的；⑧侮辱或者诽谤他人，侵害他人合法权益的；⑨含有法律、行政法规禁止的其他内容的域名注册管理机构、域名注册服务机构不得为含有前款所列内容的域名提供服务。

3. 域名的维护与使用

域名持有者应当遵守国家有关互联网络的法律、行政法规和规章。

域名注册信息发生变更的,域名持有者的联系方式等信息发生变更的,应当在变更后30日内向域名注册服务机构办理域名注册信息变更手续。域名持有者将域名转让给他人的,受让人应当遵守域名注册的相关要求。

域名持有者有权选择、变更域名注册服务机构。变更域名注册服务机构的,原域名注册服务机构应当配合域名持有者转移其域名注册相关信息。无正当理由的,域名注册服务机构不得阻止域名持有者变更域名注册服务机构。

4. 域名的注销

已注册的域名有下列情形之一的,域名注册服务机构应当予以注销,并通知域名持有者:(1)域名持有者申请注销域名的;(2)域名持有者提交虚假域名注册信息的;(3)依据人民法院的判决、域名争议解决机构的裁决,应当注销的;(4)法律、行政法规规定予以注销的其他情形。

(四) 域名争议

域名争议是指因互联网域名的注册或者使用而引发的争议。为解决域名争议,《域名管理办法》曾做了原则规定,根据原《域名管理办法》的规定,2012年6月28日起施行《中国互联网络信息中心域名争议解决办法》(以下简称《域名争议解决办法》)具体规定域名争议解决的问题(2006年3月17日施行的原《中国互联网络信息中心域名争议解决办法》同时废止)。

现行的《互联网域名管理办法》第42条规定,任何组织或者个人认为他人注册或者使用的域名侵害其合法权益的,可以向域名争议解决机构申请裁决或者依法向人民法院提起诉讼。

1. 适用范围

《域名争议解决办法》适用于因互联网络域名的注册或者使用而引发的争议。所争议域名应当限于由中国互联网络信息中心负责管理的“. CN”“. 中国”“. 公司”“. 网络”域名。但是,所争议域名注册期限满两年的,域名争议解决机构不予受理。

2. 争议的解决机构

域名争议由中国互联网络信息中心认可的争议解决机构受理解决。

3. 争议的解决制度

争议解决机构实行专家组负责争议解决的制度。专家组由1名或3名掌握互联网络及相关法律知识,具备较高职业道德,能够独立并中立地对域名争议作出裁决的专家组成。域名争议解决机构通过在线方式公布可供投诉人和被投诉人选择的专家名册。

任何人认为他人已注册的域名与其合法权益发生冲突的，均可以向争议解决机构提出投诉。争议解决机构建立专门的互联网络网站，通过在线方式接受有关域名争议的投诉，并发布与域名争议有关的资料。但经投诉人或者被投诉人请求，争议解决机构认为发布后有可能损害投诉人或者被投诉人利益的资料和信息，可不予发布。

争议解决机构受理投诉后，应当按照程序规则的规定组成专家组，并由专家组根据该办法及程序规则，遵循“独立、中立、便捷”的原则，在专家组成立之日起 14 日内对争议作出裁决。

知识链接

投诉符合下列条件的，应当得到支持

①被投诉的域名与投诉人享有民事权益的名称或者标志相同，或者具有足以导致混淆的近似性；②被投诉的域名持有人对域名或者其主要部分不享有合法权益；③被投诉的域名持有人对域名的注册或者使用具有恶意。

END

投诉人和被投诉人应当对各自的主张承担举证责任。

专家组根据投诉人和被投诉人提供的证据及争议涉及的事实，对争议进行裁决。专家组认定投诉成立的，应当裁决注销已经注册的域名，或者裁决将注册域名转移给投诉人。专家组认定投诉不成立的，应当裁决驳回投诉。

知识链接

《域名争议解决办法》的相关规定

被投诉人在接到争议解决机构送达的投诉书之前具有下列情形之一的，表明其对该域名享有合法权益：①被投诉人在提供商品或服务的过程中已善意地使用该域名或与该域名相对应的名称；②被投诉人虽未获得商品商标或有关服务商标，但所持有的域名已经获得一定的知名度；③被投诉人合理地使用或非商业性地合法使用该域名，不存在为获取商业利益而误导消费者的意图。

被投诉的域名持有人具有下列情形之一的，其行为构成恶意注册或者使用域名：①注册或受让域名是为了向作为民事权益所有人的投诉人或其竞争对手出售、出租或者以其他方式转让该域名，以获取不正当利益；②多次将他人享有合法权益的名称或者标志注册为自己的域名，以阻止他人以域名的形式在互联

网上使用其享有合法权益的名称或者标志;③注册或者受让域名是为了损害投诉人的声誉,破坏投诉人正常的业务活动,或者混淆与投诉人之间的区别,误导公众;④其他恶意的情形。

在专家组就有关争议作出裁决之前,投诉人或者被投诉人认为专家组成员与对方当事人有利害关系,有可能影响案件的公正裁决的,可以向争议解决机构提出要求专家回避的请求,但应当说明提出回避请求所依据的具体事实和理由,并举证。是否回避,由争议解决机构决定。

专家组根据投诉人和被投诉人提供的证据及争议涉及的事实,对争议进行裁决。专家组认为投诉成立的,应当裁决注销已经注册的域名,或者裁决将注册域名转移给投诉人。专家组认定投诉不成立的,应当裁决驳回投诉。

在依据《域名争议解决办法》提出投诉之前,争议解决程序进行中,或者专家组作出裁决后,投诉人或者被投诉人均可以就同一争议向中国互联网络信息中心所在地的中国法院提起诉讼,或者基于协议提请中国仲裁机构仲裁。

争议解决机构裁决注销域名或者裁决将域名转移给投诉人的,自裁决公布之日起满 10 日的,域名注册服务机构予以执行。

被投诉人自裁决公布之日起 10 日内提供有效证据证明有管辖权的司法机关或者仲裁机构已经受理相关争议的,争议解决机构的裁决暂停执行。对于暂停执行的争议解决机构的裁决,域名注册服务机构视情况作如下处理:(1)有证据表明,争议双方已经达成和解的,执行和解协议;(2)有证据表明,有关起诉或者仲裁申请已经被驳回或者撤回的,执行争议解决机构的裁决;(3)有关司法机关或者仲裁机构作出裁判,且已发生法律效力的,执行该裁判。

在域名争议解决期间以及裁决执行完毕前,域名持有人不得申请转让或者注销处于争议状态的域名,也不得变更域名注册服务机构,但受让人以书面形式同意接受争议解决裁决约束的除外。

案例 7-2

上海新蛋电子商务有限公司诉中国食用菌技术开发有限公司计算机网络域名侵权和不正当竞争纠纷一案

原告:上海新蛋电子商务有限公司

被告:中国食用菌技术开发有限公司

原告新蛋公司诉称:新蛋公司是中国新蛋网 www.newegg.com.cn 的创办者,早在 2000 年就注册了域名“newegg.com.cn”,并于 2003 年取得了“new egg 新蛋”的商标专有权。该商标的申请日期为 2002 年 4 月 1 日,初审公告日期为

2003 年 3 月 14 日。

新蛋公司发现域名“newegg.cn”被食用菌技术公司于 2003 年抢注，食用菌技术公司的主要经营范围为技术开发、技术转让、技术培训、技术咨询、技术服务，培植食用菌，销售灵芝孢籽粉，与“newegg”没有任何关系。因此，食用菌技术公司没有注册、使用该域名的正当理由。根据《最高人民法院关于审理涉及计算机网络域名民事纠纷案件适用法律若干问题的解释》(简称《计算机网络域名案件司法解释》)第四条的规定，食用菌技术公司的行为已经构成侵权。

被告食用菌技术公司辩称：一、食用菌技术公司注册涉案域名的时间为 2003 年 3 月 25 日，距新蛋公司起诉时间已远远超过两年的诉讼时效，故新蛋公司全部诉讼请求应当被驳回。二、新蛋公司并不享有与涉案域名主体识别部分“newegg”相关的在先法定权利。新蛋公司所请求保护的民事权益并不存在，更谈不上合法有效。

法院认为，域名是企业在互联网上的“商标”，是其他企业用户识别和访问企业网站最为重要的线索。虽然“newegg.com.cn”与“newegg.cn”分别为三级和二级域名，但两者的主要识别部分完全相同，已经足以造成相关公众的误认。食用菌技术公司注册“newegg.cn”域名以及设置域名指向的行为侵犯了新蛋公司的合法权益，构成不正当竞争，其应当承担相应的民事法律责任。

判决结果：一、“newegg.cn”域名由原告上海新蛋电子商务有限公司注册并使用；二、被告中国食用菌技术开发有限公司赔偿原告上海新蛋电子商务有限公司因本案纠纷支付的合理开支人民币 2 万元。

END

第五节　电子商务中专利权的法律保护

一、专利与专利法

(一) 专利与专利权

广义的专利一词通常有三种含义：一是指由国家专利机关授予的专利权，二是指取得专利权的发明创造，三是指专利文献。

狭义的专利仅指专利权，是指一项发明创造，由申请人向国家专利审批机关提出专利申请，经国家专利审批机关依法审查核准后，向专利申请人授予的、在规定的时间内对该项发明创造享有的专有权。

(二) 专利法

专利法，是调整在确认和保护发明创造的专有权以及在利用专有的发明创造过程中产生的社会关系的法律规范的总称。

二、专利权

（一）专利权主体

专利权主体，是指有权提出专利申请并获得专利权的人。当一项发明创造依法取得专利权后，专利申请人就成为专利所有人或持有人。专利权人可以是个人，也可以是单位。我国公民、法人和外国人、外国企业均可成为专利权的主体。

（二）专利权客体

专利权客体，也称专利权的保护对象，是指依法可以取得专利权的发明创造，包括发明、实用新型和外观设计。

知识链接

发明、实用新型、外观设计

发明，是指对产品、方法或者其改进所提出的新的技术方案。

实用新型，是指对产品的形状、构造或者其结合所提出的适于实用的新的技术方案。

外观设计，是指对产品的形状、图案或者其结合以及色彩与形状、图案的结合所作出的富有美感并适于工业应用的新设计。

END

（三）专利权人的权利

专利权人的权利是指专利权人对其发明创造依法享有的权利，是在一定时间、范围内对获得专利权的发明创造、实用新型、外观设计所享有的专有权。

1. 独占实施权

独占实施权又称排他权，是指专利权人享有独占制造、使用和销售专利产品或使用专利方法的权利。除法律规定的情况外，任何单位或个人未经专利权人许可，都不得实施其发明创造。包括为了生产经营目的而制造、使用、销售、进口其专利产品或者使用其专利方法以及使用、销售、进口依其专利方法直接获得的产品。

2. 转让权

专利申请权和专利权都可以转让。转让专利申请权或者专利权的，当事人应当订立书面合同，并向国务院专利行政部门登记，由国务院专利行政部门予以公告。专利申请权或者专利权的转让自登记之日起生效。

3. 许可权

专利权人有许可他人实施其专利并收取费用的权利。任何单位或者个人实施他人专利，应当与专利权人订立实施许可合同。被许可人无权许可合同规定以外的人实施该专利。

4. 标记权

专利权人有权在其专利产品或者该产品的包装上标明专利标记和专利号。发明人或者设计人无论是否是专利权人，都有权在专利文件上写明自己是发明人或者设计人。

（四）专利权的取得

专利申请人向国务院专利行政部门提交专利申请文件是申请专利的法定程序。国务院专利行政部门在受理专利申请案后对其进行形式审查。经初步审查认为符合《专利法》要求的，自申请日起满 18 个月，即行公布。国务院专利行政部门可以根据申请人的请求早日公布其申请。

发明专利申请自申请日起 3 年内，国务院专利行政部门可以根据申请人随时提出的请求，对其申请进行实质审查；申请人无正当理由逾期不请求实质审查的，该申请即被视为撤回。国务院专利行政部门认为必要的时候，也可以自行对发明专利申请进行实质审查。

发明专利申请经实质审查没有发现驳回理由的，由国务院专利行政部门作出授予发明专利权的决定，发给发明专利证书，同时予以登记和公告。发明专利权自公告之日起生效。实用新型和外观设计专利申请经初步审查没有发现驳回理由的，由国务院专利行政部门作出授予实用新型专利权或者外观设计专利权的决定，发给相应的专利证书，同时予以登记和公告。实用新型专利权和外观设计专利权自公告之日起生效。

案例 7-3

沈阳东辰日用品有限公司诉石家庄尚朴家具有限公司、浙江天猫网络有限公司等侵害实用新型专利权纠纷案

东辰公司诉称：其享有实用新型专利权的“十字卡柱”产品被尚朴家具公司仿冒，仿冒产品在天猫网、淘宝网销售。其认为，被诉侵权产品与涉案专利技术无实质区别，被诉侵权产品落入涉案专利权保护范围。首先，涉案专利技术方案中的“十字卡柱”仅对压簧一端起固定作用，以防止压簧伸缩时发生位置移动。被诉侵权产品中的“圆柱”亦起到固定压簧防止位移的功能。

二者在功能和效果上没有实质性不同，属于等同技术特征。其次，涉案专利技术方案中，虽然没有具体表述用什么方式方法将开关杆另一端固定在压盖上，但国家知识产权局专利复审委员会《无效宣告请求审查决定书》明确指出，固定方式可采用现有技术中的多种能够固定的方式，这是本领域普通技术人员

无须任何创造性劳动就能做到的。

一审法院在技术原理及功能没有改变的情况下,只因被诉侵权产品开关杆固定方式略有改动,即认定超出了专利权保护范围,是错误的。另外,其向一审法院提起诉讼之后,被诉侵权产品仍在天猫公司、淘宝公司网上销售。根据《侵权责任法》第三十六条的规定,天猫公司、淘宝公司应当对被诉侵权产品扩大销售部分,承担连带赔偿责任。

尚朴公司提交意见称:根据涉案专利权利要求中"压簧的另一端固定在手柄槽内的十字卡柱上"的描述,"十字卡柱"应当理解为具有"卡"的功能的"十字柱"。所谓"卡",是指同时限制压簧径向和轴向位移的固定方式。被诉侵权产品中的"圆柱"仅具有限制压簧径向位移的功能,与涉案专利"十字卡柱"属于不同的技术特征。二者在技术手段、功能和效果几个方面均存在很大差异,亦不构成等同技术特征。在涉案专利无效宣告审查过程中,专利权人解释开关杆是通过按钮伸出的一部分固定在压盖上,开关杆与压盖接触。被诉侵权产品是通过开关杆装有压簧的一端压在水滴形槽内进行固定。二者既不相同也不等同。

天猫公司和淘宝公司共同提交意见称:原审法院关于被诉产品没有侵害东辰公司专利权的认定是正确的。即便认定侵权,其提供电子商务交易平台的行为,亦不构成侵权,不应承担赔偿责任。其在收到一审起诉状后及时核查并删除了被诉侵权产品的网页链接,不应对所谓的扩大损害部分承担连带赔偿等法律责任。

法院认为,虽然涉案专利技术方案中的"十字卡柱"并非具有统一含义的规范技术术语,说明书或附图亦没有对其具体形状或结构做进一步解释或界定,但根据涉案专利权利要求中关于"压簧的另一端固定在手柄槽内的十字卡柱上"的限定理解,"压簧"的一端系"固定"在"十字卡柱"上。结合权利要求明确限定的"固定"装配要求,可以认定"压簧"装配于"十字卡柱"上后,应当实现既限制"压簧"径向位移,又限制其轴向脱落的技术效果。与此不同的是,被诉侵权产品不仅未采用十字形柱体,而且将"压簧"套装在"圆柱"上后,"压簧"在手柄槽翻转时自然脱落。"圆柱"仅能限制"压簧"径向位移,无法防止其轴向脱落,"压簧"与"圆柱"之间并非"固定"关系。

由此可见,被诉侵权产品"压簧""套装"在手柄槽内的"圆柱"上,与专利技术方案"压簧""固定"在手柄槽内的"十字卡柱"上,所采取的技术手段,实现的功能和达到的效果,均存在明显差异,不能认定为等同技术特征。原审法院认定专利技术方案中的"十字卡柱"应当具有既限制"压簧"径向位移,又限制其轴向脱落的功能,与被诉侵权产品中的"圆柱"并非相同或等同技术特征,并进而认定被诉侵权产品没有落入涉案专利权保护范围,并无不当。东辰公司认为被诉侵权产品中的"圆柱"与专利技术方案中的"十字卡柱"构成等同技术特征的申请理由，依法不予支持。

三、电子商务中的专利权保护

（一）电子商务活动与专利权

电子商务活动与专利权的关系主要体现在以下几个方面：

1. 电子商务主体自身专利的开发和利用

电子商务主体作为一类市场主体，在从事各类经营活动、参与市场竞争的过程中，不可避免地会涉及自身专利技术的开发和利用。随着竞争的加剧，知识产权成为企业的核心竞争力，电子商务主体自身的专利技术开发和利用也会更加突出。因此，专利技术开发和利用会成为电子商务主体重要的活动内容，电子商务活动与专利技术、专利权的关系将日益密切。

2. 电子商务主体对他人专利技术的利用

电子商务活动主体为节约开发成本，可以通过专利受让和专利许可的方式取得专利权或者专利技术的使用权，成为电子商务主体和电子商务活动涉及专利权的一种方式。

3. 电子商务主体可能成为专利权的侵权主体

在对他人的专利技术、专利方法的应用过程中，电子商务主体也可能会侵犯他人的专利权，成为专利权的侵权主体，例如未经权利人许可而使用权利人的专利技术、专利方法的行为，就是侵犯他人专利权的行为。

（二）电子商务活动中专利权的保护问题

互联网是计算机技术集中应用的产物，网络本身会涉及各类技术的应用。在利用网络开展电子商务活动的过程中也会涉及网络利用技术以及一些不同于传统交易方式的特殊商业方法的应用，这些都可能涉及专利权，涉及专利法对这些技术以及特殊方法的确认和保护。

四、对计算机软件的专利保护

鉴于依据著作权保护权利人在电子商务中计算机软件权利所存在的不足，为了满足电子商务领域的计算机信息技术保护的需要，一些国际组织和各国政府都在利用专利法保护计算机信息技术方面作出了努力和探索，形成了一些有益的做法。

（一）国际上的做法

由于电子商务发展仅有几十年的时间，电子商务中的计算机程序产生专利保护的时间就更短了，所以，在现有的知识产权国际公约中，大多数都没有专门涉及计算机程序的专利权保护问题。

在现有的电子商务国际文件中,其内容主要涉及电子商务的活动规则,没有关于电子商务中的专利权保护问题的规定。因此,国际上对于电子商务中的计算机程序给予专利权保护的做法,主要来源于对现有国际文件的解释性认识。

世界贸易组织《与贸易有关的知识产权协议》对于专利的保护范围确定为:"任何一项发明创造,无论是产品还是程序,无论在任何的技术领域,只要它们是新颖的具有创造性和具有工业实用性的,都可以被授予专利。"《与贸易有关的知识产权协议》因此被认为是运用专利制度保护计算机程序的重要国际性文件,为计算机程序的专利保护奠定了基础,使计算机程序的可获得专利权保护成为一种趋势。

(二)美国对电子商务中专利权的保护

美国是电子商务发展的起源国,也是世界上电子商务发展较快的国家。美国法律为电子商务的发展创设了宽松的法律环境。在针对电子商务的各种法律制度中包括了计算机程序的专利保护制度。1996 年 2 月,美国专利商标局发布了《与计算机相关的发明的审查基准》,根据该《审查基准》,"与计算机相关的发明"包括计算机应用的发明和运用了计算机可读载体的发明。在此基础上,美国产生了很多关于计算机程序以及计算机程序支撑产生的商业方法获得专利保护的案例。

知识链接

《与计算机相关的发明的审查基准》的相关规定

按照《审查基准》规定,如果一个计算机可读载体中包含了计算机程序,并且该程序在程序和实现程序功能的载体之间建立了功能性或结构性联系,则可被认为属于专利法保护客体。同样,如果一个计算机可读载体中包含了数据结构,并且该数据结构在数据结构和实现数据结构功能的载体之间建立了功能性或结构性联系,则它将是法定的(专利)保护客体种类之一。

END

(三)我国对电子商务中专利权的保护

由于电子商务在我国已经有了一定的发展,加之国外一些大企业来中国发展电子商务活动并就其计算机程序所形成的系统向中国申请专利保护的现实,我国已经形成了对电子商务技术进行专利保护的做法。

我国《专利法实施细则》规定,授予专利权的发明必须是一种技术方案。这是判断一项发明创造是否属于能够授予专利权的范围时必须坚持的原则。因此，无论是计算机程序还是商业方法，只要能够构成专利法意义上的“技术方案”就具备了被授予专利权的可能性。

2006 年 7 月 1 日，经过修订后施行的《专利审查指南》中的第九章专门规定了关于涉及计算机程序的发明专利申请的若干规定。根据《专利审查指南》，涉及计算机程序的发明专利申请还具有与其他领域的发明专利申请相同的一般性，对于该第九章未提及的一般性审查事项，应当遵循指南的其他规定，对涉及计算机程序的发明专利申请进行审查。

根据现有的相关规范性文件，我国的法律法规并不排除给予计算机软件和所形成的商业方法以专利权保护。但是，给予保护的基准较一般的技术发明的审查基准要复杂和严格。

电子商务的发展给传统的专利权保护带来了新的课题，为了不限制并且鼓励电子商务的发展，同时也为了鼓励创新、鼓励发明创造、推动电子商务领域的计算机技术应用，各国政府都对电子商务中的计算机软件的专利保护问题作出了规定。

目前，在计算机软件专利权保护问题上仍然存在很多问题需要深入研究和解决，但是，对计算机软件给予专利保护的趋势不会改变。

复习思考题

1. 知识产权的特点是什么？
2. 电子商务对知识产权法有什么影响？
3. 简述电子商务中著作权的法律保护。
4. 简述域名的法律保护。
5. 简述电子商务中商标权的法律保护。
6. 简述电子商务中专利权的法律保护。

第八章
电子商务市场秩序的法律规定

学习目标

1. 了解电子商务主体的概念、特征、种类，了解电子商务市场准入的标准。
2. 了解电子商务反不正当竞争、反垄断的概念，了解电子商务反不正当竞争、反垄断的法律适用和法律保护。
3. 了解电子商务领域消费者权益保护的相关法律规定和法律保护。

电子商务交易已渗透到社会经济的诸多领域，网络化生产和消费的模式正在成型。但我国流通领域电子商务发展起步较晚、基础薄弱，网上交易的配套服务体系还不健全，导致电子商务市场秩序混乱，时有不正当竞争和垄断、消费者保护规则不完善等问题发生。为促进电子商务的健康发展，规范电商秩序、完善各项法律政策，建立完善的电子商务秩序是当务之急。

为此，我国制定了《电子商务法》，并在第1条即指出，为了保障电子商务各方主体的合法权益，规范电子商务行为，维护市场秩序，促进电子商务持续健康发展，制定本法。

第一节　电子商务主体的市场准入

一、电子商务主体的概念

电子商务主体是电子商务法律关系的参加者，是在电子商务法律关系中享有权利和承担义务的个人或者组织。法律作为调整人的社会生活的规范，调整的角度一般是主体和行为，在电子商务领域也同样如此。

广义的电子商务主体，既包括商事主体，也包括消费者、政府采购人等非商事主体；狭义的电子商务主体，则仅指电子商务中的商事主体，即电子商务企业。电子商务企业有两种类型：一类是采取电子商务交易手段的传统企业；一类是为电子商务交易提供基础设施服务和辅助服务的现代互联网服务企业（ISP），如互联网联结商（IAP）与互联网内容提供商（ICP）、网吧等。

二、电子商务主体的特殊性

电子商务主体与传统商事主体既有共性，也有其特殊性。就共性而言，电子商务主体和传统商法中的商事主体（商人）均在于追求盈利，其商事行为都具有营利性，都要恪守法律和伦理规范。电子商务作为现代商事行为，与传统商事行为的区别与其说是本质层面的，不如说是现象和手段层面的。

具体说来，电子商务是以"电子"为手段，以"盈利"为目的的商事行为。虽然大部分乃至整个交易过程均在网上通过点击鼠标完成，因而具有虚拟的特点；但电子商务行为的效力最终要落实到法律行为制度（尤其是合同法律制度）和侵权制度上，电子商务行为最终要设定各方当事人之间的债权债务关系。电子商务行为的本质仍是商事行为，电子技术、网络技术仅是电子商务主体实现盈利目的的手段和载体而已。

电子商务主体仍是商事主体，电子商务行为仍是商事行为。电子商务市场绝非空中楼阁、海市蜃楼，而是实实在在的市场，有实实在在的市场主体。之所以有人将电子商务市场称为"虚拟市场"，将电子商务主体称为"虚拟主体"，只不过是由于传统的商事行为主体往往近在咫尺，且交易伙伴较为固定、封闭，而电子技术和网络技术有能力把人数众多的、远在天涯的陌生交易伙伴"拴"在一起而已。

三、电子商务主体需要市场准入制度

近年来，我国电子商务主体涉足电子商务市场的数量不断增多，从事经营的领域不断拓宽，电子技术、信息技术和网络技术在推动投资贸易活动方面起到了举足轻重的推动作用。从法律调整的范围而言，传统商法的适用范围在向电子商务市场延伸。

如《公司法》《合伙企业法》《个人独资企业法》《消费者权益保护法》《反不正当竞争法》《广告法》《产品质量法》《合同法》等现行立法中的多数法律规范适用于电子商务主体，因为电子商务主体的设立条件和市场准入条件依然要合乎法律保护的消费者利益与社会公共利益。

例如，投资者要发起设立经营网站信息服务的有限责任公司，必须遵守《公司法》规定的条件与程序，投资者要设立以电子网络为唯一或者主要营销手段的商业流通公司，也要遵守《公司法》规定的条件与程序。

除了传统的民商事法律，《电子商务法》第 9 条特别规定："本法所称电子商务经营者,是指通过互联网等信息网络从事销售商品或者提供服务的经营活动的自然人、法人和非法人组织,包括电子商务平台经营者、平台内经营者以及通过自建网站、其他网络服务销售商品或者提供服务的电子商务经营者。本法所称电子商务平台经营者,是指在电子商务中为交易双方或者多方提供网络经营场所、交易撮合、信息发布等服务,供交易双方或者多方独立开展交易活动的法人或者非法人组织。本法所称平台内经营者,是指通过电子商务平台销售商品或者提供服务的电子商务经营者。”

当然,除了公司企业登记注册的基本立法,有关电子商务主体的行政法规(如《电信条例》)和行政规章(如《互联网信息服务暂行条例》)也应予以遵守。总体看来,我国电子商务主体和市场准入的法律环境并非完全空白,而是有些游戏规则可资遵循。即使完善我国电子商务主体和市场准入立法,也要在现行法律、行政法规与行政规章的基础上补充完善,电子商务主体需要市场准入规范。

四、电子商务主体市场准入的基本原则

电子商务市场准入应坚持和体现以下六个基本原则。

(1) 降低交易成本,提高交易安全。降低交易成本,提高交易安全,即电子商务市场准入及退出立法应以降低交易成本、提高交易安全为制度设计的基本理念。

(2) 适度监管。适度监管原则要求对于电子商务市场的监管应当把握好“度”,既不过于放松,也不过分严格,根据电子商务市场监管工作的实际需要进行监管。

(3) 分类监管。分类监管原则是指根据电子商务主体的不同类型对其实施不同内容、不同程度的差异化监管。

(4) 线上线下市场公平竞争。线上线下市场公平竞争原则是指维护电子商务市场主体与线下市场主体之间的公平竞争,实现网络经济与实体经济的均衡发展。

(5) 鼓励创新。鼓励创新原则,即鼓励电子商务主体在其经营内容、经营模式等领域进行创新,建立灵活、开放的电子商务市场准入及退出制度体系。

(6) 社会共治。社会共治原则是指通过行政管理机关之外的第三方主体,如第三方交易平台经营商、行业协会等实现对电子商务市场准入及退出的共同监督管理。

五、现阶段我国电子商务市场准入制度的现状

(一) 我国电子商务市场经营主体准入相关法律法规

目前,我国网络市场经营主体准入涉及法律层面的有已颁布了的《电子签

名法》;在行政法规层面有国务院颁布的《互联网信息服务管理办法》;在部门规章层面,商务部制定了《关于网上交易的指导意见》和《网络交易服务规范》,尤其是 2010 年 6 月,国家工商行政管理总局颁布了《网络商品交易及有关服务行为管理暂行办法》等。

而且从法律调整的范围而言,规范传统商事主体的法律适用范围在向网络市场延伸。《公司法》《合伙企业法》《个人独资企业法》《消费者权益保护法》《反不正当竞争法》《广告法》《合同法》和《行政许可法》等现行立法中的多数法律规范涉及电子商务,因此在没有出台有关网络市场准入的特别规定之前,网络市场经营主体的设立条件和经营行为依然要合乎现行法律法规有关保护消费者利益与社会公共利益的一般原则性要求。

《电子商务法》第 10 条规定,电子商务经营者应当依法办理市场主体登记。但是,个人销售自产农副产品、家庭手工业产品,个人利用自己的技能从事依法无须取得许可的便民劳务活动和零星小额交易活动,以及依照法律、行政法规不需要进行登记的除外。

(二) 我国电子商务主体准入的具体规定

我国现行立法允许设立的企业,既有法人企业,也有非法人企业。因此,各类电子商务企业可以依《公司法》登记注册为公司制企业,也可以依《合伙企业法》和《个人独资企业法》登记注册为非法人企业(如合伙企业、个人独资企业)。

由于我国长期以来对外商投资企业实行分套立法的思路,《全民所有制工业企业法》等按照投资者所有制性质分别制定的法文件依然有效,有些电子商务企业的登记注册还应当适用这些按照投资者身份和所有制性质分别制定的法律和行政法规。

当然,从长远看,随着我国市场经济体制改革步伐的加快,国内市场主体平等原则的强化,以及外国公司及外国人根据世贸组织规则享有的国民待遇原则的落实,立法者应当抛弃区分投资者身份和所有制性质而分套立法的思路,最终按照投资者责任形式和企业组织形态分别立法。

无论是现代企业制度,还是传统企业制度,只要是有效的法律制度,都一体适用于各类电子商务企业。工商行政管理机关应当一如既往地按照企业立法规定的条件与程序做好电子商务企业的登记管理工作,建立与完善对各类电子商务企业的"经济户口"监管体系。

区分电子商务企业的不同性质,采取不同的市场主体准入政策

电子商务企业有两种类型:一类是采取电子商务交易手段的传统企业,包括法人企业和非法人企业;一类是采取为电子商务交易提供基础设施服务和辅助服务的现代互联网服务商(ISP),主要有互联网联结商(IAP)、互联网内容提供商(ICP)等。

其中,ICP通过互联网为用户提供各种信息服务,如刊播网上广告、代制作网页、出租服务器内存空间、主机托管、有偿提供特定信息内容、电子商务等网上应用服务等。IAP则在计算机网络传输中提供基础的通讯服务,提供客户机与服务器间的连接,以支持用户访问网上信息。

对于采取电子商务交易手段的传统企业而言,传统企业虽然采取了电子商务的交易平台,但仍然是在其核定的经营范围之内开展经营活动,无论是经营的商品或者服务的内容、种类,还是经营的方式(批发或者零售),都未发生变化。因此,不必前往工商行政管理机关办理变更经营范围的登记程序,只需履行域名登记等有关程序。

对于互联网服务商而言,现行立法和政策要求互联网服务商在办理设立登记程序之前,必先前往有关部门(如信息产业部门、文化部门等)履行前置审批程序,然后才能前往工商行政管理机关办理企业设立登记程序或者企业变更登记程序。

根据《电信条例》第7条之规定,投资者设立经营互联网服务业务的企业,或者现有企业欲经营互联网服务业务,在办理企业登记程序之前,必须申领经营许可证。凡是业务覆盖范围在两个以上省、自治区、直辖市的,须经国务院信息产业主管部门审查批准,取得《跨地区增值电信业务经营许可证》;业务覆盖范围在一个省、自治区、直辖市行政区域内的,须经省、自治区、直辖市电信管理机构审查批准,取得《增值电信业务经营许可证》。

国务院信息产业主管部门或者省、自治区、直辖市电信管理机构应当自收到申请之日起60日内审查完毕,做出批准或者不予批准的决定。予以批准的,颁发《跨地区增值电信业务经营许可证》或者《增值电信业务经营许可证》;不予批准的,应当书面通知申请人并说明理由。

申请人申领经营许可证,必须满足《电信条例》第7条规定的条件:(1)经营者为依法设立的公司;(2)有与开展经营活动相适应的资金和专业人员;(3)有为用户提供长期服务的信誉或者能力;(4)国家规定的其他条件。从事经营性互联网信息服务,还应当具备《互联网信息服务管理办法》第6条规定的条件:(1)有业务发展计划及相关技术方案;(2)有健全的网络与信息安全保障措施,包括网站安全保障措施、信息安全保密管理制度、用户信息安全管理制度等。

申请人取得经营许可证后,即可在工商行政管理机关办理企业设立登记或者变更登记。工商行政管理机关办理企业登记时,应当严格审查申请设立的企业是否具备企业立法和行业特别立法规定的企业设立条件,尤其是《公司法》规定的各项设立条件,如最低注册资本要求、经营场所要求、经营管理人员要求等,预防注册资本不实的"皮包公司",危害电子商务中的应有秩序。

根据法律法规对特定行业的特别规定,如果需要申请人取得电信管理机构之外的行业主管部门许可的，工商行政管理机关还应要求申请人提交行业主管部门的许可文件。例如，根据《互联网信息服务管理办法》第 5 条之规定，从事新闻、出版、教育、医疗保健、药品和医疗器械等互联网信息服务，依照法律、行政法规以及国家有关规定须经有关主管部门审核同意的，企业还应在申请经营许可或者履行备案手续前，应当依法经有关主管部门审核同意。

（三）现阶段我国电子商务市场准入法律制度存在的问题

现阶段我国电子商务市场准入法律制度存在的主要问题有如下几个方面：

1. 立法中缺乏统一的企业市场准入法律制度

从当前的电子商务企业市场有关的立法来看，立法过程滞后，整个电子商务企业市场缺乏统一的企业市场准入法律制度，仅仅只有一些实体立法，如《公司法》《合伙企业法》等，也有一些程序立法，如《企业法人登记管理条例》。《电子商务法》虽规定了电子商务主体，但没有统一电子商务主体的准入规则。

虽然既有法律法规也有一些对电子商务企业准入的限制，但是，还是有电子商务企业，由于组织形式不一样，在设立时采用不同的企业登记条件和程序，使得电子商务市场准入中存在不平等。这样的现象不利于我国电子商务企业准入法律法规的制定。

2. 立法漏洞多，所立法律不完善

在我国电子商务领域，《企业法人登记管理条例》《网络商品交易及有关服务行为管理暂行办法》等法律法规，均是行政法规或者部门规章，相关法律的立法层级较低，与市场经济中我国电子商务企业的市场地位极不相称，相关法律法规无法有效保障我国电子商务企业的快速发展。2018 年颁布的《电子商务法》在很大程度上改善了这个领域的立法层级，今后会进一步完善。

3. 监管部门多，审批项目多、程序复杂

长期以来，在“严把市场准入关”的理念的影响下，我国对企业市场准入管理十分严格，为防止不达标企业进入市场，在企业登记上设立了许多监管部门，审批项目多，审批程序复杂，使得企业登记效率极其低下，企业设立速度也较慢。电子商务市场作为一个低成本、高效率和开放性的市场，要求电子商务企业的进入条件适度、程序高效。政府在对电子商务市场进行管理和调控时，应避免管理中管理部门较多，导致电子商务市场准入法律制度不适用现象的发生。

第二节　电子商务反不正当竞争的法律规定

一、电子商务反不正当竞争的定义和特点

电子商务模式中的不正当竞争是传统经济模式中不正当竞争的历史演化，

是信息技术进步的产物,其本质是与传统的不正当竞争行为一样,都是一种违背市场公平竞争、诚实守信原则及扰乱市场正常秩序的行为。我国《反不正当竞争法》第 2 条第 2 款规定:"本法所称的不正当竞争,是指经营者违反本法规定,损害其他经营者的合法权益,扰乱社会经营秩序的行为。"第 2 款第 3 条规定:"本法所称的经营者,是指从事商品经营或者营利性服务的法人、其他经济组织和个人。"

就其本质及法律的可适用性而言,网络虚拟空间的不正当竞争行为与现实市场环境下并无二致。但是电子商务的突出特征是使重要的商业活动通过电脑及信息通道构成的网络世界完成。这种环境和手段的改变,使电子商务中的不正当竞争与现实市场环境下不正当竞争具有不同的特点。

(一) 主体的复杂性

电子商务主体包括以下几类:电子商务交易者,电子商务服务者,电子商务认证机构,电子商务监管者。狭义的电子商务主体,仅指电子商务中的商事主体,即电子商务企业。电子商务企业有两种类型:一类是采取电子商务交易手段的传统企业;一类是为电子商务交易提供基础设施服务和辅助服务的现代互联网服务企业。不正当竞争往往发生在同行业经营者之间。

(二) 世界性或国际性

网络的无国界性,导致网络上发生的不正当竞争行为必然带有国际性。

(三) 技术性和高科技性

计算机网络的高科技性导致以此为基础的电子商务活动具有相当的技术性,由此引发的不正当竞争同样具有高科技性。

(四) 表现的多样性

《反不正当竞争法》列举了 11 种不正当竞争行为。电子商务的不正当竞争行为大致分为两类:一种是以网络为工具的传统不正当竞争行为在电子商务中的新表现。一种是电子商务下独有的不正当竞争行为。

(五) 具有多变性

在电子商务领域由于技术发展快、周期短,使得新形式的不正当竞争行为不断涌现,呈现出多变性。

二、不正当竞争行为在电子商务中的表现

(一) 贬损行为

贬损行为主要是通过网络捏造、散布虚假事实,损害竞争对手的商业信誉或商品信誉等行为。随着互联网的普及,一些电子商务企业利用网络的方便、快捷、廉价和不受地域限制的特点进行虚假宣传来抬高自己,贬低其他同类经

营者。

有的企业在自己的网站上发布竞争对手不实信息，收集竞争对手不利信息进行链接或者专门让网友发泄对该公司商品、服务的不满；利用电子邮件软件传输的便利发送不实邮件；在 BBS 上以讨论问题的形式造谣诽谤、捏造散布虚假事实。网络传输的快速，可能在一夜之间摧毁企业好不容易树立起来的形象。

（二）虚假广告宣传行为

网站广告为了吸引人们的注意力夸大其词，使用自己是网络第一家、最好的最全面的等用语。它通过对自己提供服务的内容和质量做夸大其词不真实的宣传，来引诱更多的消费者来访问他的网站，获取知名度和经济上的利益；一些电子商务企业搞虚假宣传，声称上网者可购买到低于市场价的商品，误导消费者。如东方网景公司对外宣传录音笔市场价 1500 元，上网购买跳楼价 50 元；喷墨打印机市场价 500 元，上网购买跳楼价 50 元，但实际网民上网后能购买到此价格商品的概率是万分之一。

有些还通过搞评比、对比，拿自己的优点比别人的缺点，误导消费者。有的公司做虚假广告，以假地名误导消费者，如北京西城区一网络公司，声称自己是跟某个政府机关合办的政府网站，在其网站上标出的地址是国家税务局的地址，其实，该公司与国家税务局无任何关系。

（三）混淆行为

混淆行为指在经营活动中采取一些旨在消费者对该经营者与其竞争对手的营业所、商品或工商业活动提供的服务产生混淆的行为。在电子商务中一些企业通过良好的服务、广泛的宣传形成驰名品牌，其域名也广为人知。有些企业将自己经营的电子商务与商标权人的商品或服务造成混淆；或在自己网页上将他人的注册商标、商号、厂商名称或者知名商品特有的名称、包装、装潢用作链接标志。

当被用作链接的标志具有一定的知名度时，就可能在消费者中产生混淆。可见混淆行为可以通过或借助计算机信息网络进行。而对网站域名包括网站标识和内容的假冒行为不仅侵害了电子商务的一个品牌，更多的是对网络服务的质量和网络交易安全性及网络交易市场秩序的破坏，也使整个电子商务界的交易面临困境和信任危机。

（四）侵犯商业秘密的行为

商业秘密是指不为公众所知悉、能为权利人带来经济利益、具有实用性并经权利人采取保密措施的技术信息和经营信息。在电子商务中，网络技术的应用使商业秘密的保护更为困难。电子邮件的普及，国际信息网的运用，以及尔虞我诈的虚拟商场、不择手段获取商业利益的情形,使商业秘密时时处于岌岌可危的状态之中。

例如,通过更改企业主页上的邮箱链接或服务器上的邮件管理器配置等方式盗窃商业秘密,网站擅自公布商业秘密,利用管理网站的优势,随意窃取、泄露或使用上网企业与个人的具有商业价值的保密性资料信息;员工利用电子邮件有意或无意地传送企业商业秘密信息,以 FTP 传输文件、BBS 电子公告板、新闻组和远程登录等方式都可能造成对商业秘密的侵害,而黑客入侵、破坏等行为更是严重威胁商业秘密的安全。

(五) 域名纠纷

域名是与网络上的数字型 IP 地址相对应的字符型地址。域名已不仅仅是一种网络地址,而是一种在因特网上代表企业形象及商誉的商业标识符号。由于域名具有标识性、唯一性和排他性的特点,将知名企业的企业名称、商号或者企业的商标作为域名进行抢先注册或进行使用,或者是待价而沽,进行转让、出租等行为越来越多;有些设立抱怨网站,这些网站在他人公司或商标之后加上谩骂或丑化的文字,随着技术的进步,出现了使用自然语言访问互联网络实名,它可以说是外加的一种域名。例如,将他人的注册商标抢注为网络实名,或者将知名人物注册为域名等等。这些现象都违反了诚实信用原则,是不正当竞争行为。

(六) 用技术措施实施不正当竞争行为

通过不正当的技术手段阻止用户使用对方软件。如"百度 IE 搜索伴侣"软件和"3721 网络实名"软件均采取了用自己的软件注册表信息替代对方软件注册表信息的措施,可以认定双方均通过不正当的技术手段阻止了用户使用对方软件,导致双方原本平等地接受用户的选择,变为只有一方能被用户选择,另一方则丧失了被选择的机会。

利用加框的超链接技术。采用 Frame 加框技术,分割网页视窗,将他人网站呈现在自己网站上,当浏览者点击超链接时,他人网站上的内容会出现在此网站某一区域,而此网站页面上的广告则始终呈现在浏览者面前,而且地址栏中网址仍是原网站的,让浏览者误以为链接的内容是网站自身的一部分。用户也就因此不能接触他人站点主页的广告,从而造成他人的经济损失。

利用关键字技术。这是指投机者利用埋设技术以关键字的方式把他人的驰名商标写入自己的网页,当浏览者利用搜索引擎搜索该关键字所属网站时,该投机者的网站和该驰名商标的网站便能一同显现,投机者以此来搭便车,提高点击率。

(七) 其他不正当竞争行为

有的电子商务网站和其他网站签订排他性协议,约定不得在其网站置放任何竞争者的网络广告，或者向用户发送竞争者的促销电子邮件，否则即为违约。一些电子商务公司为了吸引网民点击、上网，在网上开展了设立奖励一套住房、一辆汽车、美国旅游等各种抽奖活动，吸引网民，提高上网率，此外，还有利用技术优势垄断经营等不正当竞争行为。

三、我国目前关于电子商务领域不正当竞争行为的法律规制

（一）电子商务反不正当竞争法律机制的构建

目前，根据法律位阶的高低，我国现行立法中涉及电子商务中不正当竞争行为的法律法规可以分为三个层次。

首先，是法律层次，包括《民法总则》《刑法》《反不正当竞争法》《著作权法》《商标法》等基本法律，还有全国人大常委会《关于维护互联网安全的决定》。在规制互联网不正当竞争行为的法律法规中，《反不正当竞争法》与知识产权法的适用最为普遍。

其次，是行政法规层次，包括保护网络安全的法规和规章，如《计算机信息系统安全保护条例》《计算机信息网络国际互联网安全保护管理办法》《电信管理条例》，以及针对网络新型知识产权制定的配套法规，如《互联网著作权行政保护办法》《信息网络传播权保护条例》等。

再次，是国务院各部门和地方政府制定的一些网络行为管理规章制度，如信息产业部《互联网电子公告服务管理规定》《中国互联网行业自律公约》《电子认证服务管理办法》等，也发挥着规制电子商务中不正当竞争行为的积极作用。

最高人民法院也针对互联网知识产权及不正当竞争纠纷出台了一系列的司法解释，如《关于审理涉及计算机网络域名民事纠纷案件适用法律若干问题的解释》《关于审理涉及计算机网络著作权纠纷案件适用法律若干问题的解释》，以及《最高人民法院关于审理不正当竞争民事案件应用法律若干问题的解释》（以下简称《若干解释》）；等等。

以上的立法、司法解释和相关规定涉及网络域名监管、网络商标权保护、网络著作权保护等诸多方面，当中或多或少都涵盖到规制电子商务中不正当竞争的问题，而《若干解释》则是第一次对我国反不正当竞争法作出的司法解释，对于电子商务中反不正当竞争行为有非常重要的意义。《若干解释》对反不正当竞争法上规定的知名商标的认定做了详细说明，并对虚假宣传和侵犯商业秘密这两类不正当竞争行为进行了重点阐释。

《若干解释》对知名商标特有的名称、包装、装潢为他人所使用构成不正当竞争的情况进行了解释，规定必须是知名商标特有的具有显著特征的名称、包装、装潢才是反不正当竞争法保护的对象。《若干解释》规定误认为与知名商品

的经营者具有许可使用、关联企业关系等特定联系的情形;并明确规定,在相同商品上使用相同或者视觉上基本无差别的商品名称、包装、装潢,应当视为足以造成和他人知名商品相混淆,这为在网络上规制假冒仿冒商标、利用关键词系统搭便车、域名抢注等行为提供了更为具体的法律依据。

《若干解释》对虚假宣传做出的阐释,明确将对比广告纳入了虚假宣传的范围之内。

(二)电子商务领域反不正当竞争法存在的问题

1. 电子商务领域反不正当竞争中的相关法律过于原则化和粗略

《反不正当竞争法》的规定过于原则化,而在电子商务领域的不正当竞争行为的复杂化,导致一些法院在审判相关案件时适用条款较为困难。还有许多规则需要细化,如:何为"公认的商业道德"? 侵权人造成的损害包括哪些损害? 具体惩罚性规定包括哪些? 经营者主体资格是否符合电子商务发展需要? 这些都是当前迫切需要完善的地方。

2. 电子商务中的一些不正当竞争行为缺少明确的法律规制

我国《反不正当竞争法》对于不正当行为的规定采用列举式的方式,往往不能适应不断出现的不当电子商务竞争行为,更无法全面涵盖所有的不正当竞争行为。一些法学学者针对电子商务中的不正当竞争行为列举了 8 种典型的不正当竞争行为:专门开发一些拦截其他网站商业广告的软件的行为、软件恶意捆绑行为、特定软件故意和其他软件不能兼容、诱导用户关闭或卸载其他商家的软件、擅自改变用户终端其他软件行为、超文本链接中的不正当竞争行为、网络服务提供商明知其存在不正当行为却没有制止的不作为行为。

也有学者将上述行为进行归纳分类:第一类是传统经济模式中的不正当竞争行为,利用了互联网这一载体进行的不正当行为,"新瓶子装旧酒"。第二类是电子商务中特有的不正当竞争行为,脱离了网络就不复存在。对于第一类的行为,现实中有法律可依,对于第二类行为目前还没有明确的法律规范。

3. 反不正当竞争法有关损害赔偿计算的规定仍不完备

一方面,依据《若干解释》中的规定以及我国司法实践中的经验,我国电子商务不正当竞争中赔偿计算以推定和定额计算相结合的方式计算赔偿数额。当前我国实行的《反不正当竞争法》是 20 世纪 90 年代制定的,并没有考虑电子商务这一特殊的商业模式。

如果判决不赔偿或者赔偿不到位,有失法律的公平。由于电子商务的特殊性,往往导致举证困难,很多人从事不正当竞争行为,却不必担心违法成本。此外,网络服务商平台具有双边特性,其共同目标就是通过发展免费用户扩大收费用户,现实中法院判决可能只考虑收费用户,即显损失,而忽视了隐损失,即免费用户。

另一方面，我国电子商务不正当竞争损害赔偿范围不明确，当前赔偿范围只包括直接损失，不包括一些间接的损害，互联网经济模式中的商誉比传统模式中的价值更加放大，日本、德国等国家都对商誉损失作出了赔偿规定，我国还没有对此作出相关规定。

（三）忽视对消费者的权益保护

消费者作为市场经济活动的基础，起到决定性作用，电子商务中消费者作用一样重要，网络经济中，谁拥有了庞大的用户，谁就掌握了先机，因此，消费权益保护是反不正当竞争中一个重要部分。

经营者之间的不正当竞争，最终买单的可能就是消费者，侵害了消费者的选择权、知情权、人身、财产权益受保护的权利等。有些恶意软件和垃圾邮件往往被植入病毒，造成消费者电脑死机崩溃，甚至导致消费者重要资料和纪念资料永久性丢失而不能恢复，给消费者造成了财产损失和精神伤害。

当前的反不正当竞争法律只注重保护竞争者的正当权益，忽视了消费者权益保护，这与电子商务经济的最终目的是不相合的。因此，如何在电子商务中保护消费者的合法权益，同时保证竞争者的正当权益，是反不正当竞争法律需要完善的一个方面。

第三节　电子商务领域反垄断的法律规定

一、电子商务反垄断的概念

以电子商务为相对独立的市场，同时将电子商务置于整个市场经济大环境的背景下来进行电子商务立法是基本出发点。这就必然要遵循市场经济法制化的基本原则，即防止垄断、鼓励竞争、维护公平的经济运行秩序。

电子商务市场的反垄断问题已成为世界范围的研究热点。对于电子商务这样一种以技术为特征的全新商业模式，竞争规则同样是有效的。电子商务以互联网为技术平台，从而在根本上赋予了市场竞争一种新的概念，技术的发展有力地促进了以技术为特征的电子商务市场的竞争性，但是这并不意味着电子商务市场就不存在反垄断的必要性。恰恰相反，这种强调技术的市场发展模式往往使大型电子商务企业凭借其技术优势而迅速获取了市场力，并以该市场力来进一步谋求市场支配力量和滥用市场支配力，从而谋取垄断利润。

我国《反垄断法》规定的垄断行为包括：(1)经营者达成垄断协议；(2)经营者滥用市场支配地位；(3)具有或者可能具有排除、限制竞争效果的经营者集中。

二、垄断行为的种类

(一) 垄断协议

所谓垄断协议是两个或两个以上的企业为排除或者限制竞争而达成的合意,它并不局限于书面形式,还包括了口头协议和协同行为。垄断协议在不同国家其名称不同,但各国都通过立法予以禁止,如美国的《谢尔曼法》。

垄断协议又被区分为横向垄断协议和纵向垄断协议。横向协议是具有竞争关系的企业达成的,旨通过固定价格、划分市场、联合抵制其他竞争对手等方式排除或限制竞争。纵向协议是没有竞争关系的、而有交易关系的企业间达成的排除垄断限制竞争的协议。

(二) 滥用市场支配地位

我国《反垄断法》根据经营者在相关市场的市场份额和相关市场的竞争状况、控制销售市场、自身的财力和技术条件、其他经营者在交易上的依赖程度、进入相关市场的难易程度等因素来认定经营者是不是在相关市场具有市场支配地位。滥用市场支配地位又被划分为以下几种类型:垄断高价或低价、掠夺性定价、拒绝交易、强制交易、搭售或者附加不合理的条件、差别待遇。

(三) 经营者集中

《反垄断法》控制经营者集中是因为经营者集中会改变相关市场的市场结构,使得相关市场的市场集中度增加。集中后的经营者在相关市场的市场控制力会得到大大的强化,经营者集中会抑制相关市场内的竞争,最终损害消费者利益和社会公共福利。

经营者集中有以下三种情形:(1)经营者合并;(2)经营者通过取得股权或者资产的方式取得对其他经营者的控制权;(3)经营者通过合同等方式取得对其他经营者的控制权或者能够对其他经营者施加决定性影响。

在电子商务中,经营者集中常见的形式就是合并。电子商务经营者通过合并可以优化资源配置以推出新的产品服务,帮助获得领先于其他竞争者的优势,取得竞争性利益。各国普遍反对在电子商务市场中通过合并来创造优势,并对于电子商务中的合并附加限制性条件,以防止电子商务企业通过滥用合并获得市场支配地位。

(四) 知识产权滥用

知识产权是一项专有性权利,具有垄断的性质。知识产权法对创新的保护使经营者能够在电子商务市场中较为容易地获取或者维持垄断地位,《反垄断法》在电子商务市场的实施可以有效地制衡知识产权人在电子商务市场的滥用所拥有的知识产权。这里主要所指的知识产权是计算机软件著作权与专利权。

计算机技术是维系电子商务的重要支柱，在电子商务市场的作用重要。而专利权一旦在电子商务市场被滥用，必然会削弱其他非专利权人的竞争力，极其容易被用于限制或排除竞争。

知识链接

电子商务领域反垄断的现实需要

以微软案为例，无论这场反垄断案的结局是否公平与完美，都可以反映出电子商务领域确实需要反垄断。在国内，随着电子商务近年来的蓬勃发展，一些电子商务领域的巨头也被推上了反垄断的风口浪尖。

在"奇虎360起诉腾讯滥用市场支配地位"一案中，由于腾讯公司在"3Q大战"期间滥用其即时通讯工具QQ的市场支配地位、强制用户卸载已安装的360软件，奇虎360公司针对该行为提起反垄断诉讼，并索赔1.5亿元。此外，在淘宝商城出台2012年的招商新办法和价格调整公告后，遭到中小卖家的抵制，许多专家也表示淘宝商城涉嫌滥用市场支配地位，建议中小卖家提出反垄断诉讼，一时间闹得沸沸扬扬。

三、电子商务领域垄断地位的认定

对于垄断地位的认定，应当采用定量分析和定性分析相结合的办法。

（一）电子商务领域垄断地位的定量分析

我国《反垄断法》第19条规定，按所占市场份额被推定具有市场支配地位的既可以是整体，也可以是其中的任何一家企业，除非这些企业能够证明相互之间存在实质性竞争，否则将被推定为具有市场支配地位。单从法条来看垄断定性很是容易，但是想要获得电子商务领域相关市场份额的经济数据是有很大难度的，特别是对于相对实力较弱的原告方而言。例如在百度案中，原告历经千辛万苦证明百度公司在相关市场的支配性地位但还是以失败告终。

在一、二审期间，原告提交大量证据，其中包括百度网站相关文章、www.eryi.org网站相关文章、"CNNIC发布中国搜索引擎市场广告主与用户行为研究报告"、《中国证券报》相关文章、"2008年搜索引擎用户调查报告"、北京正望咨询有限公司网站"2009年搜索引擎用户调查报告发布"等证据。但是法院最终认为，涉及市场份额这类专业性事实的证明问题，还是应当有相关的经济数据作基础，因此没有采纳前述证据。最终，原告因为不能证明百度公司占据中国搜索引擎市场的支配地位而败诉。

小贴士

《反垄断法》第19条的规定

有下列情形之一的,可以推定经营者具有市场支配地位:

(一)一个经营者在相关市场的市场份额达到二分之一的;

(二)两个经营者在相关市场的市场份额合计达到三分之二的;

(三)三个经营者在相关市场的市场份额合计达到四分之三的。

有前款第二项、第三项规定的情形,其中有的经营者市场份额不足十分之一的,不应当推定该经营者具有市场支配地位。

被推定具有市场支配地位的经营者,有证据证明不具有市场支配地位的,不应当认定其具有市场支配地位。

所以,在定量分析方面,要加强相关数据监控,建立主流数据库,由专业机构或行业协会定期或按照企业的申请出具权威性的、具有法律效力的调查报告,以便在实践中加以运用。

(二)电子商务领域垄断地位的定性分析

许多国家或地区的反垄断法或判例都将反映企业综合经济实力的各种因素确立为认定企业市场支配地位的标准之一。美国某法院在1953年的“US. v. United Shoe Machinery Co”中认为,企业占有75%的市场占有率虽然对认定其是否具有垄断力是重要的,但市场占有率本身对案件的结果并不具有决定性意义,除了市场占有率外,法院还要考察其他因素,包括企业制定价格的行为、企业及其竞争对手的竞争实力、企业的研究优势、企业产品的货色品种等,也就是说,市场占有率不再是认定企业具有垄断力的唯一依据。德国《反对限制竞争法》第19条也有类似规定。

在众多因素中,应该特别注意考察其他经营者进入壁垒的情形,因为有时它是决定市场支配地位的最重要因素,特别是在电子商务领域。所谓进入壁垒,是指其他经营者进入相关市场的难易程度。判断一个企业是否具有市场支配能力,除了考虑其市场占有率外,还要看其是否会排除或限制竞争。

如果一个企业虽然具有很高的市场占有率,但其他经营者很容易进入该相关市场,就说明该企业不会排除或限制竞争,即不具有市场支配地位。

在WorldCom/MCI合并案中,欧盟委员会认为,互联网产业从表面上看是低进入障碍的,但实际上它的基本市场结构是有等级之分,或者说是呈金字塔状的,不同的等级具有不同的特点。就较低等级的产业而言,供应商普遍较多且几乎不存在进入障碍,但在金字塔顶部的产业则集中度很高。

金字塔顶部产业进入的障碍多种多样，通常包括国家法律规定的条件、网络或者其他基础设施的控制、知识产权方面的障碍、客户对产品的依赖程度、进入市场的资金或技术、信息方面的障碍等。在奇虎诉腾讯一案中，奇虎认为腾讯即时通讯产品具有垄断地位，并同时指出腾讯公司目前拥有产品相关专利超过2000项，并通过专利的排他性极大地限制了同类经营者的发展和其他经营者进入该领域。

可见，进入互联网领域金字塔顶部还是有一定难度的。相反的，在电子商务较低等级的产业，进入难度则相对较低。自从2010年1月份第一家团购网站"满座"上线以来，中国团购网络市场开始火爆，短短6个月已经发展到近一千家团购网站。当然，其中不乏倒闭和根本没有开团的网站，不过网络团购的势头不可阻挡。

经过2年多的发展，团购行业市场份额的集中化已经越来越明显，团购行业的洗牌已经开始，但是依然还没有哪家网站是处于市场支配地位的。综上，在电子商务领域，判断一家企业是否具有市场支配地位，要先看该企业是处于相对较高级的产业还是较低等级的产业，然后再进行市场进入难度的分析。

四、电子商务领域反垄断法实施情况

2008年开始实施的《反垄断法》围绕着垄断协议、滥用市场支配地位、经营者集中、滥用行政权力排除、限制竞争四种垄断行为展开。此后出台了一系列司法、立法解释等为《反垄断法》的实施提供了详细的依据。

2008年8月1日国务院颁布实施的《国务院关于经营者集中申报标准的规定》列举了经营者集中的情形和经营者集中申报的标准。2009年11月21日，商务部公布了《经营者集中申报办法》和《经营者集中审查办法》，这两个"办法"是在《反垄断法》与《国务院关于经营者集中申报标准的规定》的基础上对经营者集中更为明确与详细的操作指南。由国家工商行政管理总局发布，2009年7月1日实施的《工商行政管理机关制止滥用行政权力排除、限制竞争行为程序规定》和《工商行政管理机关查处垄断协议、滥用市场支配地位案件程序规定》规定了执行反垄断行为的相关程序。

由国家工商行政管理总局发布，2011年2月1日起实施的《工商行政管理机关禁止垄断协议行为的规定》与《工商行政管理机关禁止滥用市场支配地位行为的规定》以及《工商行政管理机关制止滥用行政权力排除、限制竞争行为的规定》是对《反垄断法》的细化规定。同年实施的由国家发展和改革委员会根据《反垄断法》制定《反价格垄断行政执法程序规定》主要是解决针对价格垄断的执法程序问题。

2012年1月30日通过，同年6月1日实施的《最高人民法院关于审理因垄断行为引发的民事纠纷案件应用法律若干问题的规定》为司法领域审理垄断行为引起的民事纠纷提供了依据。

从总体上看,我反垄断法律体系正在逐渐形成,相关的法律在不断完善。对电子商务市场来说,以上的法律、法规还是过于抽象,很多情况下不能直接适用于电子商务市场,对于电子商务市场的立法与执法还有待加强。

第四节　电子商务领域的消费者权益保护

一、电子商务消费者的概念和特征

《消费者权益保护法》是直接保护消费者的合法权益的法律,是保护在交易中分散的、相对处于弱势地位的广大消费者权益的重要法律。通过立法保护消费者权益,有利于限制经营者的不正当竞争行为,鼓励公平竞争,维护国家经济发展的良好的竞争秩序。还可以促使企业致力于提高产品质量和服务质量,提高企业经济效益,同时也有利于提高人民生活水平和生活质量,推动社会发展与进步。

(一)消费者与电子商务消费者

消费者是指购买商品、使用商品或接受服务的人,包括自然人、法人或其他社会组织。根据《消费者权益保护法》的规定,消费者是专指生活消费者,即为了满足生活需要而直接购买商品、使用商品或接受服务的居民个人,而不包括生产消费者。

电子商务消费者则是指通过网络购买商品、使用商品或接受服务的人。

《消费者权益保护法》中的消费者应该包括电子商务消费者。换言之,电子商务消费者与消费者之间并没有本质的区别,只不过是二者购买使用商品或接受服务的方式不同而已。正是从这个意义上说,在电子商务交易中发生消费纠纷时,合法权益受到侵害的消费者可以援用《消费者权益保护法》主张权利。

小贴士

联合国大会《保护消费者准则》所提出的一般性原则

1985年联合国大会通过的《保护消费者准则》提出了保护消费者权益的一般性原则,主要有:

① 保护消费者的健康和安全不受危害;

② 促进和保护消费者的经济利益;

③ 使消费者得到充足信息;

④ 使消费者能够按照个人意愿和需要作出选择；

⑤ 消费者教育；

⑥ 提供有效的消费者赔偿办法；

⑦ 组织消费者团体或组织的自由。

这些权利被许多国家的消费者权益保护法所采用。

（二）消费者权益保护法的概念和特征

1. 消费者权益保护法的概念

消费者权益保护法的概念可以从广义和狭义两个方面来理解。

广义的消费者权益保护法，是指调整在确认消费者权利，规定经营者的义务，以及国家在保护消费者权益的过程中发生的社会关系的法律规范的总称。既包括《消费者权益保护法》这部保护消费者权益的基本法律，也包括其他法律、行政法规中的有关规定，以及单行的保护消费者权益的行政法规。

狭义的消费者权益保护法，则专指1993年10月31日第八届全国人民代表大会常务委员会第四次会通过的、1994年1月1日起施行的《消费者权益保护法》。该法于2013年10月25日由第12届全国人民代表大会常务委员会第5次会议第二次修正。

2. 消费者权益保护法的特征

消费者权益保护法具有如下法律特征：

（1）专门性

消费者的权利，如人身安全权、财产安全权等，从法律的角度来看，属于民事权利的范畴，是民法保护的对象。而消费者权益保护法，是专门保护消费者在生活消费过程中的权益的法律，其专门性十分突出。因此，相对于民法，消费者权益保护法是特别法，民法是普通法。

（2）实体性与程序性相结合

在消费者权益保护法中，既有关于消费者权利、经营者义务，以及国家在保护消费者合法权益方面的权利等实体性的规定，也有关于解决消费纠纷的途径等程序性的规定。因此，消费者权益保护法是集实体法与程序法于一身的法律。

（3）经济性

消费者生活消费行为的实质是一种经济行为，经营者的经营行为当然更是经济行为。保护消费者的权益，解决消费纠纷，明确经营者对消费者合法权益的责任，以及关于国家对消费者权益的保护，消费者自我保护的组织和权利，以及侵害消费者合法权利的法律责任等规定，从根本上说，有利于维护社会主义市场经济秩序，促进经济发展。

二、网络环境下消费者保护的特殊性

除了传统上的消费者保护,网络环境下的消费者保护还具有一定的特殊性。在线交易完全是在一个虚拟的环境下完成的,需要特殊的取得消费者信任的保障制度。这种网络环境,有着不同于传统的商务环境的特点。

(一)在线交易的主要特点

1. 在线交易不是面对面的交易

在线交易不是面对面的交易,没有面对面议价、选物的过程,消费者不能直接感官接触货物,只能通过描述、广告、图片去实现购物,无法检查货物也无法充分挑选货物。在电子商务的环境下,如果经营者没有充分公开相关信息,存在引起消费者误解和上当受骗的可能。

2. 在线交易不是即时结清的交易

在线交易中,通常先由消费者通过信用卡或其他手段付款,经营者收到款才发货,或是先由经营者送货上门,然后付款,这两种付款方式都不是传统的一手交钱一手交货的方式。

(二)消费者权利在网络环境下的特殊性

电子商务在提供便捷、丰富的消费商品和服务的同时,传统交易下所产生的纠纷及风险并没有随着高科技的发展而消失。相反,因为网络的虚拟性、流动性、隐匿性及无国界性的特点,对交易安全及消费者权益的保护提出了更多的挑战,引发了不少的问题,增加了消费者遭受损失的机会。

1. 消费者知情权方面的特殊性

知情权是消费者的一项基本权利。我国《消费者权益保护法》第 8 条规定:"消费者享有知悉其购买、使用的商品或者接受的服务的真实情况的权利。消费者有权根据商品或服务的不同情况,要求经营者提供商品的价格、产地、生产者、用途、性能、规格登记、主要成分、生产日期、有效日期、检验合格证明、使用方法说明、售后服务的内容、规格、费用等有关情况"。

但是,消费者知情权的实现是与传统交易方式中的一系列环节相配套的。在传统的交易方式中,消费者可以直接面对经营者,充分了解经营者的服务和商品的功用;而在电子商务中,除了送货之外,消费者和经营者并不见面,通过网上宣传了解商品信息,通过网络订货,通过电子银行结算,由配送机构送货上门。在这种情况下,就产生了消费者看不到商品,无法掌握商品真实可靠信息的问题。

2. 交易安全方面的特殊性

保障安全权是我国《消费者权益保护法》规定的消费者所享有的最基本的权利。在电子商务时代,交易安全问题又是电子商务中的基础问题。电子商务是建立在互联网上的虚拟空间中的商务活动，交易的当事人可能处在不同的地区，只是通过电子货币或网上银行来进行交易，也就给一些网络黑客通过入侵系统、修改消费者的账户、划走账上资金提供了可乘之机。

在电子商务中，由于传统商务方法已经无法保障交易安全，使越来越多的消费者对这种新型的交易方式产生了怀疑。根据TRUSTE调查，在美国，隐私权保护或网络安全已经成为电子商务发展最大的挑战，68%的受调查对象认为只有在隐私权保护得到有效保证的前提下才会从事网络交易；在没有从事网络交易的互联网使用者中，63%的人最担心的是个人信息安全，而在网络消费者中，41%的人最关心的是个人信息的使用情况。在我国的网上浏览者中，有45%的潜在消费者由于担心个人隐私和交易安全得不到有效保障而放弃了网上购物。

3. 消费者隐私权保护方面的特殊性

网上隐私权是指公民在网上享有的私人生活安宁与私人信息依法受到保护，不被他人非法侵犯、知悉、搜集、利用和公开的一种人格权，也包括禁止在网上泄露某些个人信息，包括事实、图像等。传统消费活动中，消费者无须披露个人信息，经营者也不便整理利用有限的信息，因而隐私权保护不属于消费者权益保护中的突出问题。但在网络环境下，在经营者预先设置的表格中填上个人信息是申请电子邮件、购买商品、访问一些专业网站等许多网络活动的前提条件。

追求商业利益最大化的网上经营者往往利用计算机惊人的整理和分类信息的能力，对消费者的个人信息资料进行收集整理并应用于以营利为目的经营活动中，从而使消费者在不知情的情况下使自己的身份、家庭情况、兴趣爱好、信用状况、医疗记录、职业记录、上网习惯、网络活动踪迹等个人信息暴露于外人，侵犯了消费者对其个人隐私享有的隐瞒、支配、维护、利用权。

4. 消费者退换货方面的特殊性

消费者能否退换货涉及其与经营者之间权利义务的平衡问题。一方面让消费者享有在一定期限内的商品退换货保证，既是经营者的一种销售手段，也是消费者应有的权利。然而，在电子商务环境下，由于网络交易的特殊性，消费者没有机会检验商品，从而作出错误购买决定的可能性较大；另一方面经营者的权益也可能受到消费者退换货的影响。

《消费者权益保护法》及相关法律法规所规定的消费者退换货的权利在数字化商品面前就遭遇了尴尬。数字化商品一般包括音乐CD、影视DVD、软件、电子书籍等，这些都是通过线上传递的方式交易，并且消费者在购买这些数字化商品前，大多有浏览其内容或使用试用版本的机会。但是，若根据传统的消费者保护原则，消费者在通过上线传递的方式购买了数字化商品之后，又提出退货的要求,则很可能产生对商家不公平的情形。因为商家无法判断消费者在退还商品之前,是否已经保留了复制品,而消费者保存复制品的可能性又非常大。此外,与电子商务中消费者退换货的权利相关的问题还很多。

比如,在商品送货上门之后,相应的配送费用应由谁来承担;如果是因为网上的商品信息不够充分,致使消费者在收到货物后发现与所宣传的不完全符合或存在没有揭示过的新特点,能否视为欺诈或假冒伪劣等而适用双倍返还价款的处罚;如果由于商品本身的特性导致一些问题无法通过网络知悉,消费者购买或使用后才发现,双方又无退换货约定和法律法规依据,消费者能否提出退货的要求,是否会被视为违约,等等。因此,传统的《消费者权益保护法》中关于退换货的规定,在电子商务中是一个重新审视的问题。

工商总局公布的《网络交易管理办法》第 16 条规定,网络商品经营者销售商品,消费者有权自收到商品之日起七日内退货,且无须说明理由,但有四种商品除外:消费者定做的,鲜活易腐的,在线下载或者消费者拆封的音像制品、计算机软件等数字化商品,以及交付的报纸、期刊。"办法"规定,除了这四类商品之外,其他根据商品性质并经消费者在购买时确认不宜退货的商品,不适用无理由退货。消费者退货的商品应当完好。

这实质上是网络交易中的后悔权,是因为网络交易不像实体店可以货比三家,可能存在色差或是网络技术手段的影响,加上部分网络欺诈现象的存在,消费者的知情权和自主选择权可能受到影响。这是网络交易中对传统的《消费者权益保护法》中关于退换货规定的细化和深入。

《电子商务法》第 17 条规定,"电子商务经营者应当全面、真实、准确、及时地披露商品或者服务信息,保障消费者的知情权和选择权。电子商务经营者不得以虚构交易、编造用户评价等方式进行虚假或者引人误解的商业宣传,欺骗、误导消费者。"

《电子商务法》第 20 条规定,"电子商务经营者应当按照承诺或者与消费者约定的方式、时限向消费者交付商品或者服务,并承担商品运输中的风险和责任。但是,消费者另行选择快递物流服务提供者的除外。"

《电子商务法》第 21 条规定,"电子商务经营者按照约定向消费者收取押金的,应当明示押金退还的方式、程序,不得对押金退还设置不合理条件。消费者申请退还押金,符合押金退还条件的,电子商务经营者应当及时退还。"

《电子商务法》第 23 条规定,"电子商务经营者收集、使用其用户的个人信息,应当遵守法律、行政法规有关个人信息保护的规定。"

小贴士

2014 年 3 月 15 日,修订后的《消费者权益保护法》正式实施。《消费者权益保护法》新增了三项制度，即无需要理由退货(后悔权)、非现场购物信息披露、网络交易平台提供者担责等，规定经营者采用网络、电视、电话、邮购等方式销售商品，消费者有权自收到商品之日起7日内退货，且无须说明理由。

2014年8月21日，国家工商总局下发通知，要求工商部门对电商企业的落实情况进行检查，督促电商企业认真落实《消费者权益保护法》相关规定。

END

5. 格式条款方面的特殊性

网上购物过程中，网站一般都订有格式条款，其内容由商家事先制定，给消费者提供的只是"同意"或"不同意"的按钮。这些格式条款，由于内容早已确定，没有合同另一方的意思表示。常见的对消费者不公平的格式条款主要有以下几种类型：(1)经营者减轻或免除自己的责任；(2)加重消费者的责任；(3)规定消费者在所购买的商品存在瑕疵时，只能要求更换，不得解除合同或减少价款，也不得要求赔偿损失；(4)规定因系统故障、第三人行为(如网络黑客)等因素产生的风险由消费者负担；(5)经营者约定有利于自己的纠纷解决方式等。

总之，这些格式条款的使用剥夺或限制了消费者的合同自由，消费者面对"霸王条款"，因为不了解相关知识，无暇细看或者即使发现问题也无法修改格式条款等情形，面临不利的境地。

另外，一些经营者采用强制链接、浏览等方式导致消费者选择权受损。经营者为了开展业务，往往与多个网站建立友好链接，这本来是为消费者提供的方便之举，但是一些不法经营者却将这种链接设定为强制链接，消费者只要上了一个网站，就必须进入其他相关网站浏览。更有甚者，个别网站还强行修改消费者的浏览器设置，将其网站设为主页，使消费者每次上网必须先浏览其产品。

6. 管辖权方面的特殊性

根据我国《民事诉讼法》的有关规定，因侵权行为提起的诉讼，由侵权行为地(包括侵权行为发生地和侵权行为结果地)或者被告住所所在地人民法院管辖。在传统交易模式中，依据现有法律确定侵权行为的管辖法院是比较容易的。然而，电子商务是以互联网为运行平台进行商务活动的，而互联网的无国界性打破了主权疆界的界限，并动摇了在传统的有形世界、地域主权基础上形成的司法管辖基础。

虚拟的网络空间中地理界限消失，很难判断网上活动发生的具体地点和确切范围，而将其对应到某一特定的司法管辖区域就更加困难。某一次具体的网上活动可能是多方的，活动者分别处于不同管辖区域或国家内，这种随机性和全球性使几乎任何一次网上活动都是跨区域或国家的，从而可能造成国内或国际司法管辖权的冲突。而消费者合法权益问题可能受到立法差异、管辖权限制和地方保护主义等多方面的阻碍。

7. 损害责任的承担方面的特殊性

电子商务的完成需要多个主体的参与,任何一个供销链出现问题,都会损害消费者的合法权益。如果货物受损时,各方互相推诿,必然会使消费者陷入困境;此外,无论是网上银行、网上购物、网上炒股还是网上服务,安全性、准确性和及时性都是很重要的。尤其在我国电子商务发展的初期,在交易安全性与准确性方面发生问题是不可避免的。

在网络运营过程中会经常遇到一些障碍,这些障碍或来自于技术操作方面或来自互联网上的病毒,或其他不可预测又一时无法排除的原因,导致电子商务中的交易中止,从而给消费者带来损失。不管错误原因是来自黑客袭击还是系统失误,责任终归是要有人来承担的,那么应该是商家还是顾客承担风险?相关法律法规对于电子商务中这一责任的承担还有待进一步明确。

8. 人身安全方面的特殊性

消费者的人身安全权,是指消费者在网上购买的物品不会对自己的生命和健康构成威胁。现在网络商店所提供的商品种类愈来愈多样化,消费者所选购的范围也愈来愈广,这就要求网络商品的安全性有足够的质量及安全性保障。与传统的消费者一样,从网上购买产品的消费者也有获得质量合格的产品的权利。

质量不合格的产品会给消费者的人身带来损害,如从网上购买的食品过期或变质,就很可能伤害消费者的人身健康;网上买来的家用电器缺乏安全保障,也会给消费者带来人身伤害。给消费者的生命和健康带来损害,就是侵犯了消费的安全权,违反了我国《消费者权益保护法》及相关法律法规的规定,会令消费者丧失对网上购物的信心。

9. 财产安全方面的特殊性

消费者的财产安全权,指消费者的财产不受侵害的权利。通过网络银行支付货款对消费者的财产安全权有一定的威胁。由于国际互联网本身是个开放的系统,而网络银行的经营实际上是变资金流动为网上信息的传递,这些在开放系统上传递的信息很容易成为众多网络“黑客”的攻击目标。

目前,多数的消费者不敢通过网络上传自己的信用卡账号等关键信息也是基于这个原因,就是担心自己的财产受到侵害,这同时也严重制约了网络银行的业务发展。我国网络商场采取的支付手段还是邮寄或当面交易,在传统支付法律体系下,电子支付交易安全就无法保障。以法律来保障消费者在电子支付过程中的财产权,在我国目前尚有困难,只能从技术上来保证消费者信用卡的密码不会被泄露。如果网络银行达不到规定的要求,就要承担赔偿责任。

10. 消费者索赔权方面的特殊性

消费者的权利被侵犯时产生的索赔权,又称损害赔偿权或求偿权,是法律赋予消费者利益受损时享有的一种救济权。

由于网络媒体不受时间和地域限制，其传输信息的速度非常快，涉及面十分广，有关部门要对其进行有效监管难度非常大。当侵权行为发生后，消费者往往因为无法得知经营者的真实身份或经营者处于异地导致过高的诉讼成本以及举证困难、法律适用不正确定等原因而放弃索赔权。因此，当网上消费纠纷产生后，有关部门在处理时要坚持举证责任倒置的原则，即由经营者承担举证责任。

为了减轻消费者的负担，降低投诉成本，可以考虑建立一个统一的全国性网上投诉中心和全国联网的“经济户口”数据库。这样，当消费者的合法权益遭到侵犯时，可以通过网络快速、经济地向主管部门投诉。主管部门在接到投诉后，应及时进行调查取证，在适当的期限内进行处理，并将处理的结果反馈给消费者，从而达到维护消费者合法权益目的。

复习思考题

1. 电子商务主体的市场准入制度是怎样的？
2. 电子商务领域的垄断行为较之传统的垄断行为有哪些区别？
3. 电子商务领域的不正当竞争有哪些表现形式？
4. 消费者权益保护在电子商务领域有何特殊性？

第九章 电子商务安全法律制度

学习目标

1. 了解国内外电子商务安全、电子商务安全法的内容，熟悉电子商务安全要素。
2. 熟悉网络安全法的主要内容。
3. 了解电子商务安全的监督管理机构，掌握电子商务安全的法律规定。
4. 了解违反电子商务安全法的民事责任、行政责任和刑事责任。

传统商务交易的双方当事人通常是面对面的，交易双方比较容易建立相互的信任关系，易于保证交易过程的安全性。而电子商务的交易活动是通过网络进行的，买卖双方互不见面，因而缺乏传统交易中的信任感和安全感。由此可见，电子商务网络安全不容小视，安全隐患有可能制约电子商务的发展。如何建立安全、便捷的电子商务应用环境，已经成为商家和用户都十分关心的问题，也是电子商务法要解决的重要问题。

第一节 电子商务安全概述

一、电子商务安全内容

电子商务安全从整体上可以分为三大部分：计算机网络安全、信息安全和交易安全。

计算机网络安全主要是指计算机和网络本身存在的安全问题，也就是保障电子商务平台的可用性和安全性的问题，其内容主要包括计算机网络设备安全、计算机网络系统安全、数据库安全等。网络安全是针对计算机网络本身可能存在的安全问题，实施网络安全增强方案，以保证计算机网络本身的安全性为目标。

信息安全是指电子商务信息在网络的传递过程中所面临的信息被窃取、被篡改、被假冒和被恶意破坏等问题。电子商务中的信息安全主要涉及信息内容安全、信息传输、信息存储、信息使用者身份鉴别与确定等方面，具有信息保密性、信息完整性、信息真实性、信息的不可否认性和不可变更性等要求。

交易安全指电子商务虚拟市场交易过程中存在的交易主体真实性、资金的被盗用、合同的法律效力、交易行为被抵赖等问题。交易安全是传统商务活动在互联网上应用时产生的各种安全问题，在计算机网络安全和信息安全的基础上，如何保障电子商务过程顺利进行，即实现电子商务的保密性、完整性、可鉴别性、不可伪造性和不可抵赖性。

二、电子商务安全隐患

电子商务安全威胁来自多方面，以下介绍主要的一些电子商务安全隐患。

（一）计算机网络安全隐患

1. 计算机病毒

计算机病毒通过互联网传播给网上用户，具有极大的危害，病毒可以使计算机和计算机网络系统陷入瘫痪、数据和文件丢失。在网络上传播计算机病毒可以通过公共匿名下 EPT 文件传送，也可以通过邮件和邮件的附加文件传播。

2. 操作系统中存在的安全隐患

网络上的数据传输是基于 TCP/IP 通信协议进行的，这些协议缺乏保证传输过程中的信息不被窃取的安全措施。

在计算机上存储、传输和处理的电子信息，还没有像传统的邮件通信那样进行信封保护和签字盖章。信息的来源和去向是否真实，内容是否被改动以及是否泄漏等，在应用层支持的服务协议中是凭着君子协议来维系的。

3. 黑客（hacker）入侵问题

互联网是一个开放的、无控制机构的网络，黑客经常会侵入网络中的计算机系统，或者窃取积木数据和盗用特权，或者破坏重要数据，或者使系统功能得不到充分发挥，甚至于瘫痪。

4. 拒绝服务（dos，denial of service）攻击

拒绝服务攻击已经成为威胁互联网安全的重要攻击手段，这种攻击行为使网站服务器充斥大量要求回复的信息，消耗网络宽带或者系统资源，导致网络或系统不堪负荷以至于瘫痪而停止正常的网络服务。黑客不正当地使用标准协议或连接方法，向攻击的服务发出大量的信息，占用及超越攻击服务器所能处理的能力，使它死机或不能正常地为用户服务。

随着电子商务的兴起，对网站的实时性要求越来越高，拒绝服务攻击对网

站的威胁越来越大,如2000年2月美国雅虎、亚马逊、CNN就因被拒绝服务攻击而陷入瘫痪。此外,电子邮件存在着被拆看、误投和伪造的可能性。使用电子邮件来传输重要机密文件会存在很大的危险。

(二)信息安全隐患

1. 窃取信息

在没有采用加密措施或加密等级不高时,数据信息在网络上以明文形式传送,入侵者在数据包经过的网关或路由器上可以截获传送的信息。通过多次窃取和分析,可以找到信息的规律和格式,进而得到传输信息的内容,造成网上传输信息泄露,如消费者的银行账号、密码、交易内容以及企业的商业秘密等。

2. 篡改信息

当入侵者掌握了信息的格式和规律后,通过各种技术手段和方法,将网络上传送的信息数据在中途修改、删除或重放(指只能使用一次的信息被多次使用),然后再发向目的地,从而破坏信息的真实性和完整性,损害他人的经济利益,妨碍电子商务交易的顺利进行,如有些人未经授权进入网络交易系统,改变客户数据、取消客户订单等。

3. 信息假冒

由于掌握了数据的格式,并可以篡改通过的信息,攻击者可以冒充合法用户发送假冒的信息或者主动获取信息,以破坏交易、破坏被假冒一方的信誉或者盗取被假冒一方的交易成果等,而远端用户通常很难分辨,容易造成交易双方互相不信任,例如有人假冒某客户的信息订购并取得商品,真正的客户却要承担付款或者返还商品的责任。有一些不法分子建立以另一个企业名称相同或者近似的服务器,以此假冒该企业进行销售活动。

4. 信息破坏

信息破坏包括由于网络硬件和软件的问题而导致信息传递的丢失与谬误,以及一些恶意程序的破坏而导致的电子商务信息遭到破坏。

5. 发布虚假信息

在从事电子商务的过程中,参与电子商务的各方当事人需要合作,但同时为了各自的利益也存在着竞争,甚至欺诈。有些企业与信息供应商违反公平竞争法则,发布虚假的信息在互联网上进行欺诈,还有的信息发布者不及时进行信息更新处理,使用陈旧过时的信息冒充现在的信息,以达到欺诈消费者的信任、获取财物的目的。

(三)交易安全隐患

在互联网上的电子商务交易过程中,最核心的和最关键的问题是商务交易的安全性。一般来说,商务安全中普遍存在着以下几种安全隐患:

1. 信息的保密难度更高

电子商务是建立在一个较为开放的互联网络环境上的,它所依托的网络本身也就是由于开放式互联形成的市场,因此在这一新的支撑环境下,势必要用相应的技术手段来延续和提高信息的保密性。例如银行卡的账号或是用户个人信息可能被盗用,订货和付款信息就会被竞争对手获悉。

交易中的商务信息具有保密的要求,也需要遵循一定的保密规则。因为交易中的商务信息往往涉及商业机密,因此,在电子商务中的信息一般都要进行加密。

2. 不易确定交易者的真实身份

网上交易不同于传统交易,交易双方无法对对方的身份进行现场确认,而且很可能相隔千里,素昧平生,往往不易确认对方的身份,更容易发生欺诈行为。

3. 交易更容易被反悔和单方面抵赖

交易抵赖有多种形式,如发信者事后否认曾经发送过某条信息或者指令,收信者事后不承认曾经收到过某条信息或指令;再如购买者做了订单不承认,商家卖出的商品因价格差而不承认原有的交易等。因此,不易确定交易过程中所收到的交易信息是否是合作对象发出的。

4. 交易信息的完整性易受损

电子商务交易各方各类信息的完整性势必会影响到贸易过程中的交易和经营策略,交易的文件是不可以被修改的,否则就会给交易双方带来损失。

电子商务的出现,由计算机代替了人们大多数复杂的劳动,也以信息系统的形式整合了企业贸易中的各个环节,但是互联网的开放和信息处理的自动化也使维护贸易各方商业信息的完整性、安全性容易受到损害。

三、电子商务活动安全性的要求

(一) 系统的可靠性要求

计算机及网络系统的硬件和软件工作应具有可靠性,不会因为计算机故障或意外原因造成信息损失、失效或丢失。

(二) 服务的有效性要求

电子商务应能够防止服务失败情况的发生,预防由于网络故障和病毒发作等因素产生的系统停止服务等情况,保证交易数据能够准确快速地传送。

(三) 交易信息的保密性要求

电子商务系统应能保证交易信息在存储、传输及处理过程中不被他人窃取,应对用户所传送的信息进行有效的加密,防止信息被截取破译。

(四) 数据完整性要求

数据完整性是指在数据处理过程中,原来数据和现行数据之间保持完全一致,信息在存储中不被篡改和破坏,以及在传输过程中收到的信息和原发送的信息保持一致。

(五) 信息的不可否认性要求

交易信息的发送方不可否认已经发送的信息,接收方也不可否认已经收到的信息。

(六) 身份认证的要求

电子商务系统应提供安全有效的身份认证机制,确保交易双方的信息都是合法有效的,以便在发生交易纠纷时提供法律依据。

(七) 访问控制要求

设置不同的访问权限,让有不同权限的用户得到的资源与服务有所区别,用户只能访问系统中授权和指定的资源,无授权系统资源将被拒绝访问。

四、电子商务安全的监督管理机构及职责

(一) 计算机信息系统安全的监督管理机构

依据 1994 年 2 月 18 日国务院发布的《计算机信息系统安全保护条例》,公安部主管全国计算机信息系统安全保护工作,国家安全部、国家保密局和国务院其他有关部门,在国务院规定的职责范围内做好计算机信息系统安全保护的有关工作。

对计算机信息系统中发生的案件,有关使用单位应当在 24 小时内向当地县级以上人民政府公安机关报告。公安机关发现影响计算机信息系统安全的隐患时,应当及时通知使用单位采取安全保护措施。公安部在紧急情况下,可以就涉及计算机信息系统安全的特定事项发布专项指令。此外,对计算机病毒和危害社会公共安全的其他有害数据的防止研究工作,由公安部归口管理。

公安机关对计算机信息系统安全保护工作行使以下监督职权:监督、检查、指导计算机信息系统安全保护工作;查处危害计算机信息系统安全的违法犯罪案件;履行计算机信息系统安全保护工作的其他监督职责。

(二) 交易安全的监督管理机构

根据国务院关于机构设置的规定,电子商务的交易安全由工商行政管理机关负责监督管理。工商行政管理机关负责监督管理市场交易行为和网络商品交易及有关服务的行为,查处电子商务交易中的违法行为。

(三) 信息安全认证的监督管理机构

信息安全认证的监督管理机构是中国信息安全认证中心。中国信息安全

认证中心是国家质检总局直属单位，由国务院信息化工作办公室、国家认证认可监督管理委员会等八部授权，依据国家有关强制性产品认证、信息安全管理的法律法规，负责实施信息安全认证的专门机构。

中国信息安全认证中心依法在规定的业务范围内对信息安全产品实施认证，并开展信息安全有关的管理体系认证和人员培训、技术研发等工作。具体工作包括：在信息安全领域开展产品、管理体系等认证工作；对认证及与认证有关的检测、检查、评价人员进行认证标准、程序及相关要求的培训；对提供信息安全服务的机构、人员进行资质培训、注册；开展信息安全认证、检测技术研究工作；依据法律、法规及授权从事其他相关工作。

在产品认证方面：中国信息安全认证中心在实施强制性产品认证的产品范围内，无线局域网产品和信息安全产品的指定认证机构。

在服务资质认证方面：中国信息安全认证中心是国家认证认可监督管理委员会批准的可以从事信息安全服务资质认证的机构。信息安全服务资质认证是依据国家法律、法规、国家标准、行业标准和技术规范，按照认证基本规范及认证规则，对提供信息安全服务机构的安全服务资质进行评价。

第二节　电子商务安全法律制度

一、电子商务安全法概述

（一）我国有关电子商务安全的法律规范

我国的计算机安全立法工作开始于20世纪80年代。1981年，公安部开始成立计算机安全监察机构，并着手制定有关计算机安全方面的法律法规和规章制度。1987年成立了管家信息中心，其下设政策研究室，专门研究信息法规问题。国务院信息化工作领导小组成立后，其下设的“法规组”在我国信息化立法和制定相关法规方面发挥了重要作用。

我国与电子商务安全有关的法律、法规、规章主要有：《国家安全法》《人民警察法》《保守国家秘密法》《网络安全法》《刑法》《治安管理处罚法》《全国人大常委会关于维护互联网安全的决定》《计算机信息系统安全保护条例》《计算机病毒控制规定（草案）》《计算机病毒防治管理办法》《军队通用计算机系统使用安全要求》《计算机信息网络国际联网安全保护管理办法》《关于执行〈计算机网络联网安全保护管理办法〉中有关问题的通知》《计算机信息系统国际联网保密管理规定》《计算机病毒防治管理办法》《互联网安全保护技术措施规定》《电子商务法》等。

(二) 国外有关电子商务安全的法律规范

欧盟、美国、日本、韩国是制定电子商务法较早且实施较为成功的国家和地区,他们通过增加交易透明度、最低限度要求消费者个人数据等来保护网上购物中消费者的合法权益。

1. 美国

为防止网络犯罪,保障电子商务活动的安全进行,美国采取了一系列措施加速信息基础设施建设,并且颁布了《伪造访问设备和计算机欺骗与滥用法》,《电子通信隐私法案》《信用卡欺诈法》《计算机安全法》《计算机滥用法案》《信息安全管理条例》《统一计算机信息交易法》《统一电子交易法》《国际与国内电子签章法》等法律规定。

2. 欧盟与欧洲各国

1995 年欧盟发布了《个人资料保护指令》。1996 年,欧洲联盟议会和部长理事会向欧盟各成员国政府发出了 1996 年第 9 号指令《关于数据库法律保护的指令》,涉及各种形式的数据库保护。1997 年,欧盟通过《确保电子通信的安全和信任:建立有关电子签名和加密问题的欧洲框架》的工作文件。1998 年,欧盟颁布了《关于处理个人数据及其自由流动中保护个人隐私的指令》(又称《欧盟隐私保护指令》)。

1998 年 11 月,欧盟《私有数据保密法》开始实施,涉及输入网络站点、存储于互联网服务器上的及内联网上传播的私有数据保护问题。1999 年,欧盟制定了《电子签名的统一框架指令》,主要用于指导和协调欧盟各国的电子签名立法,涉及电子认证服务的市场准入、电子认证服务管理和国际协调、认证中的数据保护、电子认证书内容的规范等方面。2000 年,欧盟批准和美国签订《安全港协议》,保护客户个人资料和信息。

欧洲各国也制定了一系列法律来保护电子商务的安全。英国于 1984 年制定了《数据保护法》,规定链接服务提供商必须为诽谤性内容承担法律责任。2000 年 3 月起生效的《1998 年数据保护法》,取代了《1984 年数据保护法》,主要强调了个人数据传送的隐私权保护。德国于 1997 年制定了《数据保护法》,此后还制定了《电子签名法》。1996 年意大利通过了第 675/96 号立法文件,对个人数据保护作了规定;此外意大利将计算机犯罪与刑法联系起来,修改了有关条款,加大了对计算机犯罪分子的打击力度。

3. 其他国家

新加坡 1993 年出台《滥用计算机法》(1998 年修订),制定该法的目的是应对日益严重的计算机犯罪及其严重后果,以适应电子商务发展的需要。与该法配套,新加坡政府制定了《信息安全指南》(1999 年)和《电子认证安全指南》。

1998 年,韩国通过了《电子签名法》,1999 年通过《电子商务基本法》,这两部法律均于1999年7月起生效。此外，韩国还制定了《计算机软件保护法》等法律。

日本于2000年将商业计算机软件等信息产品定为“信息财产”并予以法律保护，同年，日本还制定了《电子签名认证法》。

1988年，澳大利亚在私权保护法中对个人信息的保护作出了具体的规定。

加拿大于1997年开始在电子商务管理中健全公共秘钥基础设施保密系统，对网上出现的不良信息加强管理，并且在技术上使用防暴力晶片，以阻止暴力和色情信息进入家庭和学校；此外，加拿大在2001年1月起实施《个人隐私法》，保护电子商务中的个人隐私。

二、电子商务数据信息安全制度

《电子商务法》对电子商务数据信息的安全做了规定。所谓个人信息，是指电子商务经营主体在电子商务活动中收集的姓名、身份证件号码、住址、联系方式、位置信息、银行卡信息、交易记录、支付记录、快递物流记录等能够单独或者与其他信息结合识别特定用户的信息。

（一）电子商务经营主体的义务

电子商务经营主体收集用户个人信息，应当遵循合法、正当、必要原则，事先向用户明示信息收集、处理和利用的规则，并征得用户的同意。电子商务经营主体不得以拒绝为用户提供服务为由强迫用户同意其收集、处理、利用个人信息。禁止采用非法交易、非法入侵、欺诈、胁迫或者其他未经用户授权的手段收集个人信息。

电子商务经营主体修改个人信息收集、处理、利用规则的，应当取得用户的同意。用户不同意的，电子商务经营主体应当提供相应的救济方法。电子商务经营主体对个人信息的处理和利用应当符合用户同意的处理利用规则。电子商务经营主体变更收集信息时约定的处理、利用的目的、方式和范围的，应当告知用户，并征得用户的明示同意。

法定或者约定保存期限届满，电子商务经营主体应当主动或者按照用户的请求删除、停止处理和利用，或者销毁相关个人信息。

电子商务经营主体应当建立健全内部控制制度和技术管理措施，防止信息泄露、丢失、毁损，确保电子商务数据信息安全。在发生或者可能发生用户个人信息泄露、丢失、毁损时，电子商务经营主体应当立即采取补救措施，及时告知用户，并向有关部门报告。

（二）电子商务用户的个人信息安全权

电子商务用户依法享有对其个人信息自主决定的权利。用户有权查询与本人有关的个人信息。电子商务经营主体收到用户查询请求的，应当在核实身份后及时提供查询结果。用户对错误信息提出更正补充请求的,电子商务经营主体应当及时更正补充。

电子商务经营主体处理、利用个人信息的行为可能侵害用户合法权益的,用户有权请求电子商务经营主体中止相关行为。

(三)建立数据共享机制

国家采取有效措施推动建立公共数据共享机制,促进电子商务经营主体依法利用公共数据,保障电子商务交易的真实性、可靠性和安全性。

电子商务经营主体应当依照法律、行政法规的规定向国家有关部门提供电子商务数据信息,有关部门应当采取必要措施保护相关数据信息的安全。

电子商务经营主体交换共享电子商务数据信息的,应当对数据信息进行必要的处理,使之无法识别特定个人及其终端,并且无法复原。

三、计算机信息系统安全保护制度

国务院《计算机信息系统安全保护条例》详细规定了计算机信息系统的安全保护制度、安全监察及相关的法律责任。

(一)计算机病毒和有害数据防治制度

计算机病毒是指编制或者在计算机程序中插入的破坏计算机功能或者毁坏数据,影响计算机使用,并能自我复制的一组计算机指令或者程序代码。有害数据是指计算机信息系统及其存储介质中存在、出现的,以计算机程序、图像、文字、声音等多种形式表示的有害数据和有害计算机程序(含计算机病毒)。有害数据可以分为以下三类:(1)危害国家安全内容的有害数据;(2)危害社会治安秩序内容的有害数据;(3)危害计算机信息系统的有害数据。

公安部公共信息网络安全监察部门主管全国的计算机病毒防治管理工作。地方各级公安机关具体负责本行政区域内的计算机病毒防治管理工作。任何单位和个人应当接受公安机关对计算机病毒防治工作的监督、检查和指导。

从事计算机病毒防治产品生产的单位,应当及时向公安部公共信息网络安全监察部门批准的计算机病毒防治产品检测机构提交病毒样本。

计算机病毒防治产品检测机构应当对提交的病毒样本及时进行分析、确认,并将确认结果上报公安部公共信息网络安全监察部门。

对计算机病毒的认定工作,由公安部公共信息网络安全监察部门批准的机构承担。

计算机信息系统使用单位的病毒防治职责包括:(1)建立本单位的计算机病毒防治管理制度;(2)采取计算机病毒安全技术防治措施;(3)对计算机病毒安全技术防治措施;(4)及时检测、清除计算机信息系统中的计算机病毒,并备有检测、清除的纪录;(5)使用具有计算机信息系统安全专业产品销售许可证的计算机病毒防治产品;(6)对因计算机病毒引起的计算机信息系统瘫痪、程序和数据严重破坏等重大事故及时向公安机关报告,并保护现场。

从事计算机设备或者媒体生产、销售、出租、维修行业的单位和个人,应当对计算机设备或者媒体进行计算机病毒检测、清除工作,并备有检测、清除的纪录。

任何单位和个人在计算机信息网络上下载程序、数据或者购置、维修、借入计算机设备时,应当进行计算机病毒检测。

任何单位和个人销售、附赠的计算机病毒防治产品,应当具有计算机信息系统安全专用产品销售许可证,并贴有"销售许可"标记。

任何单位和个人不得有下列传播计算机病毒的行为:(1)故意输入计算机病毒,危害计算机信息系统安全;(2)向他人提供含有计算机病毒的文件、软件、媒体;(3)销售、出租、附赠含有计算机病毒的媒体;(4)其他传播计算机病毒的行为。

任何单位和个人不得制作计算机病毒。任何单位和个人不得向社会发布虚假的计算机病毒"疫情"。

(二)安全专用产品检测和销售许可证制度

计算机信息系统安全专用产品是指用于保护计算机信息系统安全的专用硬件和软件产品。国家对计算机信息系统安全专用产品的销售实行许可证制度。

《计算机信息系统安全专用产品检测和销售许可证管理办法》对安全专用产品检测和销售许可证制度作出了如下具体规定:

1. 安全专用产品检测和销售许可证的主管机关

中国境内的安全专用产品进入销售市场,实行销售许可证制度。安全专用产品的生产者在其产品进入市场销售之前,必须申领《计算机信息系统安全专用产品销售许可证》(以下简称《销售许可证》)。安全专用产品的生产者申领销售许可证,必须对其产品进行安全功能检测和认定。公安部计算机管理监察部门负责销售许可证的审批颁发工作和安全专用产品安全功能检测机构(以下简称检测机构)的审批工作。地(市)级以上人民政府公安机关负责销售许可证的监督检查工作。

2. 监察机构的申请与批准

经省级以上技术监督行政主管部门或者其授权的部门考核合格的检测机构,可以向公安部计算机管理监察部门提出承担安全专用产品检测任务的申请。

公安部计算机管理监察部门对提出申请的检测机构的检查条件和能力进行审查,经审查合格的,批准其承担安全用品检测任务。

公安部计算机管理监察部门对承担检测任务的检测机构每年至少进行一次监督检查。

被取消检测资格的检测机构,两年后方准许重新申请承担安全专用产品的检测任务。

3. 安全专用产品的检测

安全专用产品的生产者应当向公安部计算机管理监察部门批准的检测机构申请安全功能检测。对在国内生产的安全专用产品,由其生产者负责送交检测;对境外生产在国内销售的安全专用产品,由国外生产者指定的国内具有法人资格的企业或单位负责送交检测。当安全专用产品的安全功能发生改变时,安全专用产品应当进行重新检测。

检测机构收到检测申请、样品及其他有关材料后,应当按照安全专用产品的功能说明,检测其是否具有计算机信息系统安全保护功能。

检测机构应当及时检测,并将检测报告报送公安部门计算机管理监察部门备案。

4. 销售许可证的审批和颁发

安全专用产品的生产者申领销售许可证,应当向公安部计算机管理监察部门提交申请。

公安部计算机管理监察部门自接到申请之日起,应当在 15 日内对安全专用产品作出审核结果,特殊情况下可以延至 30 日;经审查合格的,颁发销售许可证和安全专用产品“销售许可”标记,不合格的,书面通知申领者并说明理由。

对于已经取得销售许可证的安全专用产品,生产者应当在固定位置标明“销售许可”标记,任何单位和个人不得销售无“销售许可”标记的安全专用产品。

销售许可证只对所申请销售的安全专用产品有效。当安全专用产品的功能发生改变时,必须重新申领销售许可证。销售许可证自批准之日起两年内有效,期满需要延期的,应当于期满前 30 日内向公安部计算机管理监察部门申请办理延期手续。

(三) 其他计算机信息系统安全保护制度

《计算机信息系统安全保护条例》还规定了其他计算机信息系统安全保护制度:

1. 计算机机房安全管理制度

计算机机房应当符合国家标准和国家有关规定。在计算机机房附近施工的,不得危害计算机信息系统的安全。

2. 计算机信息系统国际联网备案制度

进行国际联网的计算机信息系统,由计算机信息系统的使用单位报省级以上人民政府公安机关备案。

3. 计算机信息媒体进出口申报制度

运输、携带、邮寄计算机信息媒体进出境的，应当如实向海关申报。

4. 计算机信息系统使用单位安全负责制度

计算机信息系统的使用单位应当建立健全安全管理制度，负责本单位计算机信息系统的安全保护工作。

5. 计算机信息系统中发生的案件限时报告制度

对计算机信息系统中发生的案件，有关使用单位应当在24小时内向当地县级以上人民政府公安机关报告。

四、国际互联网络管理制度

1996年2月1日，国务院发布的《计算机信息网络国际联网管理暂行规定》（以下简称《暂行规定》），提出对国际联网进行统筹规划、统一标准、分级管理、促进发展的基本原则。1997年5月20日，国务院对该规定进行了修改，设立了国际联网的主管部门，增加了经营许可证制度，规定国务院经济信息化领导小组负责协调、解决有关国际联网工作中的重大问题。

（一）国际互联网出入口信道管理规定

1.《暂行规定》及其实施办法对国际联网出入口信道的管理规定

计算机信息网络直接进行国际联网，必须使用邮电部（现工业和信息化部）国家公用电信网提供的国际出入口信道。任何单位和个人不得自行建立或者使用其他信道进行国际联网。

自然人、法人和其他组织使用的计算机或者计算机信息网络，需要进行国际联网的，必须通过接入网络进行国际联网。计算机或者计算机信息网络需要接入网络的，应当征得接入单位的同意，并办理登记手续。

国际出入口信道提供单位有责任向互联网单位提供所需的国际出入口信道和公平、优质、安全的服务，并定期收取信道使用费。互联单位开通或扩充国际出入口信道，应当到国际出入口信道提供单位办理有关信道开通或扩充手续，并在国务院信息化工作领导小组办公室备案。国际出入口信道提供单位在接到互联网单位的申请后，应当在100个工作日内为互联网单位开通所需的国际出入口信道。国际出入口信道提供单位与互联单位应当签订相应的协议，严格履行各自的责任和义务。

2.《计算机信息网络国际联网出入口信道管理办法》的管理规定

我国境内的计算机信息网络直接进行国际联网，必须使用工业和信息化部国家公用电信网提供的国际出入口信道。任何单位和个人不得自行建立或者使用其他信道（含卫星信道）进行国际联网。电信管理局负责国际联网出入口信道的提供和管理。

直接进行国际联网的计算机信息网络运行单位(以下简称互联单位),应当向工业和信息化部申请办理使用国际出入口信道手续。互联单位在办理手续时,应当提供有效批准文件及有关网络规模、应用范围、接入单位、所需信道等相关资料。互联单位在办理手续后,应将前款事项变更情况,每半年向工业和信息化部申报一次。

工业和信息化部对互联单位的申请进行审核,对符合规定条件的,由电信管理局在30日内提供所需的国际出入口信道。未经工业和信息化部批准,任何单位不得为计算机信息网络国际联网提供出入口信道。

电信管理局应当加强国际出入口信道的管理,向互联单位提供优质可靠的服务。

互联单位使用专用国际信道,按照现行国际出租电路标准收费;对教育、科研部门内部使用的国际信道资费实行优惠。

此外,2002年6月26日,原信息产业部发布《国际通信出入口局管理办法》对国际联网出入信道的管理工作作出了进一步详细规定。

(二)国际联网经营许可证制度

《计算机信息网络国际联网管理暂行规定》及其实施办法规定,新建互联网络,必须经部(委)级行政主管部门批准后,向国务院信息化工作领导小组提交互联单位申请书和互联网络可行性报告,由该小组审议,提出意见并报国务院批准。互联网络可行性报告的内容应当包括:网络服务性质和范围、网络技术方案、经济分析、管理办法和安全措施等。

接入网络必须通过互联网络进行国际联网。接入单位拟从事国际联网经营活动的,应当向有权受理从事国际联网经营活动申请的互联单位主管部门或者主管单位申请领取国际联网经营许可证;未领取国际联网经营许可证的,不得从事国际联网经营业务。

接入单位拟从事非经营活动的,应当报经有权受理从事非经营活动申请的互联单位主管部门或者主管单位审批;未经批准的,不得接入互联网络进行国际联网。申请领取国家联网经营许可证或者办理审批手续时,应当提供计算机信息网络的性质、应用范围和主机地址等资料。国际联网经营许可证的格式由领导小组统一制定。

(三)市场准入制度

《计算机信息网络国际联网管理暂行规定》及其实施办法规定,从事国际联网经营活动的和从事非经营活动的接入单位必须具备的条件是:

(1) 依法设立的企业法人或者事业法人。

(2) 具有相应的计算机信息网络、装备以及相应的技术人员和管理人员。

(3) 具有健全的安全保密管理制度和技术保护措施。

(4) 符合法律和国务院规定的其他条件。

接入单位从事国际联网经营活动的,除必须具备上述四项条件外,还应当具备为用户提供长期服务的能力。

从事国际联网经营活动的接入单位的情况发生变化,不再符合上述(1)(2)项规定条件的,其国际联网经营许可证由发证机构予以吊销;从事非经营活动的接入单位的情况发生变化,不再符合上述(1)规定条件的,其国际联网资格由审批机关予以取消。

接入单位除具备上述条件外,还要向互联单位主管机关或者主管单位提交接入单位申请书和接入网络可行性报告。互联单位主管机关或者主管单位应当在收到接入单位申请书后 20 个工作日内,将审批意见以书面形式通知申请单位。

(四) 安全责任

《计算机信息网络国际联网管理暂行规定》及其实施办法规定,国际出入口信道提供单位、互联单位和接入单位,应当建立相应的网络管理中心,依照法律和国家有关规定加强对本单位及其用户的管理,做好网络信息安全管理工作,确保为用户提供良好、安全的服务。互联单位与接入单位应当负责本单位及其用户有关国际联网的技术培训和管理教育工作。

互联单位、接入单位和用户应当遵守国家有关法律、行政法规,严格执行国家安全保密制度;不得利用国际联网从事危害国家安全、泄露国家秘密等违法犯罪活动;不得制作、查阅、复制和传播妨碍社会治安和淫秽色情等有害信息;发现有害信息应当及时向有关主管部门报告,并采取有效措施,不得使其扩散。

用户应当服从接入单位的管理,遵守用户守则;不得擅自进入未经许可的计算机系统篡改他人信息;不得在网上散发恶意信息,冒用他人名义发出信息,侵犯他人隐私;不得制造、传播计算机病毒及从事其他侵犯网络和他人合法权益的活动。用户有权获得接入单位提供的各项服务;有义务缴纳相关费用。

国际出入口信道提供单位、互联单位和接入单位应当保存与其服务相关的所有信息资料;在国务院信息化工作领导小组办公室和有关主管部门进行检查时,应当及时提供有关信息资料。国际出入口信道提供单位、互联单位每年二月份向国务院信息化工作领导小组提交上一年度有关网络运行、业务发展、组织管理的报告。

五、国际联网安全保护制度

为了加强对计算机信息网络国际联网的安全保护,维护公共秩序和社会稳定,根据《计算机信息系统安全保护条例》《计算机信息网络国际联网管理暂行规定》和其他法律法规的规定,公安部制定了《计算机信息网络国际联网管理安全保护管理办法》,对计算机信息网络国际联网安全保护管理做了详细的规定。

(一)主管机关及其安全监督职责

1. 国际联网安全保护的主管机关

公安部计算机管理监察机构负责计算机信息网络国际联网的安全管理工作,应当保护计算机信息网络国际联网的公共安全,维护国际联网业务的单位和个人的合法权益和公众利益。省、自治区、直辖市公安厅(局),地(市)、县(市)公安局,应当有相应机构负责国际联网的安全保护管理工作。

2. 主管机关的安全监督职责

公安机关计算机管理监察机构应当掌握互联单位、接入单位和用户的备案情况,建立备案档案,进行备案统计,并按照国家有关规定逐级上报。

公安机关计算机管理监察机构应当督促互联单位、接入单位及有关用户建立、健全安全保护管理制度。监督、检查网络安全保护管理以及技术培训措施的落实情况。在组织安全检查时,有关单位应当派人参加。对安全检查中发现的问题,公安机关计算机管理监察机构应当提出改进意见,作出详细记录,存档备案。

公安机关计算机管理监察机构发现含有禁止任何单位和个人制作、复制、查阅和传播信息内容的地址、目录或者服务器时,应当责令有关单位关闭或者删除。

公安机关计算机管理监察机构应当负责追踪和查处通过计算机信息网络进行的违法行为和针对计算机信息网络的犯罪案件,对危害国家安全、泄露国家秘密、侵犯合法权益以及侵犯用户的通信自由和通信秘密的违法犯罪行为,应当按照国家有关规定移送有关部门或者司法机关处理。

(二)安全保护责任

从事国际联网业务的单位和个人应当接受公安机关的安全监督、检查和指导,如实向公安机关提供有关安全保护的信息、资料及数据文件,协助公安机关查处通过国际联网的计算机信息网络的违法犯罪行为。

国际出入口信道提供单位、互联单位的主管部门或者主管单位,应当依照法律和国家有关规定负责国际出入口信道、所属互联网络的安全保护管理工作。

互联单位、接入单位及使用计算机信息网络国际联网的法人和其他组织应当履行下列安全保护职责:

(1) 负责本网络的安全保护管理工作,建立健全安全保护管理制度。

(2) 落实安全保护技术措施,保障本网络的运行安全和信息安全。

(3) 负责对本网络用户的安全教育和培训。

(4) 对委托发布信息的单位和个人进行登记,并对所提供的信息内容按照本办法第五条进行审核。

(5) 建立计算机信息网络电子公告系统的用户登记和信息管理制度。

(6) 发现有《计算机信息网络国际联网管理安全保护管理办法》第 4 条、第 5 条、第 6 条、第 7 条所列情形之一的,应当保留有关原始记录,并在 24 小时内向当地公安机关报告。

(7) 按照国家有关规定,删除本网络中含有《计算机信息网络国际联网管理安全保护管理办法》第五条内容的地址、目录或者关闭服务器。

用户在接入单位办理入网手续时,应当填写用户备案表。备案表由公安部监制。

互联单位、接入单位、使用计算机信息网络国际联网的法人和其他组织(包括跨省、自治区、直辖市联网的单位和所属的分支机构),应当自网络正式联通之日起 30 日内,到所在地的省、自治区、直辖市人民政府公安机关指定的受理机关办理备案手续。以上单位应当负责将接入本网络的接入单位和用户情况报当地公安机关备案,并及时报告本网络中接入单位和用户的变更情况。

使用公用账号的注册者应当加强对公用账号的管理,建立账号使用登记制度。用户账号不得转借、转让。涉及国家事务、经济建设、国防建设、尖端科学技术等重要领域的单位办理备案手续时,应当出具其行政主管部门的审批证明。前款所列单位的计算机信息网络与国际联网,应当采取相应的安全保护措施。

六、互联网安全保护技术措施制度

公安部根据《计算机信息网络国际联网安全保护管理办法》,制定了《互联网安全保护技术措施规定》。

(一) 主管机关及其监督检查职责

互联网安全保护技术措施,是指保障互联网网络安全和信息安全、防范违法犯罪的技术设施和技术方法。公安机关公共信息网络安全监察部门负责对互联网安全保护技术措施的落实情况依法实施监督管理。

公安机关应当依法对辖区内互联网服务提供者和联网使用单位安全保护技术措施的落实情况进行指导、监督和检查。公安机关在依法监督检查时,互联网服务提供者、联网使用单位应当派人参加。公安机关对监督检查发现的问题,应当提出改进意见,通知互联网服务提供者、联网使用单位及时整改。

(二) 互联网服务提供者、联网使用单位的义务

互联网服务提供者、联网使用单位负责落实互联网安全保护技术措施,并保障互联网安全保护技术措施功能的正常发挥。互联网安全保护技术措施应

当符合国家标准。没有国家标准的,应当符合公共安全行业技术标准。

互联网服务提供者、联网使用单位应当建立相应的管理制度。未经用户同意不得公开、泄露用户注册信息,但法律、行政法规另有规定的除外。

互联网服务提供者、联网使用单位应当依法使用互联网安全保护技术措施,不得利用互联网安全保护技术措施侵犯用户的通信自由和通信秘密。

互联网服务提供者采取的互联网安全保护技术措施应当具有符合公共安全行业技术标准的联网接口。互联网服务提供者和联网使用单位落实的记录留存技术措施,应当具有至少保存60天记录备份的功能。

(三)互联网安全保护技术措施

1. 最基本互联网安全保护技术措施

互联网服务提供者和联网使用单位应当落实以下互联网安全保护技术措施:(1)防范计算机病毒、网络入侵和攻击破坏等危害网络安全事项或者行为的技术措施;(2)重要数据库和系统主要设备的冗灾备份措施;(3)记录并留存用户登录和退出时间、主叫号码、账号、互联网地址或域名、系统维护日志的技术措施;(4)法律、法规和规章规定应当落实的其他安全保护技术措施。

2. 提供互联网接入服务的单位应当落实的安全保护技术措施

提供互联网接入服务的单位除落实最基本的互联网安全保护技术措施外,还应当落实具有以下功能的安全保护技术措施:(1)记录并留存用户注册信息;(2)使用内部网络地址与互联网网络地址转换方式为用户提供接入服务的,能够记录并留存用户使用的互联网网络地址和内部网络地址对应关系;(3)记录、跟踪网络运行状态,监测、记录网络安全事件等安全审计功能。

3. 提供互联网信息服务的单位应当落实的安全保护技术措施

提供互联网信息服务的单位除落实最基本的互联网安全保护技术措施外,还应当落实具有以下功能的安全保护技术措施:(1)在公共信息服务中发现、停止传输违法信息,并保留相关记录;(2)提供新闻、出版以及电子公告等服务的,能够记录并留存发布的信息内容及发布时间;(3)开办门户网站、新闻网站、电子商务网站的,能够防范网站、网页被篡改,被篡改后能够自动恢复;(4)开办电子公告服务的,具有用户注册信息和发布信息审计功能;(5)开办电子邮件和网上短信息服务的,能够防范、清除以群发方式发送伪造、隐匿信息发送者真实标记的电子邮件或者短信息。

4. 提供互联网数据中心服务的单位和联网使用单位应当落实的安全技术保护技术措施

提供互联网数据中心服务的单位和联网使用单位除落实最基本的互联网安全保护技术措施外,还应当落实具有以下功能的安全保护技术措施:(1)记录并留存用户注册信息;(2)在公共信息服务中发现、停止传输违法信息,并保留相关记录;(3)联网使用单位使用内部网络地址与互联网网络地址转换方式向用户提供接入服务的,能够记录并留存用户使用的互联网网络地址和内部网络地址对应关系。

5. 提供互联网上网服务的单位应当落实的安全技术保护措施

提供互联网上网服务的单位除落实最基本的互联网安全保护技术措施外,还应当安装并运行互联网公共上网服务场所安全管理系统。

(四) 互联网服务提供者和联网使用单位的禁止性行为

互联网服务提供者和联网使用单位,不得实施下列破坏互联网安全保护技术措施的行为:(1)擅自停止或者部分停止安全保护技术设施、技术手段运行;(2)故意破坏安全保护技术设施;(3)擅自删除、篡改安全保护技术设施、技术手段运行程序和记录;(4)擅自改变安全保护技术措施的用途和范围;(5)其他故意破坏安全保护技术措施或者妨碍其功能正常发挥的行为。

第三节 网络安全法律规定

网络安全,是指通过采取必要措施,防范对网络的攻击、侵入、干扰、破坏和非法使用以及意外事故,使网络处于稳定可靠运行的状态,以及保障网络数据的完整性、保密性、可用性的能力。2016 年 11 月 7 日,第十二届全国人民代表大会常务委员会第二十四次会议通过了《网络安全法》,自 2017 年 6 月 1 日起实施,这是我国保障包括电子商务在内的网络安全的统一法、基本法,是我国对包括电子商务在内的网络空间治理的第一部法律。

一、网络安全基本原则

(一) 网络空间主权原则

制定《网络安全法》的目的是保障网络安全,维护网络空间主权和国家安全、社会公共利益,保护公民、法人和其他组织的合法权益,促进经济社会信息化健康发展。国家采取措施,监测、防御、处置来源于中华人民共和国境内外的网络安全风险和威胁,保护关键信息基础设施免受攻击、侵入、干扰和破坏,依法惩治网络违法犯罪活动,维护网络空间安全和秩序。

境外的机构、组织、个人从事攻击、侵入、干扰、破坏等危害中华人民共和国的关键信息基础设施的活动,造成严重后果的,依法追究法律责任;国务院公安部门和有关部门并可以决定对该机构、组织、个人采取冻结财产或者其他必要的制裁措施。

国家积极开展网络空间治理、网络技术研发和标准制定、打击网络违法犯罪等方面的国际交流与合作，推动构建和平、安全、开放、合作的网络空间，建立多边、民主、透明的网络治理体系。

(二)网络安全与信息化发展并重的原则

国家遵循积极利用、科学发展、依法管理、确保安全的方针，推进网络基础设施建设和互联互通，鼓励网络技术创新和应用，支持培养网络安全人才，建立健全网络安全保障体系，提高网络安全保护能力。

国家制定并不断完善网络安全战略，明确保障网络安全的基本要求和主要目标，提出重点领域的网络安全政策、工作任务和措施。国家保护公民、法人和其他组织依法使用网络的权利，促进网络接入普及，提升网络服务水平，为社会提供安全、便利的网络服务，保障网络信息依法有序自由流动。

国务院和省、自治区、直辖市人民政府应当统筹规划，加大投入，扶持重点网络安全技术产业和项目，支持网络安全技术的研究开发和应用，推广安全可信的网络产品和服务，保护网络技术知识产权，支持企业、研究机构和高等学校等参与国家网络安全技术创新项目。国家鼓励开发网络数据安全保护和利用技术，促进公共数据资源开放，推动技术创新和经济社会发展。国家支持创新网络安全管理方式，运用网络新技术，提升网络安全保护水平。

(三)共同治理原则

网络空间安全仅仅依靠政府是无法实现的，需要政府、企业、社会组织、技术社群和公民等网络利益相关者的共同参与。

国家网信部门负责统筹协调网络安全工作和相关监督管理工作。国务院电信主管部门、公安部门和其他有关机关依照本法和有关法律、行政法规的规定，在各自职责范围内负责网络安全保护和监督管理工作。县级以上地方人民政府有关部门的网络安全保护和监督管理职责，按照国家有关规定确定。

国家推进网络安全社会化服务体系建设，鼓励有关企业、机构开展网络安全认证、检测和风险评估等安全服务。

国家支持网络运营者之间在网络安全信息收集、分析、通报和应急处置等方面进行合作，提高网络运营者的安全保障能力。有关行业组织应加强行业自律，建立健全本行业的网络安全保护规范和协作机制，加强对网络安全风险的分析评估，定期向会员进行风险警示，支持、协助会员应对网络安全风险。

网络运营者开展经营和服务活动，必须遵守法律、行政法规，尊重社会公德，遵守商业道德，诚实信用，履行网络安全保护义务，接受政府和社会的监督，承担社会责任。建设、运营网络或者通过网络提供服务，应当采取技术措施和其他必要措施，保障网络安全、稳定运行，有效应对网络安全事件，防范网络违法犯罪活动，维护网络数据的完整性、保密性和可用性。

任何个人和组织使用网络应当遵守宪法法律，遵守公共秩序，尊重社会公德，不得危害网络安全，不得利用网络从事危害国家安全、荣誉和利益，煽动颠覆国家政权、推翻社会主义制度，煽动分裂国家、破坏国家统一，宣扬恐怖主义、极端主义，宣扬民族仇恨、民族歧视，传播暴力、淫秽色情信息，编造、传播虚假信息扰乱经济秩序和社会秩序，以及侵害他人名誉、隐私、知识产权和其他合法权益等活动。

任何个人和组织不得从事非法侵入他人网络、干扰他人网络正常功能、窃取网络数据等危害网络安全的活动；不得提供专门用于从事侵入网络、干扰网络正常功能及防护措施、窃取网络数据等危害网络安全活动的程序、工具；明知他人从事危害网络安全的活动的，不得为其提供技术支持、广告推广、支付结算等帮助。

任何个人和组织有权对危害网络安全的行为向网信、电信、公安等部门举报。收到举报的部门应当及时依法作出处理；不属于本部门职责的，应当及时移送有权处理的部门。有关部门应当对举报人的相关信息予以保密，保护举报人的合法权益。

（四）实名制原则

网络运营者为用户办理网络接入、域名注册服务，办理固定电话、移动电话等入网手续，或者为用户提供信息发布、即时通讯等服务，在与用户签订协议或者确认提供服务时，应当要求用户提供真实身份信息。用户不提供真实身份信息的，网络运营者不得为其提供相关服务。国家实施网络可信身份战略，支持研究开发安全、方便的电子身份认证技术，推动不同电子身份认证之间的互认。

（五）未成年人网络环境特别保护原则

国家支持研究开发有利于未成年人健康成长的网络产品和服务，依法惩治利用网络从事危害未成年人身心健康的活动，为未成年人提供安全、健康的网络环境。

二、计算机信息系统安全等级制度

《网络安全法》规定，国家实行网络安全等级保护制度。网络运营者应当按照网络安全等级保护制度的要求，履行下列安全保护义务，保障网络免受干扰、破坏或者未经授权的访问，防止网络数据泄露或者被窃取、篡改：(1)制定内部安全管理制度和操作规程，确定网络安全负责人，落实网络安全保护责任；(2)采取防范计算机病毒和网络攻击、网络侵入等危害网络安全行为的技术措施；(3)采取监测、记录网络运行状态、网络安全事件的技术措施，并按照规定留存相关的网络日志不少于 6 个月；(4)采取数据分类、重要数据备份和加密等措施；(5)法律、行政法规规定的其他义务。

网络产品、服务应当符合相关国家标准的强制性要求。网络产品、服务的提供者不得设置恶意程序;发现其网络产品、服务存在安全缺陷、漏洞等风险时,应当立即采取补救措施,按照规定及时告知用户并向有关主管部门报告。网络产品、服务的提供者应当为其产品、服务持续提供安全维护;在规定或者当事人约定的期限内,不得终止提供安全维护。

目前,关于网络安全等级保护制度的配套规定尚未出台。此前,我国《计算机信息系统安全保护条例》规定了计算机信息系统安全等级保护制度,下面做一简要介绍。

(一)计算机信息系统安全保护

计算机信息系统是指由计算机及其相关的和配套的设备、设施(含网络)构成的,按照一定的应用目标和规则对信息进行采集、加工、存储、传播、检索等处理的人机系统。

计算机信息系统的安全保护应当保障计算机及其相关的和配套的设备、设施(含网络)的安全、运行环境的安全,保障信息的安全,保障计算机功能的正常发挥,以维护计算机信息系统的安全运行,计算机信息系统的安全保护工作,重点维护国家事务、经济建设、国防建设、尖端科学技术等重要领域的计算机信息系统的安全。

计算机信息系统安全等级是指国家根据信息系统处理信息的敏感程度、业务应用性质和部门重要程度所确认的信息系统安全保护能力。计算机信息系统安全等级制度是按照计算机信息系统安全保护能力的不同进行等级划分的制度。

《计算机信息系统安全保护条例》《网络安全法》规定,计算机信息系统实行安全等级保护。安全等级的划分标准和安全等级保护的具体办法由公安部会同有关部门制定,主要有《计算机信息系统安全保护等级划分准则》和《计算机信息系统安全保护等级划分准则应用指南》以及《计算机信息系统安全保护等级评估准则》。

(二)计算机信息系统安全等级

《计算机信息系统安全等级划分准则》将计算机信息系统的安全保护等级划分为用户自主保护级、系统审计保护级、安全标记保护级、结构化保护级、访问验证保护级等五个级别。由低到高依次为:

1. 用户自主保护级

这一级的计算机信息系统可信计算基通过隔离用户与数据,使用户具备自主安全保护的能力。它具有多种形式的控制能力,对用户实施访问控制,即为用户提供可行的手段,保护用户和用户组的信息,避免其他用户对数据的非法读写与破坏。包括自主访问控制、身份鉴别、数据完整性等内容。

2. 系统审计保护级

这一级与用户保护级相比，计算机信息系统可信计算基实施了粒度更细的自主访问控制，它通过登录规程、审计安全性相关时间和隔离资源，使用户对自己的行为负责。包括自主访问控制、身份鉴别、客体重用、审计、数据完整性等内容。

3. 安全标记保护级

这一级的计算机信息系统可信计算基具有系统审计保护级所有功能。此外，还提供有关安全策略模型、数据标记以及主体对客体强制访问控制的非形式化描述；具有准确地标记输出信息的能力；消除通过测试发现的任何错误。包括自主访问控制、强制访问控制、标记、身份鉴别、客体重用、审计、数据完整性等内容。

4. 结构化保护级

这一级的计算机信息系统可信计算基建立于一个明确定义的形式化安全策略模型之上，它要求将第三极系统中的自主和强制访问控制扩展到所有主体与客体。此外，还要考虑隐蔽通道。这一级的计算机信息系统可信计算基必须结构化为关键保护元素和非关键保护元素。

计算机信息系统可信计算基的接口也必须明确定义，使其设计与实施能经受更充分的测试和更完整的复审，加强了鉴别机制；支持系统管理员和操作员的职能；提供可信设施管理；增强了配置管理控制。系统具有相当的抗渗透能力，包括自主访问控制、强制访问控制、标记、身份鉴别、客体重用、审计、数据完整性、隐蔽信道分析、可信路径等内容。

5. 访问验证保护级

这一级的计算机信息系统可信计算基满足访问监控器需求。访问监控器仲裁主体对客体的全部访问。访问监控器本身是抗篡改的；必须足够小，能够分析和测试。为了满足访问监控器需求，计算机信息系统可信计算基在其构造时，排除那些对实施安全策略来说并非是必要的代码；在设计和实现时，从系统工程角度将其复杂程度降低到最小程度。

支持安全管理员职能；扩充审计机制，当发生与安全相关的事件时发出信号；提供系统恢复机制，系统具有很高的抗渗透能力。包括自主访问控制、强制访问控制、标记、身份鉴别、客体重用、审计、数据完整性、隐蔽信道分析、可信路径、可信恢复等内容。

三、关键信息基础设施的运行安全制度

（一）关键信息基础设施的范围

国家对公共通信和信息服务、能源、交通、水利、金融、公共服务、电子政务

等重要行业和领域，以及其他一旦遭到破坏、丧失功能或者数据泄露，可能严重危害国家安全、国计民生、公共利益的关键信息基础设施，在网络安全等级保护制度的基础上，实行重点保护。关键信息基础设施的具体范围和安全保护办法由国务院制定。国家鼓励关键信息基础设施以外的网络运营者自愿参与关键信息基础设施保护体系。

按照国务院规定的职责分工，负责关键信息基础设施安全保护工作的部门分别编制并组织实施本行业、本领域的关键信息基础设施安全规划，指导和监督关键信息基础设施运行安全保护工作。建设关键信息基础设施应当确保其具有支持业务稳定、持续运行的性能，并保证安全技术措施同步规划、同步建设、同步使用。

网络关键设备和网络安全专用产品应当按照相关国家标准的强制性要求，由具备资格的机构安全认证合格或者安全检测符合要求后，方可销售或者提供。国家网信部门会同国务院有关部门制定、公布网络关键设备和网络安全专用产品目录，并推动安全认证和安全检测结果互认，避免重复认证、检测。

（二）国家网信部门对关键信息基础设施的安全保护职责

根据《网络安全法》的规定，国家网信部门应当统筹协调有关部门对关键信息基础设施的安全保护采取下列措施：

(1) 对关键信息基础设施的安全风险进行抽查检测，提出改进措施，必要时可以委托网络安全服务机构对网络存在的安全风险进行检测评估。

(2) 定期组织关键信息基础设施的运营者进行网络安全应急演练，提高应对网络安全事件的水平和协同配合能力。

(3) 促进有关部门、关键信息基础设施的运营者以及有关研究机构、网络安全服务机构等之间的网络安全信息共享。

(4) 对网络安全事件的应急处置与网络功能的恢复等，提供技术支持和协助。

（三）关键信息基础设施运营者的安全保护义务

《网络安全法》规定，关键信息基础设施的运营者应当履行下列安全保护义务：

(1) 设置专门安全管理机构和安全管理负责人，并对该负责人和关键岗位的人员进行安全背景审查。

(2) 定期对从业人员进行网络安全教育、技术培训和技能考核。

(3) 对重要系统和数据库进行容灾备份。

(4) 制定网络安全事件应急预案，并定期进行演练。

(5) 关键信息基础设施的运营者采购网络产品和服务，可能影响国家安全的，应当通过国家网信部门会同国务院有关部门组织的国家安全审查。

(6) 关键信息基础设施的运营者采购网络产品和服务，应当按照规定与提供者签订安全保密协议，明确安全和保密义务与责任。

(7) 关键信息基础设施的运营者在中华人民共和国境内运营中收集和产生的个人信息和重要数据应当在境内存储。因业务需要，确需向境外提供的，应当按照国家网信部门会同国务院有关部门制定的办法进行安全评估；法律、行政法规另有规定的，依照其规定。

(8) 关键信息基础设施的运营者应当自行或者委托网络安全服务机构对其网络的安全性和可能存在的风险每年至少进行一次检测评估，并将检测评估情况和改进措施报送相关负责关键信息基础设施安全保护工作的部门。

(9) 网络运营者应当制定网络安全事件应急预案，及时处置系统漏洞、计算机病毒、网络攻击、网络侵入等安全风险；在发生危害网络安全的事件时，立即启动应急预案，采取相应的补救措施，并按照规定向有关主管部门报告。

(10) 法律、行政法规规定的其他义务。

知识链接

个人信息

《网络安全法》第七十六条规定：个人信息，是指以电子或者其他方式记录的能够单独或者与其他信息结合识别自然人个人身份的各种信息，包括但不限于自然人的姓名、出生日期、身份证件号码、个人生物识别信息、住址、电话号码等。

END

四、网络信息安全制度

（一）网络运营者的网络信息安全义务

网络运营者应当对其收集的用户信息严格保密，并建立健全用户信息保护制度。网络运营者收集、使用个人信息，应当遵循合法、正当、必要的原则，公开收集、使用规则，明示收集、使用信息的目的、方式和范围，并经被收集者同意。网络运营者不得收集与其提供的服务无关的个人信息，不得违反法律、行政法规的规定和双方的约定收集、使用个人信息，并应当依照法律、行政法规的规定和与用户的约定，处理其保存的个人信息。

网络运营者不得泄露、篡改、毁损其收集的个人信息；未经被收集者同意，不得向他人提供个人信息。但是，经过处理无法识别特定个人且不能复原的除外。

网络运营者应当采取技术措施和其他必要措施，确保其收集的个人信息安全,防止信息泄露、毁损、丢失。在发生或者可能发生个人信息泄露、毁损、丢失的情况时,应当立即采取补救措施,按照规定及时告知用户并向有关主管部门报告。

网络运营者应当加强对其用户发布的信息的管理,发现法律、行政法规禁止发布或者传输的信息的,应当立即停止传输该信息,采取消除等处置措施,防止信息扩散,保存有关记录,并向有关主管部门报告。

网络运营者应当建立网络信息安全投诉、举报制度,公布投诉、举报方式等信息,及时受理并处理有关网络信息安全的投诉和举报。

个人发现网络运营者违反法律、行政法规的规定或者双方的约定收集、使用其个人信息的,有权要求网络运营者删除其个人信息;发现网络运营者收集、存储的其个人信息有错误的,有权要求网络运营者予以更正。网络运营者应当采取措施予以删除或者更正。

(二) 网络信息安全守法义务

任何个人和组织不得窃取或者以其他非法方式获取个人信息,不得非法出售或者非法向他人提供个人信息;不得设立用于实施诈骗,传授犯罪方法,制作或者销售违禁物品、管制物品等违法犯罪活动的网站、通讯群组,不得利用网络发布涉及实施诈骗,制作或者销售违禁物品、管制物品以及其他违法犯罪活动的信息;发送的电子信息、提供的应用软件,不得设置恶意程序,不得含有法律、行政法规禁止发布或者传输的信息;电子信息发送服务提供者和应用软件下载服务提供者,应当履行安全管理义务。

(三) 国家网信部门的信息安全监管职责

国家网信部门和有关部门依法履行网络信息安全监督管理职责,发现法律、行政法规禁止发布或者传输的信息的,应当要求网络运营者停止传输,采取消除等处置措施,保存有关记录;对来源于中华人民共和国境外的上述信息,应当通知有关机构采取技术措施和其他必要措施阻断传播。

依法负有网络安全监督管理职责的部门及其工作人员,必须对在履行职责中知悉的个人信息、隐私和商业秘密严格保密,不得泄露、出售或者非法向他人提供。

五、监测预警与应急处置制度

(一) 监测预警机制

国家建立网络安全监测预警和信息通报制度。国家网信部门应当统筹协调有关部门加强网络安全信息收集、分析和通报工作,按照规定统一发布网络安全监测预警信息。

负责关键信息基础设施安全保护工作的部门,应当建立健全本行业、本领域的网络安全监测预警和信息通报制度，并按照规定报送网络安全监测预警信息。

省级以上人民政府有关部门在履行网络安全监督管理职责中，发现网络存在较大安全风险或者发生安全事件的，可以按照规定的权限和程序对该网络的运营者的法定代表人或者主要负责人进行约谈。网络运营者应当按照要求采取措施，进行整改，消除隐患。

网络安全事件发生的风险增大时，省级以上人民政府有关部门应当按照规定的权限和程序，并根据网络安全风险的特点和可能造成的危害，采取下列措施：(1)要求有关部门、机构和人员及时收集、报告有关信息，加强对网络安全风险的监测；(2)组织有关部门、机构和专业人员，对网络安全风险信息进行分析评估，预测事件发生的可能性、影响范围和危害程度；(3)向社会发布网络安全风险预警，发布避免、减轻危害的措施。

（二）应急处置机制

国家网信部门协调有关部门建立健全网络安全风险评估和应急工作机制，制定网络安全事件应急预案，并定期组织演练。负责关键信息基础设施安全保护工作的部门应当制定本行业、本领域的网络安全事件应急预案，并定期组织演练。网络安全事件应急预案应当按照事件发生后的危害程度、影响范围等因素对网络安全事件进行分级，并规定相应的应急处置措施。

发生网络安全事件，应当立即启动网络安全事件应急预案，对网络安全事件进行调查和评估，要求网络运营者采取技术措施和其他必要措施，消除安全隐患，防止危害扩大，并及时向社会发布与公众有关的警示信息。

因网络安全事件，发生突发事件或者生产安全事故的，应当依照我国《突发事件应对法》《安全生产法》等有关法律、行政法规的规定处置。

因维护国家安全和社会公共秩序，处置重大突发社会安全事件的需要，经国务院决定或者批准，可以在特定区域对网络通信采取限制等临时措施。

复习思考题

1. 电子商务安全的内容是什么？
2. 主要的电子商务安全隐患是什么？
3. 电子商务活动安全性的要求是什么？
4. 电子商务安全的监督管理机构有哪些？其监督管理职责是什么？
5. 电子商务安全法律制度及其主要内容是什么？

第十章 电子商务争议解决机制

学习目标

1. 掌握商事争议管辖权的规则；了解电子商务环境下确定管辖权面临的问题；
2. 掌握法律责任的概念、种类；
3. 了解电子商务活动法律责任的特点。

与电子商务有关的民事争议，当事人可以协商解决，也可以选择仲裁、诉讼等方式解决，与传统民事争议解决机制无异。本章主要介绍解决电子商务争议的管辖权和违法电子商务行为应当承担的法律责任。电子商务突破了传统商务交易的时空界限，交易双方互不见面，交易的地点灵活，这就使电子商务纠纷案件管辖权的确定成为各国都面临的新问题。明确电子商务争议管辖权和电子商务中的法律责任，对于解决电子商务纠纷、促进电子商务活动的健康发展具有十分重要的意义。

第一节　电子商务争议管辖权的国际规则

一、管辖权概述

（一）管辖权的概念

管辖权的概念有广义和狭义两种理解。

广义的管辖权是从国际法的角度而言的国家管辖权。国家管辖权是指国家通过立法、司法和行政等手段对特定的人、物、事进行管理和处置的权力，是国家固有的、根本性权力之一，是国家主权的直接体现。

狭义的管辖权是从国内法的角度而言的司法管辖权，是指一国法院系统内部不同级别、不同地区的法院受理案件的权限，解决的是纠纷当事人应该向哪一个法院提起诉讼的程序问题，一般是由国内诉讼法具体规定的。

在国际上,各国依据不同的原则确定管辖权的范围,形成以下几种管辖原则:

1. 属地管辖权

属地管辖权,又称为地域管辖权、领土管辖权,是根据地域确定管辖范围的管辖权,指国家对主权范围内一切不享有特权和豁免权的人、物、事都有权进行管辖。国家主权范围包括领土、领空、领水,以及根据国际惯例确定的流动领土范围,即通常是国际法确定的船舶和航空器的范围。

2. 属人管辖权

属人管辖权,又分为公民管辖权和居民管辖权,是指一国根据人的范围来确定管辖范围的管辖权。根据国籍来确定对人的管辖范围的,称为公民管辖权;根据在本国的居住状况来确定对人的管辖范围的称为居民管辖权。根据属人管辖权,凡是被一国确定为管辖范围的人应当接受本国的管辖,而无论该人是否处于该国的地域范围内。

3. 保护性管辖权

保护性管辖权,是指一国为了保护本国的利益以及本国国民的利益而行使的管辖权。根据保护性管辖权,当本国利益或国民的利益受到侵害时,无论该种侵害行为是否发生在本土主权范围内,该国政府都可以行使管辖权。

因为保护性管辖权强调本国政府针对域外发生的侵害本国或本国国民利益的行为的管辖权,会涉及别国主权的行使,因此,并不是在所有的领域都可以行使保护管辖权,通常是指国家对在本国领土范围外、凡有危害该国国家安全、领土完整、政治独立以及其他重大政治、经济利益等罪行的外国人进行管辖的权利。

4. 普遍性管辖权

普遍性管辖权,是指依据普遍性原则确定的管辖权。普遍性原则又称世界性原则,以保护各国的共同利益为标准,不论犯罪人的国籍、地点在哪一国家的领域内,只要发生国际条约所规定的侵害各国共同利益的犯罪,就可以实施逮捕并有权根据本国刑法加以处罚。是主权国家对任何人、在任何地域从事的严重危害国际社会利益的国际罪行进行管辖的权利。

知识链接

各国为了充分保护本国的利益,通常同时根据几种原则来确定本国的管辖权,同时行使几种管辖权。例如大部分更加在税收上同时行使地域管辖权和居民管辖权;很多国家在刑法上根据自身需要而同时行使多种管辖权,如我国《刑法》同时规定四种管辖权。只有极少数国家或地区在某些领域选择形式单一管辖权。

(二)确定国际民事诉讼管辖权的意义

在国际民事诉讼中,管辖权是指依据国际条约和国内法对特定的涉外民商事案件行使审判的权限和资格,解决一国根据何种原则、规则来确定国内法院有无审理涉外民事案件的权限问题。从根本上说,一国法院对某一具体的涉外民事案件进行管辖是各国行使国家主权的一种具体方式,是该国享有的国际法意义上的管辖权的体现。

此外,由于各国法律规定及处理法律问题的程序不同,同一案件由不同国家管辖可能会产生不同的法律后果,因此,管辖权问题直接关系到案件的审理结果,进而对诉讼当事人的利益也具有重要影响。

(三)确立国际民事诉讼管辖权的原则

国际民事诉讼案件的管辖权究竟应如何确定,长期以来都是由各国的国内法和国际私法加以规定的,通常的原则主要有:

1. 地域管辖原则

地域管辖原则是指在确定某一具体案件应当由哪一国的法院管辖时,应该把地域作为确定管辖权的基础。在确定地域管辖时通常依据当事人住所地、行为人出现地、行为发生地和标的物所在地等。

(1) 当事人住所地

住所是当事人固定的居住场所,包括原告住所地和被告住所地。有的国家,如中国、德国、日本、奥地利、希腊、泰国等国家基本上采用以被告住所地确定管辖权的原则。有的国家,如以英国和美国为代表的普通法系的国家则以当事人住所地(原告住所地、被告住所地)为确定管辖权的原则。

(2) 被告人出现地

只要起诉时被告在本国境内,能够被送达起诉书和传票,本国法院就有管辖权。普通法系的国家大多采用此原则。

(3) 行为发生地

根据行为发生地确定管辖权是以构成法律关系的法律行为作为对象,主要用来解决因行为方式而产生的管辖权冲突问题。行为发生地通常包括合同的缔结地、合同的履行地、侵权行为的发生地、侵权行为的结果地、婚姻关系的缔结地等。

(4) 标的物所在地

根据标的物所在地确定管辖权,是以民商事法律关系中标的物所在地作为确定管辖权的出发点。这是解决有关因物权而发生的民商事纠纷中适用的首要原则。

2. 国籍管辖原则

国籍管辖原则是指把当事人(原告、被告均可)的国籍作为确定法院管辖权的基础。国籍是法律关系主体隶属于一个国家的一种法律资格，是其享有该国法律管辖和保护的依据。在现代社会中，自然人、法人以及航空器、船舶等都具有自己的国籍，国籍成为这些法律关系主体或重要标的物和有关国家建立管辖关系的重要连接点。

3. 意思自治原则

各国都规定意思自治原则是调整民事法律关系的重要原则，在国内民事法律关系和国际法律关系上，各国都有把当事人的选择作为确定管辖权依据的规定，这是一项重要的确立管辖权的原则，一般用于解决涉外合同关系。

二、电子商务争议对传统管辖权提出的新问题

传统法律领域确定管辖权时需要存在一个相对稳定、明确的关联因素，如当事人的国籍、住所地、经常居住地、合同签订地、合同履行地以及财产所在地等。但是，在网络环境下的电子商务活动中，大量的活动在虚拟的网络空间完成，上述因素与交易的关联性越来越弱，甚至无法确定其关联关系，这就使传统的确定管辖权的原则在适用于网络空间发生的纠纷时遇到困难。

1. 网络位置与某一国家的地理位置没有必然联系

网络环境下，大量的交易主体在相互不知道对方物理位置的情况下进行交易，电子商务活动主体可以在任何能够连接互联网的地点——“位置”完成电子商务活动，其活动与某一国家或地区的联系丧失，因此，没有必要将其在网络上的“位置”与某一特定国家或地区的法律领域建立必要的联系。

知识链接

在网络环境下，地理位置不重要，唯一重要的是构成计算机网址的“位置”，这实际上给确定地域管辖权形成了实质性的障碍。

END

2. 信息来源地具有不确定性

互联网经常使用高速缓冲器，这是服务器复制信息的方法，使以后对某一网址的访问能够节省时间。为更好地管理信息传输，互联网服务器可以将经常访问的网址中的资料部分或全部复制并存储下来，这一过程对于提高网速非常重要。但是互联网用户不会知道由缓冲器储存的信息和最初信息之间的差别，分辨不出所显示的信息是来自信息的实际来源地还是缓冲存储器。

3. 超链接使网址具有多样性

互联网的一个实用价值是超链接，即允许不同网址不论位置而相互连接，这使得网络环境下的电子商务活动可能出现多个不同的链接点。当一个网址位于某法院的管辖范围内时，通过链接的第二个网址却不一定位于该法院的管

辖范围内。因此,多链接以及多地域范围内链接的存在也是确定网络环境下管辖权的障碍。

在现实世界的不同地域,人们在跨越国界时可以清楚地知道各地域法律的不同,也较容易在不同的法律环境下遵守当地的法律。但是,网络无地理界限的特性使现实世界中的领土疆域在网络中不具备任何功能,因此,人们不能把物理空间中已经发展成熟形成完整体系的有关管辖权的法律制度直接照搬到网络空间中。为使网络空间中的纠纷得到公平的解决,各国必须对现有的确立管辖权的规则进行适当修正、补充和发展,以适应电子商务的迅速发展。

三、网络争议管辖权的国际立法

为合理确定对网络纠纷的管辖权,协调各国的管辖权纠纷,国际社会做出很大努力,取得一定成果,为各国解决网络管辖权问题提供了重要的参考依据。

1. 欧盟的《布鲁塞尔规则》

欧盟调整国际管辖权纠纷的主要公约是《民商事案件管辖权和判决执行公约》(以下简称《布鲁塞尔公约》),确立了关于跨境交易中产生的管辖权争议规则。

知识链接

为应对网络对管辖权的冲击。2000 年 12 月,欧盟颁布了《民商事案件管辖权和判决执行公约》,取代了原有的《布鲁塞尔公约》,成为电子商务条件下规范欧盟成员国之间民商事司法管辖制度的基础性法律。

END

《布鲁塞尔公约》确立新的消费者合同的司法管辖制度,重申被告住所地管辖的原则,同时增加了有关消费者合同纠纷管辖的特别规则,即在消费者受广告和针对消费者的购买邀请而采取必要步骤在消费者居住地国订立合同的情况下,合同的司法管辖按照以下原则处理:

(1) 当消费者作为原告时,消费者可以选择在被告企业设立地签约国法院起诉,也可以选择在自己居住国法院起诉。

(2) 当消费者作为被告受到起诉时,只能由其居住国法院管辖。根据这一规定,从事电子商务的企业在同消费者发生合同纠纷时,势必面临在各成员国起诉的局面,因此,《布鲁塞尔公约》区别了两种情况:一是企业所从事的商业活动"直接指向消费者所居住的成员国"时,作为原告的消费者有权选择(本国)法院管辖;二是企业得以证明所从事的商业活动并非"直接指向"该消费者住所地成员国时,消费者只能接受法定法院的管辖。

《布鲁塞尔公约》事实上采取的是消费者合同目的地国管辖原则,并作为传统的“原告就被告”管辖原则的特别规定，增加了在电子商务中对消费者的保护。

2. 海牙国际私法会议的进展

海牙国际私法会议从1997年起召开特别委员会，致力于解决由于互联网的出现而带来的管辖权问题，以及民商事国外判决的效力问题。1999年10月，海牙会议发布《有关管辖权及外国民商事判决问题的初步草案》(以下简称《海牙草案》)，其目的在于：调和各国管辖权的规定，并限制在若干适格管辖法院提出诉讼，以避免多数的诉讼程序之可能及冲突的发生；简化并促进外国判决之承认与执行，在草案中提供可供遵守的规则。

《海牙草案》确立“禁止管辖权”(prohibited jurisdiction)。第18条规定，被告的惯常居住地在某一缔约国时，如果在该国和争议之间不存在实质性联系(substantial connection)，该缔约国不得根据国内法适用管辖规则。

《海牙草案》第7条对消费者合同的管辖权作出规定：如果消费者所请求的是有关被告在消费者惯常居住地所在国有贸易或者专业活动，特别是经大众招揽商业之行为，并且消费者为了订立合同在该国采取了必要的措施时，就可以在该惯常居住地对商家提起诉讼。但是，商家只能在消费者惯常居住地对消费者提起诉讼。

2000年2月28日至3月1日，海牙国际私法会议在加拿大渥太华召开工作组会议，就电子商务对传统管辖权规则的影响展开讨论，议题主要针对电子合同。

(1) 商务合同(B2B contract)

电子合同可以分为“网上履行的合同”和“非网上履行的合同”，二者都是在网上订立的，前者在网上履行，后者不在网上履行，后者仍然存在一个实际履行的地点，因此传统的管辖原则对其可以适用。但是对前者是否适用仍有争议。

关于网上履行的处所。英国首先建议，凡是涉及网上以电子形式提供信息的事项，由信息传送地管辖，该信息传送地应被理解为接收者为信息的传送而提供的地理处所。法国、德国表示反对，认为电子信息产品的接收者没有义务向对方提供自己接收信息的地理处所，接收者可能随意提供自己的若干地理处所中的一个，可能导致该处所与交易并没有任何实质联系。

丹麦提出，凡是涉及提供电子信息的事项，由信息收到地管辖，这样不违背第八条的基本原则的同时，又能满足电子合同的特殊要求。我国香港地区的代表支持丹麦的建议，并且阐明香港法院在实践中确定“信息收到地”的方法，首先将其理解为“接收地营业处所”；如果无法确定，就依据“下载信息”的地点确定。但是，英国、德国都反对，丹麦的建议没有能够解决处所(localization)的问题。

(2) 消费者合同(B2C contract)

关于电子形式的消费者合同管辖权争议更多地体现为政策问题,而不单纯是法律问题。法国、德国、丹麦、欧洲消费者联盟等主张由消费者惯常居所地法院管辖,因为消费者个人与公司签订电子形式的合同仍然处于相对弱势。英国、美国、日本等国主张应适当保护公司的利益,认为在公司经营的地理范围空前扩大的情况下,适用消费者惯常居所地法院管辖原则将使公司面临在全球被起诉的风险,诉讼缺少预见性和公正性,可能阻碍电子商务的发展。

英国、瑞士等国提出以"ADR(Alternative Disputes Resolution)"方式,主张建立一个独立的法庭"tribunal"解决涉及消费者的合同争议,建议学习新加坡在网络上审案的方式。

2001年6月,海牙会议再次召开,但是大会对于解决消费者争议的问题仍然没有达成一致,表明国际社会对于网络管辖权的问题,尤其是对于消费者合同的管辖权的确定,还存在较大分歧,这种分歧似乎并非短时期内可以解决。

2003年1月、3月,海牙国际私法会议分别召开《法院选择协议公约》非正式工作组第二次和第三次会议,会后提交《法院选择协议公约工作组草案》,大大缩减原管辖权公约的内容,仅以"法院选择协议"作为管辖的唯一基础。4月,"总务与政策"特委会就工作组草案能否作为管辖权公约下一步谈判基础征求各国意见。获得包括中国在内的多数国家的支持后,海牙国际私法会议于12月召开"法院选择协议公约"第一次特委会会议:主要讨论工作组草案,对公约范围、法院选择协议的实质有效性等重大分歧达成妥协,基本上完成草案的一稿。

中国对上述公约的范围持灵活态度,但是反对在公约中规定政治性条款,强调公约的规定应平衡不同国家和法律制度的特点和关注。

四、各国在网络争议管辖权问题上的司法实践

1. 美国的司法实践

美国的电子商务发展较为成熟,目前已有很多涉及网络管辖权的案例,这些司法实践活动具有很高的参考价值。其中有一个经典案例是CompuServe与Patterson的商标案。

案例 10-1

CompuServe 与 Patterson 的商标争议案

CompuServe公司的一个用户,休斯敦的一名软件开发商Patterson和该公司签订一个销售软件的在线服务协议。Patterson起诉CompuServe公司侵犯

了他在普通法下的某些商标权。CompuServe 公司在俄亥俄州联邦地方法院提起诉讼,要求法院作出宣告式判决的诉讼(declaratory judgment action),作出未侵权判决。

地区法院认为该争议不是直接由被告和原告的用户协议引起的,被告从来没有到过俄亥俄州,并且他和原告的协议是通过他在德克萨斯州的计算机订立的,和俄亥俄州没有任何充分的联系使得法院可以行使管辖权,因此地区法院驳回了此案。第六巡回上诉法院驳回该判决并发回重审。

在判决中,巡回法院对被告与法院之间的联系作了详尽、合理的分析,认为尽管被告是通过其在休斯敦的计算机和原告签订协议,但是该协议明确规定将受俄亥俄州法律调整,并且被告将其软件传输到原告早俄亥俄州的系统,而有意获得在俄亥俄州做生意的特权,因此被告和俄亥俄州有充分的联系。

被告与俄亥俄州的解除虽然是通过国际互联网发生的,但是这种由下载人、买卖合同、电子邮件和传统邮件组成的电子联系(electronic link)与传统联系的区别仅在于媒介的不同,被告与法院地发生联系的事实是一样。

法院分析了被告行为的性质,认定这种电子邮件解除已经构成了被告在俄亥俄州做生意的要件,认为"问题的关键在于被告与俄亥俄州的联系是否充分到合理预期自己可能会在俄亥俄州被起诉"。被告与原告签订了适用俄亥俄州法律的书面合同,并通过与其在该州系统的反复联系有目的地使这种联系存在下去。

法院强调当事人之间书面合同及俄亥俄州法律被选择适用。这种长期合同关系使被告能够有目的地使自己通过在俄亥俄州的商业行为获得利益,并且本诉讼的发生是被告与俄亥俄州存在联系的结果,因此,法院认为俄亥俄州法院对其行使管辖权是合理的。但同时,第六区巡回法院也强调:做出这样的判决不等于承认原告可以在俄亥俄州起诉任何该公司的普通用户,也并不是说被告在任何可以购买到它的软件的州都可以被起诉。

分析:法院的判决说明了一种观点:在确定管辖权时,分析问题的重点应放在当事人之间的关系上,不是局限于与这种联系产生的方式上。当被告的行为已经与发源地存在最低限度的联系时,通过国际互联网的新的连接方式不会影响法院对被告行使管辖权。

资料来源:《网络法律评论》,2004(1),17 页。

END

1997 年,宾夕法尼亚州地区法院在 Zippo Manufacturing Co. 对 Zippo Dot Com Inc. 案件中创立了著名的"滑动标尺"的标准,作为属人管辖权的依据,并在以后的案件中多次被引用。在这一起网络侵权案中,加州一家名叫 Zippo 的网络新闻服务商注册了域名"Zippo. Com""Zippo. net""Zippo-news. com",宾夕法尼亚州另一家叫 Zippo 的灯具制造商因此在本州提起商标权侵权诉讼。被告辩称其在宾州无办公场所、雇员或代理人。只是在其互联网主页上刊登了服务广告,能被宾州居民所接触。

然而法院发现被告不仅是在互联网上发广告,实际上被告向宾州约300名订购者出售了密码,并且为此优化服务,在宾州与互联网接入服务提供者签订了9份合同。

法院认为网络管辖权必须在一个带滑动的标尺上(on a sliding scale)考虑,这个"滑动标尺"的标准和成熟的属人管辖权原则是一致的。在这个标尺的一端存在的情形是被告很明显地通过互联网做生意,例如被告与外法域的居民订立合同通过互联网传输计算机文件,适用属人管辖权是恰当的。在标尺的另一端,被告只是在互联网上张贴信息。

一个消极存在的网址只是提供了信息,感兴趣的人可以获得这些信息,这不足以成为行使管辖权的依据。而在中间地段存在的是互动性的网址,用户可以和主机交换信息,在这些情况下是否存在管辖权,要通过对于在网络中发生的信息互动的程度和商业特征来判断。此外,法院指出,如果所谓产生管辖权的行为同时也是诉讼争议的活动时,法院拥有管辖权就更加适当了。

法院在判决中重申确定属人管辖权的合理性的三方面分析:被告和法院所在的州居民存在充分的"最低联系";针对被告的主张正是产生于这些联系的;管辖权的行使合理。基于这样观点,由于被告实际上已经和宾州居民进行了数以百计的交易,法院因此拥有管辖权。

2. 法国的司法实践

在法国,最为著名的是Yahoo案。2000年4月,法国互联网用户发现Yahoo英文网站拍卖纳粹物品,包括宣扬种族主义的纳粹大事记和一些有关的纪念品,而法国法律是禁止纳粹物品在网上拍卖的。随后,Yahoo公司被法国有关团体告上巴黎的法庭。

Yahoo公司辩称,拍卖是由英文Yahoo.com主办的,而Yahoo的法语用户网站Yahoo.fr并没有主办这类拍卖,Yahoo.com的业务是由美国政府管辖,美国宪法规定有言论自由,因而不能限制纳粹物品的网上拍卖。但是,这一辩护并没有得到法国法院的支持。2000年11月,法国法院认为,Yahoo允许法国消费者接入它的网站用作拍卖纳粹物品的部分,违反了法国禁止展示和销售纳粹物品的法律。

法院判决Yahoo必须设置过滤器以阻止法国的用户接入拍卖纳粹物品的网站部分,否则在其遵守法院命令之前要承担每天大约13000美元的罚金。此后,Yahoo在美国圣何塞市的北加州联邦地方法院提起诉讼,要求法院作出宣告性判决,确定对于位于美国的Yahoo,法国法院不具有管辖权。

加州法院拒绝了被告请求驳回该起诉的请求,确定法国法院对该案件有管辖权。在论证过程中,法院采取了效果原则,指出法国公民有意地进行能够影响在加州的美国公民的诉讼,因此这些法国公民有目的地利用了美国的法治。

3. 德国的司法实践

在德国曾发生过一起轰动一时的案件:

1995 年 12 月,德国的一名检察官勒令美国 CompuServe 公司必须阻断其于 200 多名新闻讨论群的连线,因为他认为该讨论群包含了可能违法之信息。由于 CompuServe 公司在技术上无法做到只阻断德国使用者进入该讨论群,被迫阻断全世界的 400 万用户进入该讨论群之连线。虽然 CompuServe 公司事后因各界的压力而恢复连线,但该公司德国部门的负责人因此于 1997 年 4 月 16 日被德国检察官以传输色情新纳粹文宣等资讯、违反其法律为由起诉。1998 年 5 月 28 日,德国慕尼黑区法院对此极受瞩目的案件作出判决,判决认定德国 CompuServe 公司负责人应处以有期徒刑两年。

此案件判决结果令网站经营者震惊不已,因而受到众多批评,有人称之为:灾难判决。有网络服务提供商因此认为德国过度管制及法律不确定,从而将服务器系统移出德国。因为本案中德国法律所禁止传输的新纳粹文宣、希特勒影像与某些裸露图片在其他国家并不违法,因此,如果依据德国检察官之要求,等于将德国法律适用到网络世界。

由于各国法律对网络管辖权并无明文规定,故一国对于网络行为行使管辖权可能形成对全世界各地的网络行为具有管辖权;反过来说,人们一旦进入网络世界即有可能须受世界任一国家法律的规范,而且,即使此网络行为在某一国家属于合法,仍可能因为其他国家认为属于违法行为而须受该国管辖。

第二节　我国电子商务争议管辖权的法律制度

一、我国民事诉讼管辖权的一般规定

(一) 级别管辖

级别管辖是确定民事争议应当由哪一级人民法院管辖。我国《民事诉讼法》对于级别管辖的规定是:基层人民法院管辖第一审案件;中级人民法院管辖重大涉外案件、在本辖区有重大影响的案件以及最高人民法院确定由中级人民法院管辖的一审案件;高级人民法院管辖在本辖区有重大影响的第一审民事案件;最高人民法院管辖在全国有重大影响的案件和认为应当由本院审理的一审案件。

(二) 地域管辖

地域管辖是在级别管辖确定的基础上,确定民事争议应当由哪一地的人民

法院管辖。法院对于民事案件的地域管辖分为一般地域管辖、特殊地域管辖和专属管辖。

1. 一般地域管辖

对于普通民事纠纷，通常适用“原告就被告”的原则确定管辖法院，具体规定为：对公民提起的民事诉讼，由被告住所地人民法院管辖；被告住所地与经常居住地不一致的，由经常居住地人民法院管辖。对法人或者其他组织提起的民事诉讼，由被告住所地人民法院管辖。同一诉讼的几个被告住所地、经常居住地在两个以上人民法院辖区的，各该人民法院都有管辖权。

《民事诉讼法》规定了例外情况，下列民事诉讼，由原告住所地人民法院管辖，原告住所地与经常居住地不一致的，由原告经常居住地人民法院管辖：对不在中华人民共和国领域内居住的人提起的有关身份关系的诉讼；对下落不明或者宣告失踪的人提起的有关身份关系的诉讼；对被采取强制性教育措施的人提起的诉讼；对被监禁的人提起的诉讼。

2. 特殊地域管辖

《民事诉讼法》规定的特殊地域管辖的诉讼有：

(1) 因合同纠纷提起的诉讼，由被告住所地或者合同履行地人民法院管辖。合同或者其他财产权益纠纷的当事人可以书面协议选择被告住所地、合同履行地、合同签订地、原告住所地、标的物所在地等与争议有实际联系的地点的人民法院管辖，但不得违反《民事诉讼法》对级别管辖和专属管辖的规定。

(2) 因保险合同纠纷提起的诉讼，由被告住所地或者保险标的物所在地人民法院管辖。

(3) 因票据纠纷提起的诉讼，由票据支付地或者被告住所地人民法院管辖。

(4) 因公司设立、确认股东资格、分配利润、解散等纠纷提起的诉讼，由公司住所地人民法院管辖。

(5) 因铁路、公路、水上、航空运输和联合运输合同纠纷提起的诉讼，由运输始发地、目的地或者被告住所地人民法院管辖。

(6) 因侵权行为提起的诉讼，由侵权行为地或者被告住所地人民法院管辖。

(7) 因铁路、公路、水上和航空事故请求损害赔偿提起的诉讼，由事故发生地或者车辆、船舶最先到达地、航空器最先降落地或者被告住所地人民法院管辖。

(8) 因船舶碰撞或者其他海事损害事故请求损害赔偿提起的诉讼，由碰撞发生地、碰撞船舶最先到达地、加害船舶被扣留地或者被告住所地人民法院管辖。

(9) 因海难救助费用提起的诉讼，由救助地或者被救助船舶最先到达地人民法院管辖。

(10) 因共同海损提起的诉讼,由船舶最先到达地、共同海损理算地或者航程终止地的人民法院管辖。

3. 专属管辖

下列案件,由法律规定的人民法院专属管辖:因不动产纠纷提起的诉讼,由不动产所在地人民法院管辖;因港口作业中发生纠纷提起的诉讼,由港口所在地人民法院管辖;因继承遗产纠纷提起的诉讼,由被继承人死亡时住所地或者主要遗产所在地人民法院管辖。

二、我国关于电子商务争议管辖权的法律规定

电子商务活动当事人之间发生争议的,可以通过协商和解,请求消费者组织、行业协会或者其他依法成立的调解组织调解,向有关部门投诉,提请仲裁机构仲裁,或者向人民法院提起诉讼等方式解决。

《电子商务法》规定,国家鼓励电子商务各方主体建立电子商务在线争议解决机制。电子商务第三方平台可以建立争议解决机制,制定并公示争议解决规则,公平、公正地解决当事人的争议。当事人对通过第三方平台争议解决机制作出的处理决定有异议的,可以依法提请仲裁或者提起诉讼。平台内经营者与第三方平台发生争议,平台内经营者一方人数众多并有共同请求的,可以推选代表人参加协商、调解、仲裁、诉讼活动。

我国《民事诉讼法》中关于管辖的一般原则和具体规定也是在网络环境下确定管辖权时应当遵循的重要依据。

2000 年 11 月 22 日通过的《最高人民法院〈关于审理涉及计算机网络著作权纠纷案件适用法律若干问题的解释〉》(2003 年 12 月 23 日第一次修正,2006 年 11 月 20 日第二次修正),2001 年 6 月 26 日通过的《最高人民法院〈关于审理计算机网络域名民事纠纷案件适用法律若干问题的解释〉》对部分网络争议管辖权做了专门规定。

《最高人民法院〈关于审理涉及计算机网络著作权纠纷案件适用法律若干问题的解释〉》规定,"网络著作权侵权纠纷案件由侵权行为地或者被告住所地人民法院管辖。侵权行为地避开实施被诉侵权行为的网络服务器、计算机终端等设备所在地、难以确定侵权行为地和被告住所地的,原告发现侵权内容的计算机终端等设备所在地可以视为侵权行为地。"

《最高人民法院〈关于审理计算机网络域名民事纠纷案件适用法律若干问题的解释〉》对涉及域名的案件管辖权作出规定,"涉及域名的侵权纠纷案件,由侵权行为地或者被告住所地的中级人民法院管辖。对难以确定侵权行为地和被告住所地的,原告发现该域名的计算机终端等设备所在地可以视为侵权行为地。"

从现行的法律规定看,在侵权纠纷领域,法院依然采取侵权行为地或者被

告住所地人民法院管辖；对难以确定侵权行为地和被告住所地的，原告发现侵权内容（或域名的）计算机终端等设备所在地可以视为侵权行为地，也就是说，如果原告在某一地点（并不限于原告住所地或营业地）接入了该网址，发现侵权内容，就可以在该地起诉被告。

案例 10-2

国内电子商务争议管辖权案例

我国在网络管辖权纠纷方面，较为著名的是“瑞得（集团）公司诉宜宾市翠屏区东方信息服务有限责任公司网页著作权侵权案”。

瑞得公司认为，东方网站主页的内容与“瑞德在线”主页部分内容相近似，被告首页的整体版式、色彩、图案、栏目设置、栏目表头、文案、下拉菜单的运用等，几乎完全照搬了原告的首页，其行为已经构成对原告首页著作权的侵犯，原告请求法院依法追究被告的侵权责任。被告东方公司在提交答辩期间曾对管辖权提出异议，认为被告东方公司的住所地及侵权行为地均不在北京市海淀区，故本案应由四川省宜宾市中级人民法院审理。

在这一起网络著作权侵权纠纷中，北京市海淀区法院首先要解决的是对位于四川的被告是否有管辖权的问题。

海淀区法院认为被告所提出的管辖权异议不能成立，理由是：

(1) 原告公司的主页在制作完成后，储存在其特定的硬盘上并通过自有的www服务器向外界发布的，任何人在任何时间、任何地点通过主机接触（包括浏览、复制）该主页内容，必须经过设置在瑞得公司住所地的服务器及硬盘。鉴于瑞得（集团）公司以主页著作权为由提起诉讼，是基于其主页被复制侵权这一理由，海淀区应当视为侵权行为实施地。

(2) 由于我国目前的联网主机和用户集中分布于海淀区等一些特定地区，因此，海淀区应当视为侵权结果发生地。

(3) 东方公司在提出管辖异议的同时，并未举证证明瑞得（集团）公司的主页内容是瞬间存在的或处于不稳定状态。

因此，东方公司提出的管辖权异议不能成立，海淀区法院对本案有管辖权。东方公司不服，提出上诉，北京市第一中级人民法院维持原判，海淀区得以对案件行使管辖权。

本案表明，我国法院在该裁决中并没有试图突破原有的管辖基础，而是将传统的管辖权规则适用于网络空间。

资料来源：《判例与研究》，2003(3)。

三、我国涉外电子商务民事诉讼的管辖

电子商务争议更容易发生涉外因素。我国确定网络争议国际管辖权的主要法律依据是《民法通则》《民事诉讼法》等相关法律法规和司法解释中关于涉外民事案件管辖权的规定。这些规定当然适用于包含涉外因素的电子商务争议诉讼。下面作简要介绍。

(1) 关于涉外民事诉讼的法律适用

《民事诉讼法》第260条规定,"中华人民共和国缔结或者参加的国际条约同本法有不同规定的,适用该国际条约的规定,但中华人民共和国声明保留的条款除外。"《民法通则》第142条规定:"中华人民共和国缔结或者参加的国际条约同中华人民共和国的民事法律有不同规定的,适用国际条约的规定,但中华人民共和国声明保留的条款除外。""中华人民共和国法律和中华人民共和国缔结或者参加的国际条约没有规定的,可以适用国际惯例。"

(2) 关于涉外民事诉讼的管辖

《民事诉讼法》第265条规定,"因合同纠纷或者其他财产权益纠纷,对在中华人民共和国领域内没有住所的被告提起的诉讼,如果合同在中华人民共和国领域内签订或者履行,或者诉讼标的物在中华人民共和国领域内,或者被告在中华人民共和国领域内有可供扣押的财产,或者被告在中华人民共和国领域内设有代表机构,可以由合同签订地、合同履行地、诉讼标的物所在地、可供扣押财产所在地、侵权行为地或者代表机构住所地人民法院管辖。"

四、电子商务争议管辖权问题的应对措施和建议

电子商务迅速发展的同时,与电子商务、网络有关的纠纷也在大量增加,同时,传统管辖权的确定规则和方法在网络环境下面临着新的问题、新的难题。为了维护正常的交易秩序和市场竞争秩序,充分保护消费者的合法权益,世界各国都必须不断调整现有管辖权的规则,以便在网络纠纷产生之后能够迅速地找到解决纠纷的主体落脚点和规则落脚点,即可以迅速找到管辖法院和所适用的法律规则。

如何解决网络环境下的管辖权,通过考察发达国家的立法实践、司法实践以及分析现有的学说,总结各自的利弊得失,可以发现:在地域性连接因素无法成为涉及网络案件管辖权的基础的条件下,广泛、合法地适用协议管辖,辅之以最密切联系原则,并充分考虑技术可行性原则或许是解决问题的最佳途径。

此外,在确定了网络纠纷管辖权后,网络纠纷案件管辖权的冲突也是各国面临的重要问题。无论依据确定管辖权的传统原则,还是依据适应电子商务发展的新规则,都不可避免地会产生对同一个电子商务纠纷有多个国家都有管辖

权的情况,即发生管辖权冲突。如果冲突不能得到妥善的解决,将极大地影响诉讼效率,损害当事人的合法权益。

在目前的情况下,应从以下两个方面考虑解决管辖权冲突的办法:

(一) 对国内法加以必要的修正

由于缔结国际条约的条件还远未成熟,因此,各国对本国的国内法加以必要的、及时的修正是目前解决电子商务纠纷管辖权冲突的比较可行的办法。

对于大多数国家来说,电子商务正处在发展的初期阶段,关于这方面的立法、司法活动不是很多,解决管辖权冲突的经验严重不足。但是,电子商务的迅猛发展无可阻挡,这就迫使各国的立法机关必须加快本国的立法速度,尽快制定出专门的电子商务法或单行的法律、法规,以满足电子商务活动和发展的需要,解决电子商务中出现的各种问题。

(二) 加强国际电子商务法规建设

加强国际合作,签订适应电子商务发展的有关管辖权的国际条约。电子商务管辖权冲突最终还是要靠国际间的合作,通过签订有关的国际条约来解决。我国《网络安全法》规定了国家积极开展网络空间治理、网络技术研发标准制定和打击网络违法犯罪等方面的国际交流与合作,推动构建和平、安全、开放、合作的网络空间,建立多边、民主、透明的网络治理体系的原则。

现实中已有一些关于管辖权的双边或多边条约,对于解决管辖权冲突起到了积极作用。但是,我们也要看到,由于管辖权涉及国家主权和利益,现有的关于管辖权的国际条约远不能适应形势的需要,而电子商务通过网络进行,其无国界性和分散性的特性,无疑更加大了解决管辖权冲突的难度。但是,传统的关于管辖权的国际条约的成功经验,还是让我们有理由相信,解决电子商务管辖权冲突除签订国际条约这一途径外,别无他法。

在这里应该强调的是,由于在电子商务方面发达国家占据绝对优势,掌握着制定规则的话语权,因此,在签订国际条约时,一定要始终坚持各国主权地位平等的原则,不能忽视发展中国家的利益和要求,应该充分考虑对发展中国家当事人合法权益的保护问题。

案例 10-3

山东聚丰网络有限公司与韩国 MGAME 公司、天津风云网络技术有限公司网络游戏代理及许可合同纠纷管辖权异议案

原告山东聚丰网络有限公司(以下简称聚丰网络公司)以 MGAME 公司为被告、以风云网络公司为第三人,向山东省高级人民法院提起诉讼,请求判令:

1. 被告继续履行双方签订的《独家游戏代理及许可协议》；2. 被告赔偿原告33498272.41元的经济损失；3. 被告承担本案全部诉讼费用。

山东省高级人民法院受理本案后，被告MGAME公司在提交答辩状期间对管辖权提出异议。其主要理由是：原被告双方签订的《游戏许可协议》第21条约定："本协议应当受中国法律管辖并根据中国法律解释。由本协议产生或与本协议相关的所有的争议应当在新加坡最终解决，且所有本协议产生的争议应当接受新加坡的司法管辖。"因此，将由本协议引起的争议提交新加坡司法机构管辖是双方当事人的明确约定，是双方真实意思表示，本案应由新加坡有管辖权的法院审理，山东省高级人民法院对本案没有管辖权。

法院审理认为，关于涉案合同的协议选择管辖法院条款的效力，《中华人民共和国民法通则》规定："涉外合同的当事人可以选择处理合同争议所适用的法律，法律另有规定的除外。涉外合同的当事人没有选择的，适用与合同有最密切联系的国家的法律。"《最高人民法院关于适用〈中华人民共和国民事诉讼法〉的解释》规定："涉外合同或者财产权益纠纷的当事人，可以书面协议选择被告住所地、合同履行地、合同签订地、原告住所地、标的物所在地、侵权行为地等与争议有实际联系地点的外国法院管辖。"

选择中华人民共和国人民法院管辖的，不得违反级别管辖和专属管辖的规定。协议选择适用法律与协议选择管辖法院是两个截然不同的法律行为，应当根据相关法律规定分别判断其效力。对协议选择管辖法院条款的效力，应当依据法院地法进行判断。

对于涉外案件当事人协议选择管辖法院的问题，涉外合同或者涉外财产权益纠纷案件当事人协议选择管辖法院时，应当选择与争议有实际联系的地点的法院，否则，该法院选择协议即属无效。合同第21条约定了两个方面的基本内容：即，首先约定了因协议产生纠纷所适用的实体法，即中国法律；进而约定了因协议产生纠纷的解决机构，即接受新加坡司法管辖。

本案当事人协议指向的新加坡，既非当事人住所地，又非合同履行地、合同签订地、标的物所在地，同时本案当事人协议选择适用的法律也并非新加坡法律，上诉人也未能证明新加坡与本案争议有其他实际联系。因此，应当认为新加坡与本案争议没有实际联系。涉案合同第21条关于争议管辖法院的约定应属无效约定，不能作为确定本案管辖的依据。

在当事人选择管辖法院的约定无效的情况下，应当根据受诉地国家有关涉外案件管辖的其他法律规则确定案件的管辖。《中华人民共和国民事诉讼法》规定："因合同纠纷或者其他财产权益纠纷，对在中华人民共和国领域内没有住所的被告提起的诉讼，如果合同在中华人民共和国领域内签订或者履行，或者诉讼标的物在中华人民共和国领域内，或者被告在中华人民共和国领域内有可供扣押的财产,或者被告在中华人民共和国领域内设有代表机构,可以由合同签订地、合同履行地、诉讼标的物所在地、可供扣押财产所在地、侵权行为地或者代表机构住所地人民法院管辖。”

本案合同项下的权利许可的地域范围专指“中国内地”,可见,争议合同系在中华人民共和国领域内履行。如合同中有关 MGAME 公司履行技术服务义务的地点就明确约定为聚丰网络公司的场所。在此情况下,应当认为聚丰网络公司的所在地山东省也是合同履行地。据此,山东省高级人民法院作为本案合同履行地法院,对本案具有管辖权。

资料来源:李俊平、曾芳芳:《电子商务纠纷案例与实务》(第 1 版),188 页,北京,清华大学出版社,2015。

END

第三节 电子商务有关主体的法律责任

一、法律责任概述

(一)法律责任的含义与特征

法律责任是指行为人由于实施的行为违反法律义务或者侵犯法定权利所应承担的不利的法律后果。

法律责任具有以下特征:

(1)法律责任以存在法定义务或者侵犯法定权利的行为为前提。法律责任与违法行为有不可分割的联系,没有违法行为就没有法律责任。存在违法行为是承担法律责任的事实根据。

(2)法律责任以有关的法律规定为依据。违法行为人是否承担法律责任、承担什么法律责任,以及承担法律责任的方式等都以法律规定为依据。法律规定是违法行为主体承担法律责任的法律依据。

(3)法律责任的认定和追究应通过法定程序。法律责任的认定和追究属于法的适用活动,是国家专门机关及其授权组织的专门活动,为了保证法律适用的严肃性、权威性,保障当事人的合法权益,法律责任的认定和追究必须有国家专门机关通过法定程序进行。

(4)法律责任以国家强制力作为实现的保证。对违法行为追究法律责任是保证法的实施的重要措施。法律责任必须以国家强制力作为实现的保证,即当事人实施了违法行为就必须根据法律规定承担相应的法律责任。

(二)法律责任的种类

从不同的角度可以对法律责任作出不同的分类:

1. 根据违法责任人主观上有无过错来划分，法律责任可以分为过错责任和无过错责任

(1) 过错责任。过错责任是指以行为人主观上存在过错为必要条件的法律责任。行为人有过错才承担责任，没有过错就不承担责任。

(2) 无过错责任。无过错责任是不以行为人主观存在过错为必要条件的法律责任。

我国民事法律责任中既有过错责任也有无过错责任，以过错责任为一般原则。法律规定的如特殊侵权、违约责任等特殊情形下则适用无过错责任，即无论违法行为人是否存在过错都应当承担相应的法律责任。

知识链接

过　错

过错包括故意和过失两种情况。故意是指行为人明知自己的行为会造成危害社会的结果而希望或者放任这种结果发生的主观心理状态。过失是指行为人应当预见到自己的行为会发生危害社会的结果，因为疏忽大意没有预见到或者虽然预见到、但是轻信能够避免的主观心理状态。

END

2. 根据行为人违反的法律性质来划分，法律责任分为民事法律责任、行政法律责任和刑事法律责任

(1) 民事法律责任。

民事法律责任又称民事责任，是民事主体违反民事义务时应承担的法律后果。民事法律责任具有以下几个法律特征：

① 民事法律责任是平等主体之间承担的法律责任。民事法律责任是平等主体的自然人、法人或其他组织之间因为违反民事义务而承担的法律责任，责任主体之间的法律地位平等。民事法律责任的这一特征决定了大部分民事法律责任只具有补偿性而不具有惩罚性。

② 民事法律责任以民事义务为基础。民事主体依法享有广泛的民事权利，同时也要依法履行相应的民事义务。如果民事主体违反民事义务，就应当承担民事法律责任。民事义务是民事责任的前提，民事责任是违反民事义务的法律后果。

③ 民事法律责任也具有强制性。民事法律关系属于平等主体之间的法律关系，因此民法在民事领域中的调整以尊重当事人意思为基本原则。因此。民事纠纷发生后，双方当事人可以协商解决。如果双方协商不成，或者侵权人不自觉承担责任，法律赋予受害人可以诉请人民法院依法强制追究侵权人法律责

任的权利。国家通过诉讼方式介入民事主体之间的法律关系,通过判决和强制执行的方式要求违反民事义务的一方主体承担民事责任。判决和执行由国家强制力保证,因此,民事法律责任具有强制力。

④ 承担民事法律责任的方式具有多样性。民事主体的利益要求和法律赋予民事主体的民事权利具有多样性,既包括具有经济利益的财产权,也包括不具有直接经济利益的人身权,因此,民事义务的内容也具有多样性,致使承担民事责任的方式也具有多样性的特点。

⑤ 民事法律责任适用不同的归责原则。民事法律责任的归责原则包括过错责任原则和无过错责任原则。一般侵权责任适用过错责任原则,特殊侵权以及违约责任中适用无过错责任原则。

知识链接

民事责任主要是财产责任,包括返还财产、赔偿损失、修理、更换、恢复原状、减少价金等具有财产价值内容的责任承担方式,也包括停止侵害、消除影响、赔礼道歉、标明身份等具有精神内容的责任承担方式。

END

(2) 行政法律责任。

行政法律责任是行为人违反行政管理法律规定、由行政机关在职权范围内依法对行为人采取的制裁措施。行政法律责任具有以下几个方面的特征:

① 行政法律责任基于行政法律关系而发生。行政法律关系是国家行政管理机关依据行政法律法规对行政相对人实施行政管理过程中发生的法律关系。在行政管理中,行政相对人的行为违反法律规定,行政机关应当依职权对行政相对人作出相应的处罚。

② 行政法律责任追究机关及追究程序具有多样性。民事法律责任和刑事法律责任的追究机关都具有单一性,即只能由国家的司法机关追究行为人的法律责任。行政管理主体具有多样性,不同的行政机关在各自的职权范围内管理不同的社会事务,对行政相对人的违法行为作出处罚。

③ 行政法律责任种类具有多样性。行政法律责任种类包括行政处罚和行政处分。行政处罚是对行政相对人的违法行为的一种制裁措施,包括罚款、没收违法所得、行政拘留、责令整顿、责令停止营业、吊销营业执照等针对行政相对人的行政处罚措施。行政处分是对行政机关工作人员的违法失职行为、尚未构成犯罪的行为处以的纪律处分,包括警告、记过、降级、降职、撤职、开除等。

(3) 刑事法律责任。

刑事法律责任,又称刑事责任,是行为人违反刑事法律的规定、应当受刑罚制裁的行为(即犯罪)的法律后果,表现为对犯罪分子判处的刑罚。

知识链接

我国《刑法》规定的刑罚有主刑和附加刑两大类：主刑包括管制、拘役、有期徒刑、无期徒刑、死刑。附加刑包括罚金、剥夺政治权利、没收财产以及对外国人适用的驱逐出境。

END

刑事法律责任具有以下特征：

① 刑事法律责任仅适用于犯罪分子。根据我国《刑法》规定的"罪刑法定原则"，刑法措施仅适用于犯罪分子，对于仅违反其他法律规定而没有违反《刑法》的主体不适用刑罚。

② 刑事法律责任是最严厉的法律责任。刑事法律责任是我国法律体系中最严厉的法律责任，刑罚是最严厉的制裁措施，不仅剥夺犯罪分子财产权利，而且剥夺人身自由，甚至可以剥夺其生命。

③ 刑罚只能由人民法院适用。刑罚只能由人民法院代表国家依照法定程序适用，其他任何机关、团体和个人都无权适用刑罚。

二、电子商务活动中的法律责任

（一）电子商务活动中的法律责任概述

电子商务活动中的法律责任是指参与电子商务经营的相关主体在其电子商务经营活动或者为电子商务经营活动提供服务的活动中依法所应承担的法律责任。

电子商务活动中的法律责任具有以下特征：

1. 电子商务活动中的法律责任属于经营者的责任

这里的经营者属于广义上的概念，既包括通过电子商务活动销售商品或提供服务的"商家"，也包括为电子商务活动提供有关的支持服务的网络经营商、技术提供商、广告服务商以及从事有关认证服务的主体。

电子商务中的"商家"在提供商品或者服务的过程中应依据有关法律向消费者承担经营者责任，如商品或服务存在质量瑕疵的责任以及侵权责任等；电子商务中的其他主体在为电子商务提供有关的支持和辅助服务的同时，也要依据有关法律承担法律责任，例如违约责任、违反保密义务的责任、侵权责任等。

2. 电子商务活动中法律责任的主体具有多样性

电子商务活动具有复杂性，既有从事商务经营活动的主体，如商品销售主体和服务提供主体，也有为电子商务提供支持和中介服务的其他经营主体，如电信运营商、网络服务提供商、银行、广告发布和代理机构等。

3. 电子商务活动中法律责任具有多样性和复杂性

电子商务活动的复杂性、电子商务主体的多样性，都决定了电子商务活动中法律责任的多样性，存在着不同主体基于不同经营活动而产生的不同法律责任，例如商品经营者的产品责任和网络运营主体的运营责任，以及网络广告发布主体、网络广告代理主体、支持中介主体、技术支持主体、电信运营主体等主体基于不同活动产生的法律责任同时存在。这些主体的法律责任在某些情况下可能发生连锁反应，使电子商务活动中的法律责任承担具有复杂性。电子商务对于技术的依赖使得对于某些主体的法律责任认定也变得十分复杂：责任主体的确定、证据的保全、过错认定等问题都是电子商务法律责任中的难题。

此外，在电子商务活动中，各种类型的法律责任，如民事法律责任、行政法律责任和刑事法律责任，这也是电子商务活动中的法律责任多样性的体现。

4. 电子商务活动中法律责任涉及的法律依据具有复杂性

传统的法律领域已经有了相对成熟的法律体系，因此，相关领域处理法律责任问题的法律依据明确具体，例如合同法为合同订立、履行以及履行之后的法律责任提供了较为具体和完备的法律依据。但是，在电子商务领域中，还没有产生成熟的规范体系，对于相关法律责任的承担需要到有关的法律领域寻找法律依据，或者在现行的、还不太完善的规章体系中寻找处理依据，增加了电子商务活动中法律责任认定的复杂性。

（二）电子商务中法律责任的种类

1. 电子商务中的民事责任

电子商务中的民事责任包括违约责任和侵权责任。

电子商务活动中存在大量的交易合同，因此，交易主体之间基于合同产生的违约责任以及缔约过失责任是电子商务活动中民事责任的重要责任类型。

电子商务主体因为电子商务活动或者与电子商务相关的活动而发生侵权行为，例如商品的提供主体侵犯了消费者的知情权、选择权，广告主体未经权利人许可使用他人的肖像或者艺术作品等侵犯权利主体的肖像权或者著作权等。

2. 电子商务中的行政责任

电子商务中的行政责任是指电子商务有关主体违反有关法律法规而被行政管理机关予以处罚的法律责任。随着我国规范电子商务活动的法律法规的日渐完善，电子商务主体应当遵循的管理性规定越来越多，例如提供电子邮件服务的管理规定、利用互联网提供电子公告服务的管理规定等。电子商务主体违反管理性规定的，依法承担行政管理机关的行政制裁，承担行政法律责任。

3. 电子商务中的刑事责任

电子商务主体违反我国《刑法》规定的，应按照《刑法》规定承担刑事责任。目前，利用互联网诈骗、侵犯他人隐私权、知识产权等违法行为已经大量出现，如果违法行为具备了《刑法》所规定的犯罪构成要件，则依法追究刑事法律责任。典型的有非法侵入计算机信息系统罪，非法获取计算机信息系统数据、非法控制计算机信息系统罪，提供侵入、非法控制计算机信息系统程序、工具罪，破坏计算机信息系统罪，拒不履行信息网络安全管理义务罪，非法利用信息网络罪，帮助信息网络犯罪活动罪，侵犯公民个人信息罪等。

三、我国相关法律中对电子商务法律责任的规定

目前，我国还没有一套比较成熟的规范电子商务活动的法律法规体系，有关电子商务活动的规定散见于各种综合和专门的法律法规中。因此，我国现行的民法、合同法、消费者权益保护法、知识产权法、刑法、行政法中的相关规定为电子商务中法律责任的确定提供基本的法律依据。

此外，针对电子商务中的一些特殊行为，我国也在逐步完善有关法律法规，出台了一系列专门的法律、法规和部门规章，这些规范性文件中的有关规定为电子商务中的相关法律责任提供了法律依据。

（一）全国人民代表大会常务委员会关于维护互联网安全的决定

随着互联网在我国经济建设和各项事业中日益广泛的应用，如何保障互联网的运行安全和信息安全问题引起了国家立法层面的注意。为了促进我国互联网的健康发展，维护国家安全和社会公共利益，保护个人、法人和其他组织的合法权益，第九届全国人民代表大会常务委员会第十九次会议于 2000 年 12 月 28 日通过《关于维护互联网安全的决定》(以下简称《决定》)。这是我国立法机关专门为了维护互联网安全而出台的一部规范性文件。

《决定》规定的互联网违法行为及法律责任主要有以下几个方面：

1. 维护互联网运行安全的规定

《决定》规定，为了保障互联网的运行安全，对有下列行为之一，构成犯罪的，依照刑法有关规定追究刑事责任：

(1) 侵入国家事务、国防建设、尖端科学技术领域的计算机信息系统。

(2) 故意制作、传播计算机病毒等破坏性程序，攻击计算机系统及通信网络，致使计算机系统及通信网络遭受损害。

(3) 违反国家规定，擅自中断计算机网络或者通信服务，造成计算机网络或者通信系统不能正常运行。

2. 维护国家安全和社会稳定的规定

为了维护国家安全和社会稳定，对有下列行为之一，构成犯罪的，依照刑法有关规定追究刑事责任：

(1) 利用互联网造谣、诽谤或者发表、传播其他有害信息，煽动颠覆国家政权、推翻社会主义制度，或者煽动分裂国家、破坏国家统一。

(2) 通过互联网窃取、泄露国家秘密、情报或者军事秘密。

(3) 利用互联网煽动民族仇恨、民族歧视，破坏民族团结。

（4）利用互联网组织邪教组织、联络邪教组织成员，破坏国家法律、行政法规实施。

3. 维护市场经济秩序和社会管理秩序的规定

为了维护社会主义市场经济秩序和社会管理秩序，对有下列行为之一，构成犯罪的，依照刑法有关规定追究刑事责任：

（1）利用互联网销售伪劣产品或者对商品、服务作虚假宣传。

（2）利用互联网损害他人商业信誉和商品声誉。

（3）利用互联网侵犯他人知识产权。

（4）利用互联网编造并传播影响证券、期货交易或者其他扰乱金融秩序的虚假信息。

（5）在互联网上建立淫秽网站、网页，提供淫秽站点链接服务，或者传播淫秽书刊、影片、音像、图片。

4. 保护社会主体合法权利的规定

为了保护个人、法人和其他组织的人身、财产等合法权利，对有下列行为之一，构成犯罪的，依照刑法有关规定追究刑事责任：

（1）利用互联网侮辱他人或者捏造事实诽谤他人。

（2）非法截获、篡改、删除他人电子邮件或者其他数据资料，侵犯公民通信自由和通信秘密。

（3）利用互联网进行盗窃、诈骗、敲诈勒索。

5. 其他规定

利用互联网实施前述所列行为以外的其他行为，构成犯罪的，依照刑法有关规定追究刑事责任。

利用互联网实施违法行为，违反社会治安管理，尚不构成犯罪的，由公安机关依法予以处罚；违反其他法律、行政法规，尚不构成犯罪的，由有关行政管理部门依法给予行政处罚；对直接负责的主管人员和其他直接责任人员，依法给予行政处分或者纪律处分。

利用互联网侵犯他人合法权益，构成民事侵权的，依法承担民事责任。

（二）互联网信息服务管理办法

互联网信息服务是指通过互联网向上网用户提供信息的服务活动。互联网信息服务分为经营性和非经营性两类。经营性互联网信息服务，是指通过互联网向上网用户有偿提供信息或者网页制作等服务活动。非经营性互联网信息服务，是指通过互联网向上网用户无偿提供具有公开性、共享性信息的服务活动。

知识链接

为了规范互联网信息服务活动，促进互联网信息服务健康有序发展，2000

年9月20日国务院第31次常务会议通过《互联网信息服务管理办法》(以下简称《管理办法》),这是我国目前互联网信息服务的基本法律依据。

根据《管理办法》的规定,国家对经营性互联网信息服务实行许可制度,对非经营性互联网信息服务实行备案制度,未取得许可或者未履行备案手续的,不得从事互联网信息服务。另外,从事新闻、出版、教育、医疗保健、药品和医疗器械等互联网信息服务,依照法律、行政法规以及国家有关规定须经有关主管部门审核同意,在申请经营许可或者履行备案手续前,应当依法经有关主管部门审核同意。

《管理办法》对于信息服务过程中的法律责任主要有以下规定:

(1) 违反《管理办法》的规定,未取得经营许可证,擅自从事经营性互联网信息服务,或者超出许可的项目提供服务的,由省、自治区、直辖市电信管理机构责令限期改正,有违法所得的,没收违法所得,处违法所得3倍以上5倍以下的罚款;没有违法所得或者违法所得不足5万元的,处10万元以上100万元以下的罚款;情节严重的,责令关闭网站。

违反《管理办法》的规定,未履行备案手续,擅自从事非经营性互联网信息服务,或者超出备案的项目提供服务的,由省、自治区、直辖市电信管理机构责令限期改正;拒不改正的,责令关闭网站。

(2) 违反规定,制作、复制、发布、传播《管理办法》第15条所列内容之一的信息,构成犯罪的,依法追究刑事责任;尚不构成犯罪的,由公安机关、国家安全机关依照《治安管理处罚条例》《计算机信息网络国际联网安全保护管理办法》等有关法律、行政法规的规定予以处罚;对经营性互联网信息服务提供者,并由发证机关责令停业整顿直至吊销经营许可证,通知企业登记机关;对非经营性互联网信息服务提供者,并由备案机关责令暂时关闭网站直至关闭网站。

知识链接

《互联网信息服务管理办法》第15条

互联网信息服务提供者不得制作、复制、发布、传播含有下列内容的信息:(1)反对宪法所确定的基本原则的;(2)危害国家安全,泄露国家秘密,颠覆国家政权,破坏国家统一的;(3)损害国家荣誉和利益的;(4)煽动民族仇恨、民族歧视,破坏民族团结的;(5)破坏国家宗教政策,宣扬邪教和封建迷信的;(6)散布谣言,扰乱社会秩序,破坏社会稳定的;(7)散布淫秽、色情、赌博、暴力、凶杀、恐怖或者教唆犯罪的;(8)侮辱或者诽谤他人,侵害他人合法权益的;(9)含有法律、行政法规禁止的其他内容的。

互联网信息服务提供者发现其网站传输的信息明显属于《管理办法》第15条所列内容之一的,应当立即停止传输,保存有关记录,并向国家有关机关报告。否则,由省、自治区、直辖市电信管理机构责令改正;情节严重的,由发证机关对经营性互联网信息服务提供者吊销其经营许可证;对非经营性互联网信息服务提供者,由备案机关责令其关闭网站。

(3) 从事新闻、出版以及电子公告等服务项目的互联网信息服务提供者,应当记录提供的信息内容及其发布时间、互联网地址或者域名;互联网接入服务提供者应当记录上网用户的上网时间、用户账号、互联网地址或者域名、主叫电话号码等信息。

互联网信息服务提供者和互联网接入服务提供者的记录备份应当保存60日,并在国家有关机关依法查询时,予以提供。有关信息服务提供者未履行规定的以上义务的,由省、自治区、直辖市电信管理机构责令改正;情节严重的,责令停业整顿或者暂时关闭网站。

(4) 互联网服务信息提供者在其业务活动中,违反其他法律法规的,由新闻、出版、教育、卫生、药品监督管理、工商行政管理等有关主管部门,在各自职责范围内依法对互联网信息内容实施监督管理,对违法行为依法作出处罚。

(5) 电信管理机构和其他有关主管部门及其工作人员,玩忽职守、滥用职权、徇私舞弊,疏于对互联网信息服务的监督管理,造成严重后果,构成犯罪的,依法追究刑事责任;尚不构成犯罪的,对直接负责的主管人员和其他直接责任人员依法给予降级、撤职直至开除的行政处分。

(三) 电子认证服务管理办法

电子认证服务,是指为电子签名相关各方提供真实性、可靠性验证的活动。电子认证服务提供者,是指为需要第三方认证的电子签名提供认证服务的机构(以下称为"电子认证服务机构")。

知识链接

现行的《电子认证服务管理办法》是我国工业和信息化部于2009年2月4日通过,自2009年3月31日起实施的,专门用于规范在中华人民共和国境内设立的电子认证服务机构和为电子签名提供的电子认证服务,规定了电子认证服务机构的设立条件、申请程序、信息发布以及变更、延续登记等,还规定了电子认证服务的内容、电子认证服务机构应当履行的义务、电子认证服务的暂停、终止、电子签名认证证书等。

END

《电子认证服务管理办法》中有关法律责任的规定主要有以下几个方面:

(1) 电子认证服务机构向工业和信息化部隐瞒有关情况、提供虚假材料或者拒绝提供反映其活动的真实材料的，由工业和信息化部依据职权责令改正，并处警告或者 5000 元以上 1 万元以下罚款。

(2) 工业和信息化部和省、自治区和直辖市的信息产业主管部门的工作人员，不依法履行监督管理职责的，由工业和信息化部或者省、自治区和直辖市的信息产业主管部门依据职权视情节轻重，分别给予警告、记过、记大过、降级、撤职、开除的行政处分；构成犯罪的，依法追究刑事责任。

(3) 电子认证服务机构在《电子认证服务许可证》的有效期内变更公司名称、住所、注册资本、法定代表人、类型、股东以及股东的出资方式、出资额、出资时间等事项的，在向公司登记机关申请变更登记前应当报工业和信息化部同意。电子认证服务机构违反该规定的，由工业和信息化部依据职权责令限期改正，处以警告，可以并处 1 万元以下的罚款。

(4) 电子认证服务机构应当按照工业和信息化部公布的《电子认证业务规则规范》的要求，制定本机构的电子认证业务规则和相应的证书策略，在提供电子认证服务前予以公布，向工业和信息化部备案。电子认证服务机构违反该规定的，由工业和信息化部依据职权责令限期改正，处以警告，可以并处 1 万元以下的罚款。

(5) 电子认证服务机构有根据工业和信息化部的安排承接其他机构开展的电子认证服务业务的义务。电子认证服务机构违反该规定的，由工业和信息化部依据职权责令限期改正，处以警告，可以并处 1 万元以下的罚款。

(6) 取得电子服务认证服务许可的电子认证服务机构，在电子认证服务许可的有效期内不得降低其设立时所应当具备的条件。电子认证服务机构违反上述规定的，由工业和信息化部依据职权责令限期改正，处以 3 万元以下罚款，并将上述情况向社会公告。

除以上规范性文件以外，其他一些专门性法律法规中也规定了相关电子商务主体法律责任，如《电子签名法》《软件产品管理办法》中对有关主体的法律责任的规定等。

复习思考题

1. 试述确定网络争议案件管辖权所面临的问题。
2. 简述我国涉外民事争议案件的管辖原则。
3. 讨论我国对确定网络管辖权所面临的问题应当采取的措施。
3. 试述电子商务法律责任的特点和种类。

附录1　关于完善跨境电子商务零售进口税收政策的通知

财关税〔2018〕49号

各省、自治区、直辖市、计划单列市财政厅（局），新疆生产建设兵团财政局，海关总署广东分署、各直属海关，国家税务总局各省、自治区、直辖市、计划单列市税务局，国家税务总局驻各地特派员办事处：

为促进跨境电子商务零售进口行业的健康发展，营造公平竞争的市场环境，现将完善跨境电子商务零售进口税收政策有关事项通知如下：

一、将跨境电子商务零售进口商品的单次交易限值由人民币2000元提高至5000元，年度交易限值由人民币20000元提高至26000元。

二、完税价格超过5000元单次交易限值但低于26000元年度交易限值，且订单下仅一件商品时，可以自跨境电商零售渠道进口，按照货物税率全额征收关税和进口环节增值税、消费税，交易额计入年度交易总额，但年度交易总额超过年度交易限值的，应按一般贸易管理。

三、已经购买的电商进口商品属于消费者个人使用的最终商品，不得进入国内市场再次销售；原则上不允许网购保税进口商品在海关特殊监管区域外开展“网购保税＋线下自提”模式。

四、其他事项请继续按照《财政部 海关总署 税务总局关于跨境电子商务零售进口税收政策的通知》（财关税〔2016〕18号）有关规定执行。

五、为适应跨境电商发展，财政部会同有关部门对《跨境电子商务零售进口商品清单》进行了调整，将另行公布。

本通知自2019年1月1日起执行。

特此通知。

财政部　海关总署　税务总局
2018年11月29日

附录 2 关于调整跨境电商零售进口商品清单的公告

财政部 发展改革委 工业和信息化部 生态环境部
农业农村部 商务部 人民银行 海关总署 税务总局
市场监管总局 药监局 密码局 濒管办

2018 年第 157 号

为促进跨境电子商务零售进口的健康发展，现将《跨境电子商务零售进口商品清单（2018 年版）》予以公布，自 2019 年 1 月 1 日起实施。

本清单实施后，《财政部等 11 个部门关于公布跨境电子商务零售进口商品清单的公告（2016 年第 40 号）》和《财政部等 13 个部门关于公布跨境电子商务零售进口商品清单（第二批）的公告（2016 年第 47 号）》所附的两批清单同时废止。

附件：跨境电子商务零售进口商品清单（2018 年版）

财政部 发展改革委 工业和信息化部 生态环境部
农业农村部 商务部 人民银行 海关总署 税务总局
市场监管总局 药监局 密码局 濒管办
2018 年 11 月 20 日

附录 3　有关电子商务法律法规索引

一、法律

《中华人民共和国电子商务法》（2018 年 8 月 31 日第十三届全国人民代表大会常务委员会第五次会议通过 2018 年 8 月 31 日中华人民共和国主席令第七号公布 自 2019 年 1 月 1 日起施行）

《中华人民共和国民法总则》

《中华人民共和国电子签名法》

《中华人民共和国合同法》

《中华人民共和国网络安全法》

《中华人民共和国公司法》

《中华人民共和国个人独资企业法》

《中华人民共和国合伙企业法》

《中华人民共和国税收征收管理法》

《中华人民共和国企业所得税法》

《中华人民共和国个人所得税法》

《中华人民共和国著作权法》

《中华人民共和国专利法》

《中华人民共和国商标法》

《中华人民共和国消费者权益保护法》

《中华人民共和国产品质量法》

《中华人民共和国票据法》

《中华人民共和国反不正当竞争法》

《中华人民共和国反垄断法》

《中华人民共和国广告法》

《中华人民共和国民事诉讼法》

《中华人民共和国仲裁法》

《中华人民共和国刑法》

二、行政法规与部门规章

《信息网络传播权保护条例》

《中华人民共和国商标法实施条例》

《中华人民共和国专利法实施细则》

《互联网信息服务管理办法》
《计算机软件保护条例》
《计算机信息系统安全保护条例》
《计算机信息网络国际联网管理暂行规定》
《中华人民共和国增值税暂行条例》
《中华人民共和国计算机信息网络国际联网管理暂行规定》
《互联网域名管理办法》
《计算机信息网络国际互联网安全保护管理办法》
《计算机信息系统安全保护条例》
《电信管理条例》
《互联网电子公告服务管理规定》
《电子认证服务管理办法》
《计算机信息网络国际联网管理安全保护管理办法》
《互联网安全保护技术措施规定》
《电子商务模式规范》
《互联网著作权行政保护办法》
《中国互联网络域名注册管理暂行办法》
《中华人民共和国海关舱单电子数据传输管理办法》
《计算机信息网络国际联网安全保护管理办法》
《电子商业汇票业务管理办法》
《银行卡收单业务管理办法》
《电子支付指引(第一号)》
《互联网安全保护技术措施规定》
《网络交易管理办法》
《互联网域名管理办法》

三、国际条约

《保护工业产权巴黎公约》
《商标注册马德里协定》
《商标注册公约》
《与贸易有关的知识产权协议》
《保护文学艺术作品的伯尔尼公约》
《世界知识产权组织版权条约》
联合国国际贸易法委员会《电子商务示范法》
联合国《电子签名示范法》
《世界知识产权组织表演和录音制品条约》

参考文献

参考资料

1. 蔡庆辉. 电子商务法经典案例研究. 北京:中信出版社,2006.
2. 严晓红. 电子商务法律法规. 北京:清华大学出版社,2010.
3. 高富平、尹腊梅. 电子商务法律基础. 北京:北京师范大学出版社,2011.
4. 王丹. 电子商务法律实务. 上海:上海交通大学出版社,2013.
5. 孙占利. 电子商务法. 厦门:厦门大学出版社,2013.
6. 韩晓平. 电子商务法律法规. 北京:高等教育出版社,2013.
7. 姚维振. 电子商务法. 合肥:安徽师范大学出版社,2014.
8. 李俊平. 电子商务纠纷案例与实务. 北京:清华大学出版社,2015.
9. 李晓秋. 电子商务法案例评析. 北京:对外经济贸易大学出版社,2015.
10. 刘志慧. 电子商务法律法规. 北京:清华大学出版社,2015.
11. 韩晓平. 电子商务法律法规. 北京:机械工业出版社,2015.
12. 杨坚争. 电子商务法教程. 北京:高等教育出版社,2016.
13. 秦立崴、秦成德. 电子商务法. 重庆:重庆大学出版社,2016.
14. 王忠元. 电子商务法规. 北京:中国人民大学出版社,2016.
15. 李双元. 电子商务法若干问题研究. 武汉:武汉大学出版社,2016.
16. 钟慧莹. 电子商务法律法规. 北京:电子工业出版社,2016.
17. 王芸、袁颖. 电子商务法规. 北京:高等教育出版社,2016.
18. 张楚. 电子商务法. 北京:中国人民大学出版社,2016.
19. 贺琼琼. 电子商务法. 武汉:武汉大学出版社,2017.
20. 郭鹏. 电子商务法. 北京:北京大学出版社,2017.
21. 徐海明. 中国电子商务法律问题研究. 北京:北京理工大学出版社,2017.

推荐网站.

1. 中国物流电子商务网 www.elogistics.com.cn.
2. 中国电子商务物流论坛 bbs.eyunshu.com.
3. 电子商务网 www.lusin.cn.
4. 中国电子商务网 www.cebn.cn.
5. 中国物流与采购网 www.chinawuliu.com.cn.
6. 中国电子商务协会 www.ec.org.cn.

7. 中国信息安全认证中心 www. isccc. gov. cn.
8. 淘宝网 www. taobao. com.
9. 中国企管网 http://www. china－qg. com.
10. 商务部网站:http://www. mofcom. gov. cn/.
11. 国家市场监督管理总局网:http://samr. saic. gov. cn/.
12. 中国海关网:http://www. customs. gov. cn/.
13. 中华人民共和国交通运输部网:http://www. moc. gov. cn/.
14. 沪港律师网:http://lgq. fabao365. com/article/view_19235_36437. html.
15. 110 法律咨询网:http://www. 110. com/.